新质生产力

中国创新发展的着力点与内在逻辑

林毅夫 等 /著　　王贤青 主编

中信出版集团 | 北京

图书在版编目（CIP）数据

新质生产力：中国创新发展的着力点与内在逻辑／林毅夫等著；王贤青主编 . -- 北京：中信出版社，2024.3（2024.12重印）

ISBN 978-7-5217-6396-6

Ⅰ.①新.. Ⅱ.①林...②王... Ⅲ.①生产力－发展－研究－中国 Ⅳ.①F120.2

中国国家版本馆CIP数据核字（2024）第034053号

新质生产力——中国创新发展的着力点与内在逻辑
著者： 林毅夫 等
主编： 王贤青
出版发行：中信出版集团股份有限公司
（北京市朝阳区东三环北路27号嘉铭中心 邮编 100020）
承印者： 北京通州皇家印刷厂

开本：787mm×1092mm 1/16 印张：19.25 字数：240千字
版次：2024年3月第1版 印次：2024年12月第18次印刷
书号：ISBN 978-7-5217-6396-6
定价：79.00元

版权所有·侵权必究
如有印刷、装订问题，本公司负责调换。
服务热线：400-600-8099
投稿邮箱：author@citicpub.com

目 录

序 言 / 王贤青 ... V

第一章
新质生产力的时代背景

如何理解全球变局的逻辑与中国经济的定力？/ 林毅夫 ... 003
百年变局的背后是多重挑战叠加，当务之急是离开悬崖 / 张宇燕 ... 019
从 G20 视角看近年全球经济治理演变态势 / 卢锋 ... 030
中国经济的挑战与复苏逻辑 / 姚洋 ... 038
老龄化带给经济增长的压力与动力 / 赵波 ... 050

第二章
新质生产力的定位与内涵

围绕新制造、新服务、新业态，推动新质生产力发展 / 黄奇帆 ... 057

经济中国的今天与明天 / 郑永年　... 064

新质生产力的战略内涵与关键原则 / 王勇　... 075

什么是新质生产力，如何形成？ / 周文　... 092

加快发展新质生产力 / 李兆前 ... 100

第三章
新质生产力的战略支撑

利用比较优势实现高质量发展 / 林毅夫　... 109

稳增长促转型要着力挖掘新增长潜能 / 刘世锦　... 115

激活中国经济新动能的三个着力点 / 黄卓　... 125

在建设现代化产业体系上精准发力 / 刘元春　... 133

中国产业技术创新模式的认知和挑战 / 陈小洪　... 139

新发展格局下的产业结构转型 / 赵波　... 147

第四章
新质生产力的产业支撑

数字经济与经济高质量发展 / 黄益平　... 159

创新是医药产业高质量发展的火车头 / 刘国恩　... 174

解码追赶升级——中国芯片产业之洞察 / 王景颇　... 179

智能电动汽车这一棒，中国是怎么实现赶超的？ / 庞义成　... 185

中国商业航天拉开大幕，卫星互联网全球竞速 / 刘颖　... 193

第五章
新质生产力的金融支撑

金融如何支持实体经济高质量发展？/ 林毅夫　...201

金融如何助力新发展格局 / 黄益平　...208

为金融支持民营经济高质量发展创造良好环境 / 刘晓春　...214

做好科技金融大文章 推动经济高质量发展 / 黄卓　张晓冬　...222

第六章
新质生产力的基础支撑

"全国统一大市场"有什么用？/ 赵波　周安吉　...229

教育、人力资本与长期发展 / 雷晓燕　...238

"双碳"目标的基本逻辑与经济增长模式的必要转型 / 徐晋涛　...248

第七章
新质生产力的目标引领：中国式现代化

中国式现代化的实现路径和高水平对外开放 / 林毅夫　...263

中国式现代化与中国经济新征程 / 姚洋　...275

准确把握推进中国式现代化这个最大的政治 / 郑永年　...286

序　言

2023年的时光正在远去，但不是所有的事物都将随之步入历史，渐行渐远。有些事物可能会长伴我们多年，甚至成为塑造未来的重要力量，就像1978年已远去，但"改革开放"这四个字一直闪耀至今。

新质生产力一词始于2023年，但注定也将拥有不凡的生命力。

新质生产力首次走进公众视野是在2023年9月，习近平总书记当月7日在哈尔滨主持召开新时代推动东北全面振兴座谈会时提出要"积极培育新能源、新材料、先进制造、电子信息等战略性新兴产业，积极培育未来产业，加快形成新质生产力，增强发展新动能"。

2023年12月11日至12日的中央经济工作会议强调，要以科技创新推动产业创新，特别是以颠覆性技术和前沿技术催生新产业、新模式、新动能，发展新质生产力。

2024年1月31日，中共中央政治局进行了第十一次集体学习，习近平总书记在主持学习时强调："发展新质生产力是推动高质量发展的内在要求和重要着力点，必须继续做好创新这篇大文章，推动新质生产力加快发展。"

必争的战略着力点

理解新质生产力，首先要理解中国经济的新环境与全球竞争发展的新趋势，否则我们很难理解加快发展新质生产力的必要性和紧迫性。这也是本书前两章最想给大家分享的要点。

哲学上有一组词叫量变与质变。量变引起质变，经济上同样存在量变与质变。当年的八国联军与后来的八国集团有七个重合，一个变更（奥匈帝国换成加拿大）。百年来，八强的经济总量在全球经济中的占比始终在50%左右，那么多发展中国家历经百年发展，经济努力追赶，始终收效甚微。只有中国这40多年的改革开放才真正改变了世界经济格局，使八国集团的GDP（国内生产总值）在全球GDP中的占比从50%左右下降到35%左右。一旦中国完全达到发达经济体的标准，世界上属于发达经济体的人口将翻一番。这就是中国经济量变引起的世界经济格局质变。

这个质变有双重影响。对内，中国经济的快速发展意味着产业结构不断变迁升级，虽然中国人均GDP暂且只有美国的1/6左右，但不要忘记中国是一个大国，生产力水平并非平均分布，东中西部有巨大的梯度落差，北上广深等超级都市圈早已经达到发达经济体的水准，很多企业和产业已经逼近世界技术前沿，甚至进入无人区。这意味着发展新质生产力已经是中国经济自身的内生需求。

质变的另一重影响是对外的。在中国崛起之前，世界上100多年来还没有哪个国家GDP占美国GDP的比例连续多年超过65%。根据2023年的数据，中国作为第二大经济体，GDP总量（17.89万亿美元）已经相当于第三（德国4.45万亿美元）、第四（日本4.25万亿美元）、第五（印度3.73万亿美元）和第六（英国3.32万亿美元）的总和。中国早已成为房间里的大象，无法隐身。因此并不是中国外交或传播的失败导致美国将竞争对手或打压目标锁定为中国，美国的反应是中国经济量变引起世界经济格局质变的必然结果。虽然外交与传播的优化可以改变美国打压政策的力度与节奏，但很难改变其方向，直到世界经济格局再有新的质变。目前质变的衍生反应就是，美国面对中国的技术进步，尤其是即将短兵相接的技术和产业竞争，一定会严防死守，这是贸易摩擦、"小院高墙"的根源。再加上我们与发达经济体的技术落差本身也在缩小，进一步压缩了中国引进技术后吸收再创新的空间。

为什么一定要加大力度、加快进度发展新质生产力？还有一组概念有助于加深我们的理解，那就是渐变与突变。

中国经济本来还可以继续按部就班地向前发展，一步步地实现技术进步和产业升级，但这个世界本质上是渐变与突变的叠加，不是一条直直的斜线，而是一条波浪线，有时波峰波谷很大。新冠疫情就是一个典型的突变，俄乌冲突、巴以冲突也都是巨大的突变。气候变化也不只是北方气温升高、降雨增多的渐变，而是伴随着极端天气的突变，就像郑州暴雨、涿州洪涝。

地缘政治的突变会使中国更难引进尖端技术，气候的突变也会压缩人们对碳排放的容忍度。欧盟已经开始实施碳关税（碳边境调节机制），中国作为碳排放增量第一大国，尤其是即将成为累计排放量第一大国，必然面临国际上更大的减碳压力。同时，日益渴望美好生活的人民也越来越难以接受环境污染，如何加快发展基于绿色技术的新质生产力早已成为一道必答题。

还有一个突变来自技术。ChatGPT的问世和快速迭代，俄乌冲突中马斯克的星链的突然发力，让我们不得不重新审视新质生产力的非同寻常，这不仅关系到产业竞争力，还可能关系到经济安全与国防安全。就像智能手机一样，不是我们拥有14亿人它就只拥有14亿人的传统手机市场，革命性新技术的突变性和全球通吃能力不容轻视。

如果中国在发展新质生产力方面不能加大力度、加快进度，中国式现代化目标的实现恐怕要面临更大的压力，这是 2023 年底的中央经济工作会议在原来的"稳中求进"基础上又提出"以进促稳"的重要原因。

不争的内在逻辑链

理解新质生产力，我们不仅要理解新质生产力是什么、为什么要发展新质生产力，还要理解怎么做才科学。这是本书第三至六章想重点与大家分享的内容。管理学中有一句格言：既要做正确的事，也要正确地做事。本来正确的事情，如果不能正确地做，轻则要付出不正常的代价，重则会使正确的事情变成错误的。

我们不仅要意识到新质生产力的发展要加大力度、加快进度，还要着力避免欲速则不达的问题，要认真思考发展的内在逻辑。关于如何发展新质生产力，不妨借助两组有辩证关系的概念来更深刻地理解其中的逻辑。一个是"新质生产力"与"旧质生产力"。另一个是有形之手与无形之手。

与新质生产力相对应，一定还存在"次新生产力""旧质生产力"。它们之间的关系是什么？显然，其关系更像一座铁塔的塔尖与塔身、基座之间的关系，而不是风筝与线之间的关系。塔尖必须建在塔身上（"次新生产力""旧质生产力"），塔身必须立在基座上（制度安排、新型生产关系）。

新质生产力是我们要不断上升的，欲与对手试比高的塔尖。但我们千万不要忘记塔尖越高，塔身必须越坚实，基座更是如此。"次新生产力"和"旧质生产力"仍然是我们生产力的基本盘。2023 年底的中央经济工作会议明确提出"先立后破"，就是基于这个逻辑。没有房地产、建筑、交通、钢铁、煤炭等"旧质生产力"，不仅中国经济很可能严重失速，民生艰难，而且也将没有力量支撑新质生产力。"旧质生产力"不必再加大力度发展，但也绝不意味着要加大力度破掉。

林毅夫老师在多篇文章中都指出，高质量发展的前提是发展，尤其是中高速发展，因为经济增速既影响经济总量，又影响经济结构。改革开放40多年来，如果年均增长率不是达到8%以上，而是2%~3%，我们的产业结构大概率还徘徊在低端。

我们要努力避免的情况就是，中央提出发展新质生产力，然后地方政府不分东西南北一哄而上，喜新厌旧。其实即便是北上广深等有条件发力新质生产力的超级都市圈，也不必因此而牺牲城市应有的烟火气和"旧质生产力"。举个例子，发展新质生产力需要高级人才，也需要基础服务人员，人们还需要在工作之余有休闲的去处，同样遵循铁塔原理。中西部地区、东北地区等更没有必要去硬拼新质生产力，扎扎实实做好原来具有比较优势的传统产业也许更现实、更重要，就像哈尔滨把冰雪观光和旅游做好也是战略正确的，那是中国经济的塔身和基座。

全世界多个发展中国家都在20世纪50年代经历过"超英赶美"的产业大跨越，结果短暂的高光之后就是长久的停滞甚至崩盘。因为很多产业不符合比较优势，没有自生能力，国家只能扭曲资源配置，强行补贴，结果拖累整个国家的发展速度。我们一定要记得铁塔原理，不建基座和塔身而只建塔尖不过是痴人说梦。发展是硬道理，高质量发展是新时代的硬道理，其内在逻辑一脉相承，清晰而坚定。

第二组辩证关系是创新的有形之手与无形之手。发展新质生产力，关键就是创新。能不能创新，尤其是能不能高水平地创新，是新质生产力能不能大发展的命门。这也是在中国的五大新发展理念（创新、协调、绿色、开放、共享）中，创新排在首位的根本原因。

众所周知，创新既有市场化的力量（即无形之手，用价格信号引导资源配置），也有行政化的力量（即有形之手，用政策体制引导资源配置）。在发展新质生产力的问题上，这两个创新之手的辩证关系非常清楚，必须以市场化创新为主，行政化创新为辅。

因为新质生产力既包括战略性新兴产业，也包括未来产业。战略性新兴产业有一定的可知性，但仍有很大的不确定性，因为技术路线永远是动态的。未来产业本身就有巨大的不可知性。就人类迄今为止的探索来看，对于有高度不确定性，尤其是不可知的问题，最好的解决办法就是交给市场，这也是新质生产力所对应的新型生产关系的核心。因此，中央给出的建议就是深化经济体制、科技体制等改革，打通生产要素流动的堵点卡点，建设一个高标准的统一大市场。

相比之下，行政力量、举国体制主要用来攻克方向与路线都已经十分确定的基础创新，绝不是将所有创新都交给举国体制。即便需要举国体制，中央的用词也是新型举国体制，也就是融合了市场化力量的举国体制。比如国家通过成立投资母基金的方式支持特定产业的发展，而未必是亲自下场搞研发。

因此，新质生产力所要求的创新就像一辆自行车，后轮是动力轮，要交给市场这个无形之手，以应对不确定和不可知的问题。前轮是平衡轮，要交给政府这个有形之手，以应对市场失灵问题、发展失衡问题和方向问题。新质生产力的创新一定是双轮并用，不能把双轮自行车变成独轮车，过度自由化和高度集权化的国家长年停滞不前，就是因为独轮车仅保持平衡就已经十分费力。

当然，理解新质生产力需要阅读的文章和需要理解的逻辑还有很多。比如人才和资本。没有人才，你根本不知道怎么做，新质生产力的创新不是人多力量大的问题。没有资本也不行，科学家做实验，企业家做投资，都离不开资本投入。同时，资本回报也是企业家和科学家的重要动力，不能指望大家都只靠情怀做事。因此，新质生产力强国一定对应着教育强国、金融强国、统一大市场和基于双循环的新发展格局。为此，我们要大力度推进教育改革、户籍制度改革，大力提升社保与医保流转便利度，还要加快资本市场的建设，尤其是放眼世界，面向未来，融合全球的人才资源和资本力量，为中国新质生产力的创新所用。因为篇幅关系，不再赘述。

本书最后一章聚焦于对中国式现代化的理解，因为新质生产力是高质量发展的着力点和内在要求，但不是目标。党的二十大报告提出，以中国式现代化全面推进中华民族伟大复兴。只有深刻地理解中国式现代化的特点、内涵和要求，才能更好地理解新质生产力的战略价值和基本逻辑。

在此特别感谢中信出版社的邀约，感谢北大国发院老师和所有贡献深刻见解的学者、校友的支持，也感谢读者的关注和阅读。让我们一起为新质生产力的发展，为中国式现代化的实现，为人类命运共同体的进步贡献自己的力量。

王贤青
北京大学国家发展研究院传播中心主任
2024 年 2 月 7 日
北京大学承泽园

第一章

新质生产力的时代背景

如何理解全球变局的逻辑与中国经济的定力?[①]

林毅夫

(北京大学博雅讲席教授、国家发展研究院名誉院长、
新结构经济学研究院院长、南南合作与发展学院院长)

如何理解"百年未有之大变局"?

"百年未有之大变局"是习近平总书记在 2018 年中央外事工作会议上提出的重大论断。[②]

为什么称为"百年未有之大变局"?作为经济学家,我觉得最好的方式是从经济基础和世界经济格局变化的角度来理解。

1900 年,八国联军入侵北京。这八个国家是当时世界上的强国,也是当时世界上先进的工业化国家。这八个国家包括英国、美国、法国、德国、意大利、俄国、日本和奥匈帝国。2000 年,八国集团包括美国、

[①] 本文根据作者 2022 年初在北大国发院和腾讯新闻联合策划的"全球经济十一问"系列专访中的发言整理。
[②] 百年未有之大变局,总书记这些重要论述振聋发聩。参见:http://www.qstheory.cn/zhuanqu/2021-08/27/c_1127801606.htm。

英国、德国、法国、意大利、俄罗斯、日本和加拿大，跟原来八国联军的构成基本一样，只换了一个国家。众所周知，奥匈帝国在第一次世界大战后崩溃解体，从此退出强国行列，其地位被加拿大取代。

从1900年到2000年这100年，上述八国的GDP基本占世界GDP的一半。经济是基础，因此整个20世纪，世界是和平还是战争状态，基本取决于这八国之间的关系。

比如第一次世界大战前夕，德国跟奥匈帝国结成同盟国，其他六国结成协约国，这八国没能处理好关系，一战因此爆发。第二次世界大战中，德国、意大利和日本结成轴心国，其他五国是同盟国，同样是因为这八国没能处理好彼此的关系，二战爆发。不难看出，整个20世纪的走势主要由这八国主导。它们之间的关系处理得好，世界就稳定；处理不好，世界就可能爆发战争。

为什么说现在是"百年未有之大变局"？因为到2018年，按照购买力平价计算，八国集团经济总量占比已降至34.7%，也就是占世界GDP总量的1/3多一点儿。过去，只要这八国处理好相互间的关系，世界上的麻烦事就基本能摆平。现在，这八国因经济地位下降，很多事再也无力主导，最明显的例子就是2008年国际金融危机爆发。此前的经济危机，只要八国达成一致，全世界会跟随它们的政策步伐，问题也就迎刃而解。但面对2008年的经济危机，八国集团的力量不足，最终通过召开二十国集团会议来寻找对策。

因此自2008年以后，二十国集团就成了主导世界政治、经济以及关系人类福祉的重大事件的权威机构，这一情况是百年未有。过去的世界由八个工业国家主导，现在的世界由这八个工业国家和其他几个新兴市场经济体国家共同主导。包括中国在内的金砖国家以及其他一些发展中国家正在国际事务中扮演愈发重要的角色，这是百年未有的大变化，也是经济格局变化引发治理格局变化的外在体现。

百年未有之大变局之所以发生,主要是因为一些新兴市场经济体的崛起,其中最重要的力量是中国。因为如果按市场汇率计算,2000年中国的经济总量仅占世界经济总量的3.6%,只有美国的11.8%;而中国2020年的经济总量占世界经济总量的17.4%,美国的70.3%,已成为世界第二大经济体。如果按购买力平价计算,2014年中国就已经超过美国,成为世界第一大经济体。

一国的国际影响力会随着经济规模的扩大而不断扩大。百年未有之大变局反映的是经济格局的变化、新兴市场经济体的崛起。在新兴市场经济体的崛起中,最主要的是中国的崛起。

为何中国容易被西方误读?

对世界经济的"领头羊"来说,当它发现第二大经济体在其身后不断快速追赶,与自己的差距不断缩小时,心里总会不舒服。这好比两辆差不多大的卡车,跑在前面的卡车司机看着跑在后面的卡车,它的体量跟自己的卡车差不多,但速度却比自己的快,心里肯定会有点不舒服。面对新兴大国崛起带来的挑战,守成大国会觉得自己在世界经济中的占比和号令世界的能力在下降,我想这种不舒服由此而来。

2000年美国的经济总量在世界经济总量中的占比约为30%,现在却被中国赶超(按购买力平价计算),我想美国的心里会有点不舒服。其实美国不只对中国这样,在20世纪80年代日本追赶美国时,美国也采取了很多限制日本发展的措施,如"广场协议"。

如果我们继续往前追溯,在过去500年的时间里,新兴大国赶超守成大国并最终取得成功的案例曾上演15次,其中有11次引发了战争,这就是所谓的"修昔底德陷阱"。

此外，中国的崛起道路与西方国家曾经走过的道路不尽相同，这一点也容易引起西方国家的不理解。

我们知道，西方对中国的赶超是从 18 世纪开始的，西方迅速发展的一个关键因素是工业革命。为什么会发生工业革命？马克斯·韦伯认为，英国人从信仰罗马天主教转向信仰基督新教后，思想理念发生了改变，由此带来了资本主义和工业化。

很明显，中国的发展道路与此不同，这也是引发不理解的部分原因。但在我看来，更重要的原因还是守成大国面对新兴大国的挑战，以及自身地位下滑引发的情绪性反应。

中国需要在国际舞台上做出什么样的转变？

从一个贫弱之国发展为世界上举足轻重的大国，中国需要相应地调整自身定位与对外政策。

过去中国国力相对较弱，当时我们的心态主要是学习借鉴，希望通过自己的力量把国内经济发展好，提高人民的收入水平和生活水平，满足人民的期望。

结果，中国以奇迹般的速度实现了对西方国家的经济追赶。从购买力平价看，中国现在已是世界第一大经济体，同时也是世界第一大贸易国，我们是 120 多个国家和地区的第一大贸易伙伴，70 多个国家和地区的第二大贸易伙伴。这意味着对世界上 90% 的国家和地区来说，中国在对外贸易中都极其重要。

在这样的背景下，中国的发展和政策肯定会对世界产生很大影响，我们的认知也必须随着国家地位的提升而与时俱进。

对世界而言，中国现在是举足轻重的大国。中国自己走出了一条发展道路，正如联合国《发展权利宣言》中确认的那样，"发展权利是一项不可剥夺的人权"。中国的发展是中国人民的权利和追求，我们有必要让全世界了解这一点。

此外，我们还必须让全世界理解一个问题，即中国的发展模式与西方的发展模式不同。

西方国家在借工业革命之东风发展壮大后，基本都走上了殖民化的道路，通过殖民其他国家和地区来掠夺资源。中国走的是一条和平发展之路，完全通过市场交易来发展经济。中国是世界第一大贸易国，熟悉贸易理论的人都知道，贸易是双赢的，但总体而言小国得到的好处比大国得到的好处更多。中国现在的经济体量跟美国差不多，因此中美两国通过贸易得到的好处也基本相当。世界第三大经济体是日本，中国的经济规模约为日本的2.8倍。[①] 虽然中日两国都能通过贸易得利，但日本得到的好处更多，经济规模比日本小的其他国家更是如此。

中国发展的目的是不断满足人民日益增长的美好生活需要，这也是联合国《发展权利宣言》中确认的一项基本人权。从这个角度而言，中国做好了自己的事。中国的发展不只惠及中国人民，更是为增加全世界人民的福祉做出了贡献。中国是通过公平贸易而非走殖民主义道路来实现发展的。因此中国发展得越快、体量越大，对世界人民的福祉贡献也越大。

我认为非常有必要让全世界了解中国的发展方式，向全世界解释清楚中国的发展能为世界人民福祉做出贡献。讲好中国故事，尤其是中国发展的逻辑和追求，让世界了解中国。

---

① 根据2023年数据，日本已成为第四大经济体。——编者注

与此同时，中国也要关心世界，承担大国的责任。

目前世界上仍有很多发展相对落后的国家需要得到外部的援助。一国如果没能解决好内部事务，可能带来各方面的不稳定。比如经济不稳定会导致难民问题，无论是经济难民还是政治难民，都可能给他国造成负担。过去中国经济体量尚小、经济水平相对落后、人民生活相对贫困，做好自己的事就是对世界最大的贡献。但现在中国已经发展起来，有能力给其他国家带来更多好处，我们也应该把这些事情讲好并做好。

中美能否避免"修昔底德陷阱"？

虽然我们可以以史为鉴，但历史不会总是重演。前文我们提到过，在过去500年的时间里，新兴大国赶超守成大国并最终取得成功的案例曾上演15次，其中有11次引发了战争。乍一看战争发生的概率很高，但我认为过去的事情不见得会再次发生，如果仔细分析，今天的状况跟过去还是有所不同的。

第一，过去的新兴大国在超越守成大国时，两国的人均GDP水平差不多，产业结构也非常接近。第二，过去新兴大国超越守成大国的那个时代还是殖民时代。一旦守成大国被新兴大国超越，就意味着前者必须将殖民地让渡给其他国家。因此这是一种零和博弈，弱国的利益会被强国的利益取代。现在，我们已告别殖民时代，经济的发展方式也转变为全球贸易。

在产业结构方面，中美两国还有不小的差距。决定产业结构的是人均GDP，中美两国的人均GDP差距很大。按照市场汇率计算，2019年美国的人均GDP就已突破6.5万美元，而我国人均GDP才刚刚超过1万美元。不难看出，我们还在追赶阶段，双方的产业结构基本互补。

我国发展得越快，越需要美国产品，也可以给美国提供更多质优价廉的生活必需品。所以我国的发展对美国也有好处：一方面，为美国商品创造了越来越大的市场，促进了美国的就业；另一方面，为美国提供了生活必需品，既有利于美国的经济发展，也有利于美国人民的生活，是互利双赢的。这和历史上的新兴大国与守成大国的产业关系有明显不同。

中美两国都是大国，倘若真的爆发冲突，都会遭受巨大损失，更不用说战争了。中美两国在经济上可以互利双赢，我想只要守住这个底线，中美两国就可以求同存异。中国要发展，这是中国的权利。中国的人口是美国的4倍多，只要中国的人均GDP达到美国1/4的水平，其经济规模就会变得跟美国一样大，我认为这是一定的。

因此，在吸取历史经验的同时，我们不能简单地照搬历史经验，还要结合当前的世界格局，分析中美两国关系的主流方向和基本盘。

在我看来，最主要的还是让两国人民生活得更好。中国要发展，中国人民才能生活得更好。中美关系处理好了，美国人民也能生活得更好。我想这也是美国人民之所愿，更是中美两国合作交往最重要的基础。

如何理解"全球化"与"逆全球化"？

"逆全球化"思潮之所以出现，主要是因为在全球化过程中，发达国家内部收入分配差距不断扩大。有学者简单地认为，这是由全球化造成的格局导致的。但实际上，全球化是可以实现双赢的。

比如近年来，美国社会收入分配差距扩大，有些人想当然地认为，这是由于中国卖到美国的产品非常便宜，造成了美国制造业的衰败。这些人的观点是，美国蓝领工人的工作被中国人取代了。其实从奥巴马时代开始，美国就希望实现制造业回流，特朗普执政时则变本加厉，对中国发起了贸易战。

贸易战让美国如愿了吗？美国还在从中国进口它需要的绝大多数产品。就算制造业移出中国，也是转到越南、柬埔寨等国，根本无法回流到美国，就业机会也同样无法回流到美国。因此，美国发动贸易战是损人不利己。美国从中国进口的产品以生活必需品为主，一旦提高关税，美国老百姓就要为此支付更高昂的价格。退一步讲，如果把制造业转移到他国能够解决问题，这么多年来美国早就该开始布局了，无须等到今天。之所以没出现转移，只能说明把制造业转移到他国的成本更高。

无论是把制造业继续留在中国，还是转移到越南和柬埔寨等国家，美国消费者都要支付更高的价格才能买到生活必需品，老百姓的生活肯定受到影响。因此，把欧美国家分配不均现象简单归咎于全球化是找错了原因。如果按照这种错误的思路来解决问题，这些国家可能付出很高的代价仍然收效甚微，更高的生活成本只会伤害本国的低收入群体。

2017年，国家主席习近平在出席世界经济论坛年会开幕式时，发表了题为《共担时代责任 共促全球发展》的主旨演讲，强调要坚定不移推进经济全球化，引导好经济全球化走向，打造富有活力的增长模式、开放共赢的合作模式、公正合理的治理模式、平衡普惠的发展模式，牢固树立人类命运共同体意识，共同担当，同舟共济，共促全球发展。[①] 习近平主席的主旨演讲获得舆论界、企业界和学术界的高度赞扬。因此我认为，全球化还是整个世界的基本经济格局，只要遵循和平和贸易双赢的规则，全球化就有利于改善效率，是每个国家的利益所在。

全球化对每个国家整体有利，但如果具体到一国的内部，可能不是每一个群体都能从全球化过程中获益。比如美国的华尔街和硅谷可能

---

① 习近平出席世界经济论坛2017年年会开幕式并发表主旨演讲。参见：https://cpc.people.com.cn/n1/2017/0118/c64094-29031823.html。

受益更多，传统制造业或中低端服务业则获益很少，甚至受损。假如美国选择在国内生产这些生活必需品，这些物品的售价可能更高，对消费者是不利的。因此，美国必须通过全球化的运作，经由他国进口这些美国已经失去比较优势的产品。如若不然，美国的劳动力和资本就无法释放，无法把劳动力和资本重新配置到具有比较优势的产业上。对美国这样的国家而言，只有不断地把资本和劳动从附加值低、已经失去比较优势的产业中释放出来，重新配置到比较优势较明显的产业中进行产业升级，经济才能获得进一步发展。所以如果没有全球化，这些国家的经济增速将变得更慢，甚至趋于停滞，引发很多经济和社会问题。

因此在全球化进程中，每个国家内部也需进行动态调整，把那些已经失去比较优势的产业及其释放出的资本重新配置到比较优势较为明显的产业中去。与此同时，针对传统产业释放出的劳动力进行培训，提升这部分人的职业技能，令其有能力在新的产业浪潮中实现再就业。我认为只有这样，一国经济才能实现持续发展。否则，这部分人的利益可能在产业结构转型中不断受损，一国经济发展也会受到影响。

我认为，这需要有效市场和有为政府双管齐下，共同发挥作用。目前世界上的一些国家在有为政府这方面能力较弱，未能针对其国内产业结构发挥政府应有的因势利导作用。这方面需要继续改进，不能一味地把矛盾转嫁给全球化。

在全球化进程中，面对本国不同群体获益不同的局面，政府需要头脑清楚，要看清当前局势、机会所在、挑战所在。此外，政府还需创造条件抓住机会，调度各方资源克服困难。如果政府不积极作为，有创新能力的企业家即便想创新也很难继续。

同时，在产业结构升级的过程中，从传统制造业释放出来的劳动力要么转去从事很简单的工作，赚取微薄的工资，要么难以就业，失业群体也会增多。因此，政府应积极作为，从宏观着眼抓住机会，调动资源，用好资源，对人才和产业进行升级和重新布局，及时出台政策克服困难。

如何理解双循环？

双循环的提出有针对短期因素的考量，比如新冠疫情的蔓延，使世界经济受到很大冲击。在其他国家疫情导致经济衰退、需求减少的情况下，中国疫情控制得力，生产已经基本恢复。当时因为国外需求暂未恢复，所以必须依靠国内来消化。此外受疫情影响，全球供应链有可能中断，要继续维持国内生产，就必须靠国内力量来补充供应链，所以需要打通更多国内循环。

除了短期因素影响，双循环政策更是经济基本规律的体现。

一般而言，决定一国国际国内循环占比的因素，主要有两个：一是服务业在 GDP 中的占比，二是国家的经济体量。经济体量越大，国际市场的占比越低。相反，如果一国国内市场规模很小，该国就必须更多地依靠国际市场。

目前我国制造业规模非常大，国内市场的消化能力提高当然好。相比制造业，服务业更依赖国内市场，因为很多服务是不可贸易的产品。比如理发，虽然也是服务，但没办法实现全球化。

随着人民收入水平的提高，我国经济总量在世界上的占比越来越大，出口占比越来越低，同时服务业在国内产业中的占比也在提高，双重力量使得我们依靠国际市场的比重会自然地不断下降。比如：在 2006 年，我国出口占 GDP 的比重为 35.4%；到 2019 年，也就是双循环政策提出的前一年，这一占比就降至 17.4%，减少了大约 50%。

再来看人均 GDP，2006 年时我国人均 GDP 为 2099 美元，到 2019

年这一数字上升至 10261。而同时期我国的经济体量也从 2006 年占世界比重的 5.3% 上升至 2019 年的 16.4%。这样一组数字对比也正好印证了我前文所说的，一国经济体量越大，其出口占比就越低。与此同时，随着人民收入水平的提高，服务业的占比也在同步提高，从 2006 年时占整个 GDP 的 41.8% 上升到 2019 年时的 53.6%。

正是服务业占比上升和经济体量壮大这两个因素，造就了我国在 2006 年到 2019 年这段时间内，出口或者说国际循环占比的下降。

展望未来，我国人民的收入会继续提高，我国经济总量在世界经济中的占比也将继续提高。与此同时，随着我国税收水平的提高，服务业的占比也会提高。在这种情况之下，国内循环的比重肯定会越来越高，国际循环的比重会继续相对降低。

但是，这些都是以收入水平提高为前提的。该如何继续提高人民的收入水平？我们必须发展经济。怎样才能更好地发展经济？只有结合国家的比较优势，经济才能发展得好。我认为，一国的比较优势和经济发展是一组正向激励，即越是按照一国的比较优势来发展经济，经济就会发展得越好，该国的比较优势也会越突出。

在这样的背景下，我们不仅可以依靠国内市场，也可以进军国际市场。因为国内市场再大，跟国际市场相比还是要小很多。比如 2019 年我国经济规模占全世界的 16.4%，世界其他国家占比为 83.6%。不难看出，虽然我国是世界第一或第二大经济体，但国际市场的体量是我国体量的几倍。在这种背景下，我们还是要争取把我国具有比较优势的产品打入国际市场。

过去我们经常说，要充分利用国内和国际两个市场、两种资源。如今在新发展格局以国内市场大循环为主体的同时，也要国内和国际市场双循环相互促进。只有这样经济才能发展得好，人民收入水平才会提高，经济体量才会变大，服务业占比也才会随之提升，国内市场循环的比重也才会进一步提高。

2021年，中国加入世界贸易组织已经20年。2001年时，我国经济体量在世界上占比还相当低，当时的GDP按照市场汇率计算只占全世界的3.6%。2020年时，这一数字就上升到17.4%。入世让我国有机会按照经济发展规律，充分利用国内和国际两个市场、两种资源。

展望未来，我认为中国仍要坚定推动全球化进程，比如倡导针对WTO（世界贸易组织）的改革。与此同时，中国也要积极加入其他有利于贸易往来的贸易组织，比如RCEP（《区域全面经济伙伴关系协定》）和CPTPP（《全面与进步跨太平洋伙伴关系协定》）等，这些都是表明我国将继续参与并支持全球化的举措。同时，我们还要给世界上其他国家提供市场。因为按照购买力平价计算，我国是最大的单一市场。

如何理解有效市场与有为政府？

市场和政府是经济发展中最重要的两个制度安排，主要目的还是要把经济发展好。

要实现这一目标，需要一个有效市场，按照比较优势发展。然而这种发展模式也会带来结构的动态变化，需要不断创新技术、升级产业。在这个过程中必然出现一些外部性问题，比如遭遇基础设施、制度安排方面的瓶颈限制。虽说这些限制都属于市场的范畴，但如果政府不出手帮助企业克服困难，经济发展或将遇到更多障碍，技术创新和产业升级的速度也会慢下来，经济发展速度可能越来越慢。

在这样的情况下，有效市场和有为政府间是什么关系？市场要有效，必须克服各种瓶颈限制，不然何谈有效？因此，当我们从新结构经济学的角度提出有效市场和有为政府时，就是以政府有为为前提，以市场有效为依归的。如果政府的作为超过有效市场的需要，那可能事倍功半，但如果市场明明遇到瓶颈，政府还不去作为，那就成了不作为政府。

当然，政府不作为不好，乱作为也不好，理想的状态是政府有为，市场有效，这样经济才能发展得更好。需要强调的是，尽管政府需要"有为"，但其行为也不能突破法律规定的范围。因此，我们应更聚焦如何让经济发展得更好，同时兼顾公平和效率，实现高质量发展。在这个大前提下，再来谈市场和政府该扮演何种角色，发挥什么作用。

我们知道发明主要由两部分内容组成，一是基础科研，二是新技术、新产品的开发。一般而言，企业家对开发新技术、新产品积极性很高，虽然开发有风险，但开发成功后可以申请专利，在法律的保护下独享十几年至二十年的垄断地位。重赏之下必有勇夫，风险再大也仍有企业愿意尝试。

再来看基础科研。基础科研的开发风险更大，科研成果可能只是一种公共技术产品，因此企业家参与研发的积极性不高。然而企业家不做基础科研，新技术、新产品的开发就是无源之水。在这种状况之下，政府必须支持基础科研，根据国家自身的技术产业发展方向，超前投资基础科研，取得突破后企业家就可以接棒，在此基础上继续研发新的产品和技术。乔布斯时代的苹果产品，以及特斯拉等，都是建立在国家前期基础科研成果上，由企业家接着开发出新产品和新技术，这才是有为政府该做的事。

中国作为发展中国家，科研能力已经居于世界前列，但在政府支持基础科研力度方面仍需加强，距离发达国家仍有一段追赶的路程。追赶的过程学问很深，比如不同产业对基础设施的要求不同，新经济要求新型基础设施，政府需要满足不同类型的需求，否则经济就发展不起来。

这也是有为政府该做的事。尽管过程非常烦琐，但政府不能以法律上没有相关规定为由，拒绝作为。政府不作为，新经济就无法发展壮大，产业结构就无法升级，生产力水平也就不能提高，就业无法增加，收入水平也不能提升。

因此，一国经济要实现稳定发展，必然需要有效市场和有为政府这两只手同时发挥作用。有为政府的目标是让市场有效，因为只有市场有效，经济才能发展得好。假如政府无法因势利导，及时根据产业技术和社会发展的需要来弥补市场之不足，市场就不会有效。

虽然有为政府和有效市场并不太难理解，但近百年来只有大约13个发展中国家实现了经济发展的赶超。我认为那些没能赶超的国家，主要是思路有问题。第一，这些国家在发展过程中，大都以发达国家的理论和经验做参照。然而这些理论的观点也并不统一，比如凯恩斯主义强调政府发挥作用，新自由主义则强调有限政府、不该有为，这些国家也受这些理论的影响，摇摆不定。

第二，这些国家基本以发达国家模式为参照系。也就是说，发达国家有什么，这些国家也希望有什么，完全亦步亦趋。这样做的出发点很好，但收效甚微。如果我们观察那些发展比较好的发展中国家，它们都有一个特点，即选择不同的参照系，根据自身情况因地制宜，在有效市场跟有为政府的共同作用下，抓住一个能做好的"牛鼻子"，先把它做大做强。

我认为，把能做好的做大做强才是最重要的，其中主要是思路和参照系的问题。基于上述认识，我提出新结构经济学，发展中国家能做好什么，需要参考其自身的要素禀赋，也就是结合其比较优势来判定。对发展中国家而言，在有效市场和有为政府共同作用下，把自己有比较优势的产业做大做强，这才是最重要的。发展中国家不能跟着发达国家亦步亦趋，比如基础设施、教育问题、金融如何服务实体经济、调节收入分配等，这是政府该做的，不能凡事都对标发达国家，忽视了自身的实际情况。

如何理解中国经济未来的发展潜力？

多年来，我在多个场合都说过，我始终认为中国经济有每年 8% 的增长潜力，结合目前的实际情况，我认为到 2035 年中国还能保持每年 8% 的增长潜力。

讨论增长潜力首先要弄清经济增长的本质是什么。经济增长的本质就是收入水平不断提高，这需要通过提高劳动生产力水平来实现。如何提高劳动生产力水平？这需要现有产业不断创新，高附加值的新型产业必须不断涌现。无论是发达国家还是发展中国家，这是发展的必由之路。

然而发达国家和发展中国家的实际情况也有差异，即发达国家的产业和技术已经居于世界最前列，想要实现技术创新和产业升级就必须自己发明创造。这一过程投入大、风险高。从发达国家过去 100 多年的历史经验来看，其年平均经济增长率和人均收入增长率基本稳定在 2% 这一水平，过去 100 多年这一数字都非常稳定。

发展中国家具有后来者优势，因为其自身科研水平相对落后，这些国家想要技术创新，有机会直接利用发达国家已经成熟的技术；想要产业升级，有机会直接引进发达国家发展成熟的高附加值产业。

因此，发展中国家如果能利用其与发达国家间的技术差距，在引进发达国家先进技术的同时，对其进行消化、吸收、再创新，这种做法成本和风险相对较低，经济发展速度也会更快。这也是改革开放后，我国在连续 42 年的时间内，保持年均超过 9% 的经济增长率的原因。这一经济增速是发达国家的三倍。

为什么说2035年之前，我国仍有每年8%的经济增长潜力？主要因为2019年时按购力平价计算，我国人均GDP为14128美元，约为美国的22.6%，基本相当于1946年时德国与美国间的差距，1956年时日本与美国的差距，1985年时韩国与美国的差距。在1946年—1962年这16年的时间里，德国的平均年经济增速为9.4%。1956年—1972年间，日本的平均年经济增速为9.6%。1985年—2001年间，韩国的平均年经济增速为9%。

诚然，我国现在正面临人口老龄化问题，它对劳动力增长带来很多负面影响。我们还是来看德国、日本和韩国这三个国家，如果剔除人口增长的因素，仅靠劳动力增长拉动的经济增长占比有多少？1946年到1962年，德国年均人口增长率为0.8%，也就意味着平均每年劳动生产率增长带来的经济增长有8.6%。1956年到1972年，日本年均人口增长率为1%，年均劳动生产率提高带来的经济增长就是8.6%。1985年到2001年，韩国年均人口增长率为0.9%，年均劳动生产率增长带来的经济增长为8.1%。

到2035年，中国可能出现人口零增长的情况。德国、日本和韩国剔除人口增长所实现的增长率都超过了8%，因此我认为中国也有8%的增长潜力。

当然，这个潜力只是从供给侧技术可能性来看而得出的结果，具体情况还要结合国内国际形势综合分析。潜力意味着较大的发展空间，这一点非常重要。总的来讲，我相信实现6%左右的实际增长应该完全有可能。

百年变局的背后是多重挑战叠加，当务之急是离开悬崖[①]

张宇燕

（中国社会科学院学部委员、世界经济与政治研究所所长，
中国社会科学院大学国际政治经济学院院长）

当今所处的历史方位

为什么说人类又一次站在了历史的十字路口？

布罗代尔在《资本主义论丛》中将历史分成了三个阶段：长时段、中时段、短时段。

长时段是几百年，甚至上千年，其中的一些变量和因素基本是恒定的，例如气候、生态、社会组织、思想传统等，这些对人类的影响非常深刻，但是基本上不会发生变化，绝大多数人一生仅有百十来年，在长时段这一维度里，历史几乎是宿命的。

[①] 本文根据作者 2023 年 2 月 27 日在"浦山讲坛"上所做的主题演讲整理，原题为《百年变局中的世界经济》。

中时段是几十年甚至上百年，这一时段内会有一些形成周期和节奏的对历史起重要作用的现象，如人口、物价、产出、工资、技术、制度等等，这些变量对人类生活也产生了很重要的影响，但是和长期变量比起来，决定性可能稍微弱一些。

短时段内主要发生的是一些突发的事变、革命、自然灾害等，这些事件如同尘埃般转瞬即逝，对整个历史进程只起微小的作用。

之所以说今天我们站在历史的十字路口，是因为这三个时段的变化叠加到了一起。

过去不怎么变化的长时段变量，例如气候、生态环境，现在都在发生非常严重且紧迫的变化。很多中时段变量，特别是数字技术，发展和全球产出总量增加，不同经济体，特别是主要经济体（比如中国和美国）之间的产出对比也都发生了变化。大国之间的博弈使得国际规则也在发生变化，国际货币体系也发生了变化。短时段变量发生变化的包括通货膨胀等，目前美国、欧洲的通胀率都非常高，虽然后来略有缓和，但会导致货币政策调整。此外，还有其他一些因素，比如新冠疫情的影响和疫情后恢复、乌克兰危机等。

气候和生态环境等全球问题形势严峻

气候的影响是非常大的。联合国秘书长古特雷斯在 2022 年 9 月的联合国大会一般性辩论上讲道："洪水、干旱、热浪、极端风暴和山火正变得越来越糟，以惊人的速度打破记录……这些灾难不是天然的。"这意味着上述灾难是人类行为造成的。

在 2022 年 11 月的《联合国气候变化框架公约》第 27 次缔约方会议（COP27）上，古特雷斯说："我们人类只有一个选择，要么合作，要么灭亡。"

工业革命以来全球升温逼近了1.15摄氏度。根据"全球碳计划"（GCP）的测算，在全球升温1.5摄氏度的情况下，剩余碳预算仅为3800亿吨，这些二氧化碳的排放配额如何分配需要很复杂的计算。2022年11月，COP27指出，21世纪头10年碳排放增长3%，第二个10年会放缓至0.5%，各缔约方同意建立损失与损害基金，对特别脆弱的国家进行补贴。

生态环境的影响更大。2022年10月世界自然基金会《地球生命力报告2022》发布的数据让人触目惊心："1970年以来，全球受监测的野生动物种群数量平均减少69%。"

全球问题日趋严峻。牛津大学的年轻学者托比·奥德在2021年出版了《危崖：生存性风险与人类的未来》。他在书里谈到了人类面对的很多风险，除了核武器，还谈到了目前最紧迫的未来风险，包括气候变化、大流行病、人工智能等。

将上述各种风险组合得出人类未来100年面临的总生存风险的概率为1/6，这个概率是有史以来最高的。

所以人类长期的战略是：首先离开悬崖，这是我们的时代任务，其余的可以等待，然后进入"漫长的反思"，在这个时期人类将再确定最美好的未来。

很多问题都是和人类只追求经济增长、单纯考虑GDP，不考虑环境、气候等因素相关的。

一些国际机构，主要是联合国的机构推出了一个新的指标体系——IWI（inclusive wealth index，包容性财富指数），希望能够用这个指标慢慢替代GDP。能否很好地理解这个指标，与能否很好地理解人类所处的困境以及世界经济紧密相关。

与侧重短期货币价值的 GDP 相反，IWI 将一国财富置于三大资本存量上：一是生产资本，主要包括机器设备、建筑物、道路等，还包括基础设施，范围比较广；二是人力资本，主要由人口受教育程度和健康状况构成；三是自然资本，由化石燃料、矿物、森林、农业用地、渔业组成。其中，对自然资本的重视与"绿水青山就是金山银山"的理念相符。

IWI 和 GDP 的主要区别是：IWI 除了涵盖内容变多，还是一个存量指标；而 GDP 计量的是一年之内新增的财富，是一个流量指标。发起这个指标的是斯坦福大学的肯尼斯·阿罗等重要的经济学家，还有剑桥大学的经济学家等。

全球治理赤字：理论与现实

解决全球问题靠的是全球治理。

现在全球治理存在赤字。为什么有这么多问题解决不了？这涉及经济学中一个很重要的概念——集体行动难题。每一个国家都想搭便车，却不想让别的国家搭自己的便车。全球治理一旦取得好的效果，所有国家都会自然而然地享受其好处，这是一个公共产品。但"好事多磨"，由于这个好处是由所有国家分享的，实现这一目标又要付出成本，所以就出现了集体行动难题。

如何解决全球治理赤字？

首先要在理念上、理论上把全球治理赤字解释清楚，形成真正的共识。建立更加公正合理的全球治理体系，需做到"大家的事，要商量着办"。

这里提出五个原则：

一是同意或自由原则。由于国家之上不存在权威，因此约束性的国际规则必须征得被约束国同意，这里涉及主权原则。

二是平等原则，国家之间是平等的，约束他国的国际规则也必须同时约束自己。

以上两个原则讲的是公正问题。

三是权利和义务的统筹与匹配原则。这一原则讲的是合理性问题。例如，现在中国是世界第一大二氧化碳排放国，每年的排放量占全世界的30%，但是从存量来看，美国自工业革命以来排放了5200多亿吨温室气体，中国到今天才排放了2700多亿吨。虽然中国二氧化碳排放的增量多，但美国的存量多，这时就要遵循权利与义务统筹对等的原则来进行平衡。

四是效率原则。这一原则是说全球治理在解决全球问题时要有效。

五是补偿原则。有些问题的外部性太强，比如亚马孙雨林的31%，或者是受到了破坏，或者是被改成了农田、牧场。亚马孙雨林被形象地称为地球的"肺"，它的面积缩小，不光影响巴西，还影响整个人类。虽然亚马孙雨林主要位于巴西境内，但是其外部性太强了，为了同时满足全球的福利和巴西的诉求，主权不可侵犯原则在补偿原则中就需要被放松。

以上就是我心目中的全球治理五项原则。

此外，建立理论非常重要。这里讲一个故事。熊猫的发现者是法国人，1869年，法国的动物学家、植物学家戴维在四川雅安发现了熊猫。几千年来，当地的农民天天和熊猫在一起，但在科学上发现熊猫的人却不是中国人。因为中国当时没有对动物物种分类的理论体系。

中时段影响变量的情况

去碳减排已成为世界潮流，这对未来世界经济的中长期发展，以及短期发展都会产生重大影响。无论是否接受，去碳减排都已经成为世界潮流了。20世纪70年代人们最担心的还是全球变冷，现在我们担心的已经变成全球变暖了。

技术进步是把双刃剑。技术进步对人类的影响很大。人工智能（AI）一方面给人类带来极大的便利，另一方面也会带来很大的风险。《危崖：生存性风险与人类的未来》中讲到了人的财富、信息、隐私等，讲到了人工智能的自我学习能力很强，还提到认为人工智能夺得控制权需要由机器人来实现是一个误解，实际情况是只要AI系统能够诱使或胁迫人类听从它的物理指令，它就根本不需要通过机器人。

人工智能是一套系统，对人工智能的认识不能受好莱坞电影的影响。它能控制人的财富，然后以此控制政治家、将军甚至国家，会给人类带来很大的风险。基辛格和谷歌公司前首席执行官埃里克·施密特、麻省理工学院人工智能专家丹尼尔·胡滕洛赫尔合著了《人工智能时代与人类未来》，书中阐述了这项新技术带来的机遇和危险，也特别谈到了"必须对人工智能的影响力加以限制"。

人口结构在发生变迁。人口也是一个很重要的变量，其结构可以划分为两方面：一是年龄结构，二是族群结构。

年龄结构方面，老龄化问题比较突出，面对这一问题的国家和地区主要有日本、欧洲国家、中国等。这些国家和地区的总和生育率都低于1.5的国际警戒线，韩国更是低到了0.81。印度的人口在2023年超过中国，印度成为全球人口第一大国。人口总量对一国的财政、金融、创新等影响非常大。

族群结构也对一国有很大的影响。以美国为例，近5年美国新出生婴儿中一半以上都不是白人，2022年20岁以下的美国人中有一半以上不是白人。特朗普曾提出在美墨边境修墙，签发所谓的"禁穆令"，可即便他触碰了美国敏感的"政治正确"的问题，还能当选总统，就是因为这个问题在美国很严重。

这个问题在欧洲更严重。根据皮尤的统计数据，目前，全球人口中基督教人口最多，到2060年穆斯林人口占比将达到1/3，和基督教人口占比一样。美国的极端"白人至上主义"里有一个所谓的"加速主义"的概念，认为现行的体制不足以阻挡非白人对白人文化的侵蚀，必须通过暴力活动阻止，例如新西兰就出现了袭击清真寺的事件。

大国力量对比发生深刻变化。大国力量对比变化就是其产出的变化。在过去40多年间，按照市场汇率计算，中国的GDP从1980年不到美国的7%提升到2021年占美国的约77%。早在2004年的时候，重量级经济学家萨缪尔森就在《经济学展望》上写了一篇文章，把技术进步因素和国家相对福利因素引入李嘉图-穆勒模型。他在论证中非常严谨地给出了一个新模型，结论是美国对中国的开放，将让美国受到永久性的伤害。

该文试图从理论上推翻自由贸易造福各参与方的结论，认为存在着这样一种可能性——两国互相开放市场，最后一个国家获益，另外一个国家受到永久性的损害。

萨缪尔森这样的经济学家都对自由贸易理论提出了学理上的质疑，从某种意义上来讲，这对经济学来说预示着一个时代的结束。保罗·克鲁格曼曾经说，判断一个经济学家是真经济学家还是假经济学家，就看他支持不支持自由贸易。

西方国家对于中国的限制主要来自两方面：一是"规锁"，二是建立平行体系或者逐步地"脱钩"。我们国内目前生产鞋、服装、玩具这些商品没有问题，但是在高科技领域，明显可以感觉到有所限制。

"规锁"是规则之锁。拜登在竞选时发表过一篇文章，这篇文章把他的对华政策讲得非常清楚：美国要联合盟国、伙伴国制定一系列国际规则以阻止中国主导高科技、先进的未来产业，要把中国锁定在全球供应链、价值链的中低端。其中的规则体系包括对 WTO 进行改革，这些改革涉及非市场经济扭曲问题、补贴问题、强制技术转让等等。

建立平行体系就是在用规则约束不了对手的时候，另起炉灶，通过小院高墙、友岸外包（friend-shoring），以及拆台、架空、改组、扩建、新创国际组织等方式打造平行体系。

过去，外包往往是按照经济学原则，把产业链布局到成本低的地方，这样能获得更多的利润。而友岸外包则是以意识形态来划线，外包给自己的朋友国家，这对全球价值链、供应链、世界市场体系的影响都是比较深远的。

2021 年 5 月，在欧洲的一次会议上，美国财长耶伦和欧洲央行行长拉加德都在谈友岸外包，所以友岸外包确实是在一步步推进的，包括"印太经济框架"等。

美国华盛顿有一家非常著名的智库——彼得森国际经济研究所（PIIE），它做过一项研究。2018 年美国国会扩大了外国投资委员会（CFIUS）的审查权与审查范围，并授权其在必要时修改或阻止投资。PIIE 在研究 CFIUS 的审查情况后发现，2016—2021 年只有 4% 的并购来自中国，但受审查量却占到了 15%。中国的审查指数为 3.7，法国、德国、加拿大、英国平均不到 0.5，日本、韩国为 1.5，新加坡为 2.6，从中可以看到中美关系在经贸领域发生的变化。

国际货币金融体系新趋势：美元霸权在削弱

美国从美元霸权中获得了很大的好处，这种好处是市场力量慢慢形成的，不是强迫的。然而，国际货币金融体系正在发生变化。

国际货币基金组织（IMF）对149个国家和地区进行了统计，2020年底全球外汇储备总额为12.7万亿美元，以美元计价的世界外汇储备资产比例连续5年下降，跌至59%，创下25年来最低。哈佛大学教授肯尼思·罗格夫提出，近20年美国国债占全球GDP的比重持续上升，同时美国产出占全球GDP的比重却在下降，长期来看，这对美元的地位会有影响。这类似于20世纪60年代布雷顿森林体系面临的"特里芬两难"，我把这个现象称为"罗格夫双难"。

影响美元地位的因素有很多。例如，欧盟在新冠疫情期间推出了一个7000亿欧元的欧洲复兴计划。这7000亿欧元主要来自发债。在成立了欧洲央行、发行了欧元后，欧洲货币一体化仍一直做不起来的原因是没有统一的财政，这次以欧盟的名义发债使其在财政上迈出了一大步，以后欧元就有了一个类似于美国国债的统一的可投资产品。这对欧元的国际地位会是一个很大的支持。

2022年，美国及其盟国制裁俄罗斯，极大地削弱了美元的金融力量。把俄罗斯剔除出SWIFT（环球银行金融电信协会）系统，冻结它的外汇储备，这对以美元为主导的国际货币体系的信心冲击很大。

另外，人民币的国际化也在逐步推进。未来国际货币体系应该是美元、欧元、人民币三种货币共享荣光，这是我们共同的愿景。

未来预测与应对

现在,我们的生活已经走出了疫情,基本恢复了正常,但下一次病毒大流行何时到来,这个风险值得关注。

国际货币基金组织的两位经济学家在 2021 年左右对新冠疫情的影响做过一项研究,结论是,爆发政治危机的风险会出现在新冠大流行峰值过后的两年,其间很多脆弱的发展中国家可能会出问题。现在,很多国家暴露出了财政问题、货币危机等,这值得关注。

世界经济下行压力的来源是美国和欧洲等国采取了货币紧缩政策。因为美欧 CPI(消费价格指数)增长的速度很快,2022 年美国通胀率达到 9.1%,欧元区的通胀率超过 10%,所以必须采取严厉的紧缩政策。美国联邦基金利率已经升至 4.5%~4.75% 的水平,欧元区也在提升基准利率。

这会带来溢出效应,比如发展中国家会出现债务问题,斯里兰卡、加纳已经出现了债务危机,巴西等很多国家也都有爆发债务问题的迹象。

贸易保护主义也是世界经济下行的压力来源之一。大国博弈转向负和博弈。零和博弈是"我赢你输",负和博弈是一方可以承受损失,只要另一方的损失比自己大。友岸外包就是负和博弈,这会增加成本。WTO 认为,从长远看,如果全球脱钩为两大独立的集团,将使全球 GDP 至少减少 5%。

对于世界经济的走势,IMF 在 2023 年 1 月的《世界经济展望报告》中预测:2023 年全球经济将增长 2.9%,相比 2022 年 10 月上调了 0.2 个百分点;中国 2023 年将增长 5.2%,上调了 0.8 个百分点。中国 GDP 占世界 GDP 的比重接近 18%,经过换算,全球增速上调的 0.2 个百分点里面大约有 70% 是中国做出的贡献。世界银行 2023 年 1 月发布的《全球经济展望》报告的预测则比较悲观，认为2023年全球经济将增长1.7%，比2022年6月预测下调了1.3个百分点，发达经济体的经济增长从2.5%下调至0.5%。

最近这段时间，欧美通货膨胀的势头有所缓和，似乎美国加息的速度也在放缓，强度也在下降。

党的二十大报告中，对当前的国际环境和所处的历史方位，有一段非常精准的描述："当前，世界之变、时代之变、历史之变正以前所未有的方式展开。"报告里还谈到了和平赤字、发展赤字、安全赤字和治理赤字加重，"人类社会面临前所未有的挑战。世界又一次站在历史的十字路口，何去何从取决于各国人民的抉择。"

后面这几句话的分量很重，对今天人类所处的整个历史方位做了非常精准的描述。

报告里面也讲到了，"中国积极参与全球治理体系改革和建设，践行共商共建共享的全球治理观，坚持真正的多边主义，推进国际关系民主化，推动全球治理朝着更加公正合理的方向发展"。总体而言，我们要推进国际关系民主化，推动全球治理朝着更加公正合理的方向发展。

从 G20 视角看近年全球经济治理演变态势[①]

卢锋

（北京大学国家发展研究院经济学教授、校友学院发展基金讲席教授）

2023 年 G20（二十国集团）峰会于 9 月 9 日—10 日在印度新德里举行。东南亚金融危机后应运而生的 G20 在 1999 年创建之初是部长级国际经济对话协调机制，2008 年美国金融危机爆发后提升成领导人峰会机制，15 年来成为世界经济最重要的对话合作论坛。在俄乌冲突僵持不下、全球经济增速回落的复杂形势下，新德里峰会能否推进多边经济治理以提振世界经济增长与维护经济全球化大局，成为世人关注的焦点。

近年经济全球化与多边治理呈现两组不同方向的演变态势。一方面，全球化拓展与多边治理能力不足的矛盾深化，除国际货币金融体制不合理等传统治理问题持续存在，近年又面临新冠疫情大流行、气候变化加剧、保护主义思潮兴起、主权债务风险释放等新挑战，叠加地缘政治紧张与俄乌冲突危机，给全球经济治理引入新的冲击和压力。另一方

[①] 本文根据作者在某内部专题研讨会上的发言提纲整理拓展而成。感谢李昕、李双双帮助整理资料和参与讨论。

面,由于经济全球化与多边治理体系内生的惯性韧性,发达经济体与新兴经济体之间仍存在利益交集,通过国际社会努力并经由各国对话、协调与博弈,全球经济多边治理探索创新仍取得不少进展,在个别领域还出现较为突出的成果。从 G20 视角观察梳理上述演变,有助于全面认识大变革时代经济全球化与多边治理演变趋势及规律,更好发挥我国作为新兴大国在多边治理领域的参与引领作用,为中国经济发展与增进全球经济福祉做出更大贡献。

G20 对话合作的多事之秋

随着全球政治经济形势演变,近年 G20 多边合作面临新困难。突出表现是俄乌冲突爆发后是否将这个地缘政治议题导入 G20 议程引发分歧争端。例如在 2022 年 4 月 G20 财长和央行行长会议上,俄方代表发言时美欧高官集体离席以示抗议。由于参与国对俄乌冲突立场和主张存在分歧,在俄乌冲突爆发后召开的第一次 G20 财长和央行行长会议结束后未能按常规发表公报,而是由作为轮值主席国的印度尼西亚的财长和央行行长发布了一份联合新闻稿作为替代。同年 7 月在巴厘岛召开的 G20 财长和央行行长会议再次因俄乌冲突分歧未能发表联合声明,2023 年印度作为轮值主席国主持的两次 G20 财长和央行行长会议也面临类似窘境。

俄乌冲突同样影响 2022 年 G20 领导人峰会。美西方国家试图把俄罗斯排除在 G20 峰会之外,同时支持乌克兰领导人参会,最终妥协方案是俄乌两国领导人都采取视频方式参会。11 月 16 日峰会正式开始时波兰东部靠近乌克兰边境地区发生爆炸,G7(七国集团)成员国领导人离开 G20 峰会会场开小会讨论这一突发事件,直接影响峰会正常议程。

除俄乌冲突影响，印度也利用 2023 年担任 G20 轮值主席国身份搞小动作：如将 5 月旅游部长会议安排在与巴基斯坦有争议的印控克什米尔地区召开。这种将经济合作政治化、利用轮值主持 G20 活动议程谋求私利的行为理所当然遭到有关国家抵制。中方没有出席上述 4 月边会，中国、巴基斯坦等国对 5 月旅游部长会议采取不派官方代表出席的方式加以抵制。我国外交部发言人 5 月 19 日在回答有关上述 G20 旅游会议提问时指出："中方坚决反对在领土争议地区举办任何形式的 G20 会议，也不会出席这种会议。"

另外，近年美西方国内民粹主义和保护主义思潮影响显著上升，投射到 G20 合作领域导致成员在一些重要治理方针问题上出现分歧和倒退。突出表现是从早年倡导自由贸易与反对保护主义立场退步。如 2008 年 G20 首次华盛顿峰会以"开放的贸易和投资体系"作为合作共识之一，明确提出反对设置新的贸易壁垒，包括出口限制和违反 WTO 规则的出口刺激措施。此后直到 2016 年，历次峰会持续重申维护自由贸易、反对成员新出台贸易保护主义政策的立场。然而近年 G20 对贸易议题的表述和承诺出现变化：2018 年以来，抵制贸易保护主义共识原则不再出现在峰会承诺中，有关贸易议题讨论范围从早先促进自由贸易，缩小到 2017 年倡导对等和公平贸易，后来进一步收敛为 WTO 改革和开放农业贸易。

近年多边治理推进不乏亮点

近年，某些领域逆全球化冲动以及多边治理局部退步引发人们对全球经济碎片化前景的担忧，研究人员用"平行体系""半脱钩""准冷战"等概念推测上述动向的演变前景。这些描述和推测也不无道理，然而全面观察形势也需看到，多边治理领域同时存在务实探索与活跃推进的一面，通过 G20 对话合作推动经济治理进展的发生频率甚至超过早先时期。对此，笔者简略提五个方面情况作为说明。

一是针对"税基侵蚀和利润转移"（BEPS）问题推进国际税制改革取得重要进展。2013 年 G20 圣彼得堡峰会提出国际税制改革议题，并委托经济合作与发展组织（OECD）启动 BEPS 行动计划研究，2015 年形成第一阶段研究成果，此后经多年谈判和持续研究到 2021 年 7 月形成"双支柱"方案。支柱 I，建立缴税地点新规则与国家间共享征税权新方法，确保数字密集型或面向消费者的跨国企业持续开展规模性业务时，即使在无实体存在条件下也要在当地缴纳税费，因此又称"数字税"。支柱 II，通过设立全球最低公司税率，解决跨国公司将利润转移至低税或免税地来逃避税收问题，遏制国家间财税"逐底竞争"冲动。2021 年 10 月，136 个辖区接受了"双支柱"方案。现在看来，新方案落地还需较长磨合期，但相关进展仍代表了传统国际税收治理架构的重要突破。

二是 G20 协同推进气候变化治理。以 1992 年《联合国气候变化框架公约》及后续《京都议定书》《巴黎协定》为标志，人类发展进入在联合国统一协调指导下应对气候变化的新时代，G20 呼应支持治理气候变化发挥了特殊影响。2007 年 G20 南非部长级会议就将经济问题与气候问题相联系，2009 年 9 月 G20 匹兹堡峰会上明确提出实现可持续经济增长目标需重视气候变化，重申 1992 年《联合国气候变化框架公约》的目标、条款与共同但有区别责任原则等。此后历次 G20 峰会根据全球气候变化治理不同阶段面临的形势提出应对方针和原则，即便是 2017 年美国宣布将退出《巴黎协定》也未能影响其他成员坚持气候变化治理的立场和承诺。根据多伦多大学G20中心研究人员提供的数据，2008—2021年间G20成员做出有关气候变化治理"决策"承诺共116项，对气候变化治理进程产生推动作用。

三是G20推动引领国际合作应对新冠大流行冲击。2020年初新冠疫情大规模流行，不仅给全球公共卫生安全带来百年一遇的挑战，同时对世界经济造成罕见的巨大冲击。疫情期间G20作为全球经济首要对话合作平台，从不同方面发力引领推动国际合作应对危机。2020年3月26日G20领导人应对新冠肺炎特别峰会通过视频形式召开，发表《二十国集团领导人应对新冠肺炎特别峰会声明》，倡导和推动一系列政策以稳定全球经济、稳定供应链、确保重要医疗用品及关键农产品等的正常跨境流动。2021年G20罗马峰会关注将协调治理重点转向疫苗可及性合作的话题，2022年G20峰会则着重加强疫苗研发方面合作，G20对话合作在一定程度上缓解了疫情危机的负面影响。

四是支持推动IMF实施新一轮特别提款权（SDR）分配。新冠疫情暴发初期，国际社会呼吁IMF配发特别提款权支持发展中国家和低收入国家应对危机。2020年4月，G20国际金融架构工作组就此议题讨论，由于美国等持不同意见未能达成共识。2020年7月，时任中国人民银行行长易纲发文呼吁国际社会尽快达成共识并落实特别提款权分配。2021年，拜登政府转变立场，使得G20成员就特别提款权分配达成一致。2021年8月2日，IMF理事会批准了规模为6500亿美元的新一轮特别提款权（约合4560亿SDR）普遍分配，其中约有2750亿美元（约合1930亿SDR）提供给新兴市场和发展中国家（包括低收入国家）。此次分配还允许具有稳健外部头寸的成员通过IMF"减贫与增长信托基金"（PRGT）自愿转借其部分SDR以扩大对低收入国家的无息贷款。

五是 G20 协调国际社会合作应对新一轮主权债务风险。多年经济增长失衡，叠加疫情冲击、美欧加息、俄乌冲突等因素影响，使得部分发展中国家主权债务风险上升。当代主权债务格局深刻演变，如何有效化解债务风险并公平合理分担治理成本，成为国际金融治理新的挑战议题。2020 年 4 月，G20 财长和央行行长会议通过"缓债倡议"，在净现值中性基础上暂缓最贫困国家主权债务本息偿付，该项目经过两次延长期限实施到 2021 年底，中国落实缓债 21 亿美元，是 G20 成员中贡献最多的国家。考虑到部分债务困境国家面临偿付能力问题，G20 于 2020 年 11 月推出《缓债倡议后续债务处理共同框架》，先后有乍得、赞比亚、埃塞俄比亚、加纳等四国提出债务处理申请。2022 年 11 月乍得完成主权债务处理，2023 年 6 月有关各方就赞比亚主权债务重组达成协议，显示该领域国际合作取得重要进展。

几点思考与启示

首先需明确，G20 是以联合国为核心的当代全球治理体系组成部分，G20 推动多边经济治理合作事例是与其他治理机制和机构协同努力的产物，G20 借助其机制设计和执行力较强的特点发挥了特别作用。其次要看到，G20 对话合作是不同成员和阵营的不同治理理念、目标和利益的博弈磨合过程，伴随着复杂的过招斗法与攻防进退策略性因素。另外，就实效而言，对话合作有的虽达成治理共识但落地生效仍需时日，有的虽付诸实施但成效也可能不如预期，因而需要客观评估。不过在近年国际经济与治理不确定因素显著增加的环境下，上述观察对认识全球经济治理动态和趋势不无启发意义。

第一，从 G20 视角观察的经验事实显示，近年多边经济治理领域大体呈现两个方向的动态演变。地缘政治矛盾激化与俄乌冲突，西方民粹与保护主义思潮和影响上升，对国际经济合作和治理规则造成显著冲击，使得全球经济与治理面临朝平行分离体系方向演变甚至派生碎片化风险。另外，在危机应对与长期结构议题方面，G20仍能在压力危机倒逼下多方努力克服困难取得某些成果，显示出当代经济全球化与多边治理体系具有一定韧性。纵观G20峰会历史，最近几年逆全球化挑战增加，反倒是多边治理对话合作创新较为活跃并取得较多进展的阶段，这一态势提示需全面观察形势演变动向并客观分析其规律。

第二，近年G20推进多边治理仍能有所斩获，基本原因在于时代环境快速演变对全球治理秩序提出迫切需求，相关大国虽存在理念分歧、竞争动机和博弈考量，但不容忽视的利益交集使得完全拒绝合作成为各方代价过大、难以承受的选择。多边治理演变反映发达国家与新兴经济体之间对立统一的关系，一定程度上也折射出我国与美西方的竞合关系。美西方对我国多方防范遏制，客观上会对多边合作治理造成损害，然而给定中国经济深度嵌入全球经济的前提，在中国坚持开放方针与可贸易部门竞争力活跃提升背景下，美西方无论从国内增长还是全球稳定角度都不能无视与中国合作的必要性，这些历史和现实客观因素也为有关各方在G20平台就某些经济治理问题谋求合作提供了有利条件。

第三，主要发达国家对G20仍有较强操控力，然而G20机制创新在根本上有利于包括中国在内的新兴经济体。观察G20诸多对话合作事例，我国对特定议题的认知、立场和主张往往对相关过程与结果产生重要甚至举足轻重的作用，彰显我国在G20合作机制中的特殊地位；然而，受历史与现实复杂因素影响，美西方在G20或仍有较大影响力，我国作为新兴大国参与对话合作势必面临多方掣肘和挑战，难言诸事合意舒适。通过全面观察不难看出，G20对话合作有助于提升全球经济治理对新兴经济体利益诉求的关注与响应，有助于新兴经济体通过实际参与多边治理来积累经验与提升能力，有助于发达经济体与新兴经济体通过对话磋商寻求利益交集以推进全球经济治理，因而从长期看G20在根本上有利于中国与新兴经济体在全球治理体系中成长壮大。另外，从国内经济发展角度看，我国在可贸易领域拥有强大并富有活力的供给侧能力，无论在短期还是长期都需要国内与国际两个市场支持以充分释放我国作为上升大国的经济发展潜力，这也以多边治理体系正常运行与创新拓展为前提。

第四，展望未来，中国无疑会继续积极参与G20平台对话合作，不会放弃这个当代全球经济治理的最重要阵地。自2008年底G20峰会机制创建以来，我国前后两任最高领导人连续十七次出席或主持G20峰会，2023年由国务院总理出席在新德里举行的G20第十八次峰会。我国外交部发言人2023年9月5日回答记者有关提问时，重申"二十国集团是国际经济合作的主要论坛"，指出中方历来高度重视并积极参与相关活动，并明确表示愿同各方一道共同推动二十国集团领导人峰会取得成功。基于本文观察分析，笔者认为中国高度重视G20合作机制的立场并未改变，中国未来仍会以合作为基调全方位积极参与G20对话合作，并由此对全球经济多边治理创新发挥新兴大国的应有作用。

中国经济的挑战与复苏逻辑[①]

姚洋

（北京大学博雅特聘教授、国家发展研究院经济学教授、
国家发展研究院前院长、中国经济研究中心主任）

当前，经济复苏为何如此困难？其背后的原因是什么？在中国讨论经济问题时，政府的作用、政策效应不可忽视。因此，要理解中国经济的走势，首先必须理解政府在制定这些政策时的逻辑。

经济在恢复，但历经波折

在疫情暴发前，我国经济增长率相对稳定。然而，疫情给经济带来了很大的冲击。2020年初，由于有效的疫情防控措施，我国经济很快从负增长中恢复。到2021年，经济开始呈现上升趋势，人们的信心也逐渐恢复。然而，2022年又出现了新困难，2023年的形势变得更加艰难，甚至比疫情期间更难。

---

① 本文根据作者2023年12月16日在"北大国发院成都论坛"上的主题演讲整理。

出现这些情况，原因是多方面的。虽然很多人认为消费不足是主要原因，但实际上，根据社会消费品零售总额的数据，我国消费水平与以往其他年份相比并没有明显下降，消费仍有一定的增长潜力。然而，消费增速的波动确实比较大。在新冠疫情之前，我国消费增长相对稳定；疫情的出现打乱了这种稳定态势，使得消费起伏不定。首先是2020年初，由于疫情冲击，消费经历负增长。随后，在有效的疫情防控措施下，经济快速恢复，消费也开始回升；2021年，消费呈现强劲增长，人们对经济充满信心；2022年消费又开始向下波动；2023年一季度，消费增长表现良好，但二季度之后又下滑。

物价方面，消费价格指数在疫情之前相对稳定。中国人民银行在管理物价水平方面具备相当成熟的经验和一套行之有效的措施。然而，疫情导致物价大起大落。2023年，CPI环比涨幅接近于0，有的月份甚至转为负值，意味着消费品价格整体下降。与此同时，生产价格指数（PPI）的波动更剧烈。PPI衡量的是生产者销售产品的价格指标。在经济好的时候，PPI呈现正值，这意味着产品价格比前一天稍高，生产者能够获得更好的利润。然而，2022年以来，PPI的表现较差，2023年直接转为负值。这意味着生产者销售的产品价格整体下降。从这两个价格曲线来看，我们确实进入了通缩阶段，即物价整体下降的阶段。

通缩和高通胀都会引发担忧和不安。美国正在经历的高通胀给经济和人民生活都带来困扰，通缩也不是好现象，容易导致信心下降和经济活动减弱。

在美国，高通胀会对政府的执政产生影响，因为高物价会引发老百姓的不满，并可能影响选民的投票意向。然而，适度的通货膨胀实际上对经济有益。每年2%~3%的通胀速度被认为是经济健康的表现，可以促进消费、激发投资和刺激经济增长。

适度的通胀对于保持企业家信心很关键。对企业家而言，正增长的物价非常重要，因为当物价负增长时，企业难以获利，营收表现也会受到影响。根据国家统计局的数据，2023年我国企业营收基本没有增长，利润也在负增长。尽管2023年7月之后负增长幅度有所缩小，但仍然是负增长。在此情况下，企业采取其他任何措施来提振信心可能都不太有效。

当利润和物价都下降时，人们对未来容易失去信心，这会直接导致投资增速下降。除了政府的投资，整体投资实际上已经出现负增长，尤其是房地产行业的负增长是整体投资呈负增长的重要因素。

根据财政部的数据，2023年前三季度国内生产总值同比增长5.2%，其中消费贡献了4.4个百分点，占比约83%。这是消费有史以来所占的最高比例。尽管我们常说消费不足，但从数据来看，2023年的增长主要依靠消费。我们看到餐馆、机场、火车站人山人海，消费确实有所复苏，然而大宗消费并没有复苏，主要是与房地产相关的消费大幅下降。

与此同时，投资对经济增长的贡献率为1.6个百分点，占比约30%，相较平常水平稍低。通常情况下，投资的贡献率可以达到GDP总量的两个百分点甚至更高。因此，2023年国内需求差并不是差在消费，而是差在投资。

2023年我国货物和服务净出口呈负增长，对GDP增长的贡献率是–11.4%。当然，出口负增长是全球范围内的问题，并不仅仅是中国的问题，中国的表现还相对稍好一些，越南的净出口对GDP增长的贡献率为–12%。但无论如何，国外需求的下降或减速对中国需求的影响非常大。

这是2023年经济复苏的总体情况。

经济与社会并非线性前进

2023年,中国经济的多项指标出现较大波动,原因并不只是经济方面的数据变化或政策影响,而是多方面的,尤其是包括非经济因素带来的影响,我们需要学会用综合的眼光看待经济发展。2023年末的中央经济工作会议也明确提出,要将非经济目标纳入经济考量范围。这意味着在发展经济时不能只关注经济目标,还要考虑其他非经济目标的影响。

非经济目标有哪些?它们如何影响经济运作?理解政策制定背后的政治逻辑很重要。

这需要一个框架来阐述,但这个框架来自何处?这些年来,我一直在思考这个问题,直到我读到《第四次转折》这本书才找到答案。

这本书由两位美国作者威廉·斯特劳斯和尼尔·豪在1997年合作撰写,其中一位作者已经去世,另一位作者最近又写了一本书,也聚焦"第四次转折",认为其已经到来。这两位作者相信,历史是循环的。

与之相反,我们大多数中国人的历史观是线性的,尤其是近代以来的中国人,似乎总认为历史在不断向前,社会永远在进步。

而《第四次转折》的两位作者的观点是,历史是循环的,不是线性的。他们发现美国历史的发展规律以80年为一个大周期,其中包含四个小周期,每个小周期为20年,相当于一代人的时间。这种观点与我们将一年分为四季类似。

中国古代一些哲学家也会用自然现象,特别是四季循环来比喻人类社会。例如,西汉学者董仲舒在《春秋繁露》中就通过四季的变化来讲述人类社会的变迁。这种比喻可以帮助我们理解历史的循环和变迁。

《第四次转折》的两位作者基于对历史循环性的观察和研究,将美国二战后的历史划分为四个时期。

第一个时期是"高潮期",时间从1945年到1963年。在这个时期,二战刚刚结束,美国经济迅速增长,其经济体量占据了世界近50%,人民生活水平大幅提高。正因为如此,人们普遍拥有共同的理想和价值观,对政府也有信任。

第二个时期被称为"觉醒期",是从1964年到1984年。在这个时期,年轻人开始崛起,尤其是二战后的婴儿潮一代。他们不再盲从政府的指挥,也不接受传统主流价值观的灌输。相反,他们追求个性解放和自由,因此出现了大量的社会运动,如反战运动、民权运动和新解放运动等。觉醒期是个人主义的爆发阶段。在这之前的20年,集体主义文化占主导地位,而新的20年则见证了个人主义的觉醒,是对集体主义的反作用。

一旦个人主义开始兴起,人们就会寻找属于自己的方向,这也使美国进入第三个时期——"展开期"(1985—2005)。在这个时期,全球化达到了高潮,对于美国人而言,自由民主获得了胜利。在苏联解体前的一周,戈尔巴乔夫在马德里见到了时任美国总统老布什。老布什询问苏联的情况,戈尔巴乔夫回答说一切都很稳定。但他也提到,如果苏联有一天不存在了,请不要将其归功于自由民主的胜利。一个星期后,戈尔巴乔夫在CNN(美国有线电视新闻网)记者面前签署了苏联解体宣言。老布什在美国时间的当天就发表了讲话,宣称这是美国人民的胜利,是自由民主的胜利。既然胜利了,就得践行诺言,自由民主就得保护全球人民的自由,所以大批移民进入了美国。于是,美国政治学家亨廷顿写了《我们是谁》,因为美国到了"危机期"。

"危机期"(2006—2025)是第四个时期。到了危机期,总得有一个"睿智的老人"来敲钟,告诉美国人说危机到了,该解决问题了。美国极右翼分子史蒂夫·班农认为特朗普就是这样一个人。特朗普上台后首先是对穆斯林移民进行严格审查，阻止他们移民美国。2023年末他再次竞选总统时说，如果再次当选，他只会在第一天做独裁者，因为他想要关闭边境。

中国新时期的方向与原则

我发现，《第四次转折》所总结的历史四个时期的规律也适用于中国以及其他国家。

1949—1976年可以说是中国最近历史发展"高潮期"的主体。那时物价低，工资相对较高，尽管生产水平低，但社会欣欣向荣，人们的想法也相似，都想建设一个强大的新中国，所以也吸引了钱学森等一大批海外人才回国。

"觉醒期"即1977年至1997年。这是思想解放的时代。如果说"五四运动"是第一次启蒙，那么20世纪80年代就是第二次启蒙。

"展开期"是从1998年到2017年，是各种势力和思潮涌现的时期。

当下，我们进入新时期，任务就是要对过去几十年产生的问题进行全面纠正。我在十五六年前就曾说过，中国正在变成一个"正常的发展中国家"，不再是"超常的发展中国家"。"正常的发展中国家"就会存在腐败、官商勾结、贫富差距等问题。中国一度属于"超常的发展中国家"，因为有股劲儿在里头。随着时间的推移，这股劲儿逐渐消失，取而代之的是各种力量的自由奔跑，就和其他发展中国家一样出现了许多问题，这些问题需要新时期来解决。

新时期需要做什么？在我看来包括以下几件事。

第一，持续反腐。

第二，打破政商联盟。

第三，加强党的集中统一领导。

第四，推进共同富裕。我国的贫富差距属于全球较高水平。我国收入最低的10%的人的全部收入只占全国总收入的0.5%，而他们的净财富是负值，通过借债来生活。

第五，矫正过度市场化。改革开放是党的关键一招，市场化是中国成功的奥秘之一，但不是什么事情都可以由市场来做。

第六，纠正过度金融化。金融发展本应服务于实体经济，然而过度发展却会对实体经济造成打击。正如我们所见，美国因为金融化过度导致产业空心化问题。因此，我们现在迫切需要对金融进行治理，以实现高质量的金融发展。

第七，降低经济对债务的依赖。地方政府负债越来越多，周期也越来越短，而且负债越来越不规范，我们需要采取措施来减少这种依赖。

第八，降低经济对房地产的依赖。目前，整个经济有40%的投资与房地产相关，而老百姓财富的60%都在房地产中。这种情况显然存在问题。

最后，对于学者来说，需要建立自主的知识体系，不能盲目追随西方，也不能让中国的学术界变成西方的代理市场。中国应该拥有自己的学术体系，培养能够独立思考、具有创新精神的学术人才，以推动国家的发展和进步。

以上的纠正可能需要很长时间去完成。我们如果能够实现这些目标，那么在2035年之后，将进入一个崭新的时代。那个时代需要我们每个人都为之努力。

不能用短期政策解决长期问题

在短期内，采取正确的方法很重要。我们面临的许多问题都是长期积累下来的，经济学家称之为结构性问题，因此需要采取改革的方式来解决，而不是简单粗暴的政策调整。

2021年，政府在房地产市场采取的治理方法，就是用短期手段去解决长期问题的例子。政府通过"三条红线"、贷款配额等手段来限制信贷供给。由于房地产市场高度依赖信贷，一旦信贷紧缩，市场就会受到巨大冲击。因此，虽然短期内实现了回调目标，但也带来了其他问题，例如对相关行业和就业产生了巨大影响。

这些措施在短短两年多的时间里完成了本需要十年完成的过渡，对经济造成了很大的冲击和伤害。2021年，平均每月房屋新开工面积约为1.9亿平方米，截至2023年10月，这一数字已经下滑至约8000万平方米。这种快速变化可能导致市场的不稳定和经济的不平衡。房地产市场不仅仅是一次性购买房屋的消费，还涉及装修、购买家电家具等关联消费，是一个非常庞大的消费领域。我们应该意识到，消费中的吃喝玩乐等零星消费可能还在增长，但整体消费低迷，原因是大宗消费下降太多。

因此，未来我们需要综合考虑各种因素，采取更加全面和可持续的措施来促进房地产市场的健康发展。

再看地方政府债务问题。过去20多年我国有两轮"化债"。第一轮是2000年前后，"化"了前20年的债，那次"化"得比较彻底，银行重组，轻装上阵，成立了四大资产管理公司，接收坏账。然而，此后不到15年的时间，大量债务又积累起来。2014—2018年进行了第二轮"化债"，置换了约8万亿元债务。可是到2023年，债务问题又起，地方政府债务因疫情而大幅膨胀。从20年到15年，再到5年，积累债务的时间越来越短，这的确是个大问题。

然而，在当前关键时刻，政府选择从2022年下半年开始对地方政府实施财政紧缩政策，限制它们借债，只能借新还旧，不能新增债务。这样的政策是有问题的。

首先，这是一个不合适的政策。在疫情结束后，没有一个国家会立即进行财政紧缩，而是需要扩大财政支出来促进经济复苏。财政紧缩可能会进一步抑制地方政府的投资和消费，阻碍经济的恢复和发展。

其次，选择的时间也不恰当。地方政府在疫情期间支出很大，造成财政亏空。现在又限制它们借债，地方政府只能过紧日子。地方政府过紧日子，房地产市场又在下行，这两个部门涉及的经济体量加起来至少占经济总量的30%，如果这一体量下降10%，就会对经济增长造成3个百分点的拖累。这正是2023年经济复苏困难的原因所在。

必要的政策调整

在房地产领域，政策层面有一些事项需要明确。

第一，明确取消"三条红线"政策，以及银行房地产信贷比例限制。要向市场发出正确的信号，承认过去的失误。以前是"三条红线"，现在要求"三个不低于"，但另一方面又引入了"白名单"制度，全国只有50家房地产公司进入"白名单"，政策仍然在相互打架。

第二，明确取消限购政策。许多城市已经取消了限购，下一步可以明确表示不再限购。

第三，明确让市场决定房价。我们现在推行"保交楼"政策，这当然可以提振信心，但另一方面也让地方政府背负了沉重负担，因为地方政府不希望房价下跌，否则它们会亏损；但如果房价不跌，老百姓就不会购买房屋。房地产市场和股市一样，老百姓对于涨跌有追逐和避让的心理。当老百姓认为房价还有下跌空间时，不会轻易购买房子，只有当房价跌到一定程度时才会考虑购买。

第四，可以考虑建立一个"住房储备银行"来保障交楼。这样的银行可以在地方财政紧张时为其提供一些信贷支持。政府今后确实要专注于保障性住房建设，但资金来源仍然是一个问题，或许可以通过住房储备银行来获取资金。

财政方面，政府在加大政策力度。

从 2023 年 7 月开始，政府意识到紧缩政策不可持续，因此采取了一些扩张性的财政政策。然而，这些政策"半遮半掩"。虽然发行 1.5 万亿元置换国债可以缓解一些困境，但如果不允许地方政府举债，它们将无法开展新项目。因此，必须打开闸门，允许城投债和银行借款，否则即使有政策也难以发挥作用。

说到这里，可能有人会问，一方面要治理地方政府的债务问题，另一方面又允许地方政府继续举债，这不矛盾吗？实际上，防止地方政府新增债务是一个长期的过程，但在短期内我们需要找到权衡之策。我们可以先暂时救助地方政府，确保其正常运转，然后再考虑如何治理地方债务问题。

我的总体观点是，要想彻底治理地方债务问题，就必须将地方债务纳入地方政府的预算和决算，与中央政府负债已经纳入预算相似。这样做有助于提高债务透明度。穆迪将我国主权债务评级从正面调为负面，对我们的政府而言是一个不利因素，直接影响了我国在海外的债务发行。因此，让债务透明化是非常有益的。

中国经济展望

尽管现在困难重重，但我一直对中国经济抱有信心，并对中国经济的长期增长持乐观态度。悲观派只看到眼前的困境，乐观派会关注更长远的未来，而这将得到证明。

对于中国企业家而言，保持乐观态度非常重要。如果你在经营企业时一直持悲观态度，那就很难取得成功。但你请的职业经理人必须保持谨慎，以确保企业稳定运营。

因此，在短期内，我们可以采取谨慎甚至悲观的态度，但放眼长期应保持乐观。

根据我的估算，中国经济仍然具有以 5%~5.5% 的速度增长的潜力。如果我们的经济增长无法达到这个速度，我们的生产能力将会被浪费掉，这是一种失败。中国拥有高储蓄率和完整的产业链，并在一些技术领域处于世界领先地位。中国产品低质低价已经成为过去，我们已经进入质量优良、价格合理的时代。以我们的电动汽车为例，现在老百姓购买国产车已经不再因为品牌而犹豫，这样的情况在 5 年前都难以想象。这是一个巨大的变化。

2023 年 12 月的中央经济工作会议提出"先立后破"。这意味着政府将以确保经济的稳定运行作为首要目标，然后再去解决问题。如果经济的稳定局面不断被破坏，将会导致社会动荡和不安。过去几年的情况表明，经济处在不断动荡之中，事后才发现问题，我们只能临时处理问题，然后又发现新的困难，最后不得不重新整顿。

因此，我认为"先立后破"这个概念非常有价值，未来我们应该遵循这个原则，不要急于改革。实际上，中国的主要改革在 20 世纪 90 年代就已完成，现在应该巩固已经收获的改革成果。我们在很多方面还没有巩固好成果，又忙于新的改革，最终使一些之前的改革成为"半拉子"工程。

我相信政府会继续在房地产行业发力，希望房地产市场能够在2024年下半年止跌。房地产市场的稳定对于经济的恢复至关重要。同时，地方政府的财政状况也需要有所改善，以减少对经济的不利影响。

老龄化带给经济增长的压力与动力[1]

赵波

(北京大学国家发展研究院经济学长聘副教授)

人口老龄化受经济增长的影响，可以理解为一种经济增长的"烦恼"，出现人口老龄化的国家大概率是高收入国家。数据显示，人均收入越高的国家，其老年人口在总人口中的占比通常越高，因为这些国家的医疗条件、居民的健康状况都会得到改善。另外，人均收入越高的国家，总和生育率通常越低，因为生育和养育孩子的机会成本会随着收入的增长而上升。

人口既会受到经济的影响，也会反过来作用于经济发展。本文将从劳动力市场、资本积累、全要素生产率、经济结构四个方面谈一谈人口对经济增长的影响。

劳动力市场

大家的直观感受是，人口老龄化极大地影响了国家的劳动供给。

---

[1] 本文根据作者2021年5月16日在第152期"朗润·格政论坛"上的演讲整理。

2020年第七次全国人口普查显示，我国劳动年龄（16~59岁）人口为8.8亿，比2010年第六次人口普查时减少了4000多万人，占总人口的比例下降6.8个百分点。我国劳动年龄人口呈现先上升一段时间再下降的趋势，表明拐点已过。

劳动年龄人口不代表实际工作人口，所以就业人数也是需要考察的指标。数据显示，我国就业人数在2017年左右也出现了拐点。

这两个指标告诉我们相同的信息，即以劳动年龄人口数衡量的人口红利已经消耗殆尽，这会对我们的生产造成负向影响。

资本积累

影响产出的另一个重要因素是资本积累。一个国家的经济增长靠高速投资拉动，投资很大程度上来自国内储蓄。人口结构恰恰会影响储蓄，因为人退休之后收入减少，但消费没有立刻减少，伴随着储蓄率降低，资本积累逐渐放缓。因此，老年人口占比高的国家，储蓄率会持续下降。如果想维持高速增长的投资，就需要维持足够的储蓄率。

这对于我国的挑战体现为，储蓄率在2010—2020年十年间下降了5个百分点，而且人口老龄化将进一步加深，如果储蓄率不能上升，我们可能需要通过国际收支调整来维持强有力的投资增长。这意味着，过去长期积累的顺差可能会慢慢消失，甚至可能出现逆差，需要从国外吸引资本来帮助我们实现国内的高速投资增长。

全要素生产率

全要素生产率度量的是投入劳动、资本、土地等要素的生产效率。

能否成功应对人口老龄化带来的挑战，取决于能否提高全要素生产率，其中最重要的两个环节是技术进步和人力资本。

技术进步可以在一定程度上弥补劳动力不足，甚至能够实现对一些低技术含量劳动力的替代。人力资本积累方面，可以通过提高教育水平推动劳动力素质的提高，使得劳动力创造的价值更高，变"人口红利"为"人才红利"。

我们的研究发现，老龄化严重的国家，的确有更大的动力去增加技术研发投入并增加人力资本积累。老年人口数量与国家的研发投入占GDP比重以及人力资本指数都有很强的正相关性。人口老龄化程度越高的国家，在研发投入和人力资本积累方面的优势也越明显。

我国第七次人口普查结果显示，16~59岁劳动年龄人口平均受教育年限从2010年的9.67年提高至2020年的10.75年，文盲率从2010年的4.08%下降到2020年的2.67%，这是非常好的消息。

经济结构

老龄化带来的另一个影响通过经济结构施加。不同年龄段人群的消费结构不同，分析全国居民消费构成可以发现，越是人口老龄化，对于医疗等服务品的消费需求越大。消费结构的变化将进一步影响我国产业结构。

老年人的消费需求以非贸易品为主，包括医疗服务、财富管理、养老等。如果不能通过贸易获得，就必须增加本国供给。随着老龄化的发展，对于这类服务品的需求会大量增加，导致相对价格上升，进而吸引生产要素逐渐从第一、第二产业转移到服务业，最终导致服务业增加值占比和就业人数增长，经济从工业化主导转向服务业主导。

虽然发达国家都经历了这样的过程，但并不代表这是完美的路径，在这个过程中要警惕"鲍莫尔病"。"鲍莫尔病"是指，在发达国家，技术进步缓慢的部门，如服务业，通常吸引了大量生产要素，产品价格却居高不下，比如医疗费用不断攀升。当技术进步较慢，难以规模化复制的服务业部门占比又很大的时候，会拖累整体经济增速。

尽管第三产业中也有进步很快的领域，但平均来说，第三产业的技术进步和增长率低于第一、第二产业，特别是教育、城市服务、医疗保健等。"鲍莫尔病"会使得一旦经济过早去工业化，整体技术进步率会被拉低太早。由于长期决定人均收入的是技术进步率，所以经济总体增长率会随之下降。我国"十四五"规划纲要中首次取消了服务业增加值比重的目标，提出要保持制造业比重基本稳定，在我看来这是一个很好的指导方向。

老龄化既是挑战，同时也是改革的机遇。针对以上四个方面，我们可以采取以下措施：全面放开生育限制来改善劳动力市场；完善金融市场、吸引外资流入以促进资本积累；促进创新、加大研发和教育投入来提高全要素生产率；升级服务业同时避免过早去工业化，并始终维持强劲出口优势，以优化经济结构。

第二章

新质生产力的定位与内涵

围绕新制造、新服务、新业态，推动新质生产力发展[①]

黄奇帆

（中国金融四十人论坛学术顾问，重庆市原市长）

习近平总书记 2023 年 9 月在黑龙江考察时提出，"整合科技创新资源，引领发展战略性新兴产业和未来产业，加快形成新质生产力"[②]。我想就新质生产力谈一点我的理解。

我认为新质生产力大致由三个"新"构成。

第一个新是"新制造"

我个人理解的"新制造"涉及新能源、新材料、新的医药、新的制造装备和新的信息技术五个领域，但称得上"新质生产力"的，不是那些普通的科技进步，不是边际上的改进，而是有颠覆性的科技创新。所

[①] 本文根据作者 2024 年 1 月 7 日在第二十五届"北大光华新年论坛"上的主题演讲整理。
[②] 黑龙江：变硬核科技为新质生产力。参见：https://www.gov.cn/lianbo/difang/202309/content_6905025.htm。

谓颠覆性科技创新，我认为以下五个标准至少要满足一个。

一是新的科学发现。这是"从0到1"、从无到有的，对我们这个世界有新理解的重大发现。比如量子科学、脑科学的研究可能会将人类对世界的认知、对自身的认知往前推进一大步。

二是新的制造技术。这也就是在原理、路径等方面完全不同于现有的技术路线，却能够对原有的工艺、技术方案进行替代的制造技术，比如未来的生物制造，通过生物反应器的方式制造人类需要的各种蛋白、食品、材料、能源等。

三是新的生产工具。工具变革在人类发展史上始终处于重要地位，因为工具的革新带来了效率提升和成本下降，这样的例子有很多，比如EUV光刻机（极紫外光刻机）的出现让7纳米、5纳米芯片制造成为可能，新能源汽车制造中的一体化压铸成型技术让新车的制造成本大幅下降，等等。

四是新的生产要素。过去的制造靠劳动力、资本、能源等要素，未来的制造中除了这些传统要素，还会有数据这一新的要素。新的要素介入让生产函数发生了新的变化，规模经济、范围经济、学习效应会产生新的交叉组合和融合裂变。

五是新的产品和用途。每一个时代都有属于那个时代进入千家万户的"四大件""五大件"，近几十年是家电、手机、汽车等，未来可能是家用机器人、头戴式VR/AR（虚拟现实/增强现实）设备、柔性显示器、3D打印设备和智能汽车等等。

回到当下，我们发展新制造需要以发展战略性新兴产业和培育未来产业为重点，"十四五"规划提出要聚焦新一代信息技术、生物技术、新能源、新材料、高端装备、新能源汽车、绿色环保以及航空航天、海洋装备等战略性新兴产业，加快关键核心技术创新应用，增强要素保障能力，培育壮大产业发展新动能。在类脑智能、量子信息、基因技术、未来网络、深海空天开发、氢能与储能等前沿科技和产业变革领域，组织实施未来产业孵化与加速计划，谋划布局一批未来产业。

如今，我们看到全世界在这些领域的进展很快，人类正在以前所未有的速度推进科技进步，一批颠覆性的产品和科技将改变人们的生产生活方式，推动生产可能性曲线实现新的拓展和跃迁。

第二个新是"新服务"

服务成为生产力的重要构成是社会分工深化的结果。新生产力需要有新服务，这个服务的重点在于镶嵌在全球产业链、供应链中，对全球产业链具有重大控制性影响的生产性服务业。

关于服务业，世界经济版图里现在有三个特征。

第一个特征是，在各种高端装备里面，服务业的价值往往占这个装备或者是这个终端 50%~60% 的附加值。比如，一部手机有 1000 多个零部件，这些硬件形成的附加值占产品价值比例约为 45%，其余约 55% 是操作系统、各种应用软件、各种芯片的设计专利等，也就是各种服务。这些服务看不见摸不着，但代表这个手机 55% 的价值所在。其他各种各样的高端装备、终端，差不多都有这样的特征。

第二个特征是，整个世界的服务贸易占全球贸易比重越来越大。30 年以前，服务贸易占全球贸易总量的 5% 左右，现在已经达到了 30%，货物贸易比重在收缩，服务贸易在扩张。

第三个特征是，世界各国尤其是发达国家，其 GDP 总量中生产性服务业的比重越来越大。我们经常说美国的服务业占美国 GDP 的 80%，似乎有些"脱实就虚"，是不是有泡沫？需要注意的是，美国 80% 的服务业里面有70%是生产性服务业，这70%×80%就是56%，也就是美国25万亿美元的GDP里面差不多有14万亿美元是生产性服务业，是和制造业强相关的高科技服务业。欧盟27个国家服务业增加值占GDP比重是78%，这78%里面有50%是生产性服务业，也就是欧盟GDP的39%是生产性服务业。美国生产性服务业增加值占GDP的50%以上，欧盟占40%左右，其他发达国家、G20国家的生产性服务业增加值占GDP的比重也大体为40%~50%。

对比之下，服务业的这三个特征恰恰是我们国家现在生产力的短板。我们2022年GDP中制造业增加值占27.7%，服务业增加值占52.8%，但这52.8%里面有约2/3是生活性服务业，生产性服务业不到1/3，也就是说我们的生产性服务业增加值占GDP比重约为17%~18%，跟欧盟（40%）、美国（56%）相比差距是比较大的。

换言之，我们实现中国式现代化要加快发展生产性服务业，要实现高质量的中国制造，必须把跟制造业强相关的高附加值的生产性服务业增加值搞上去。

按照国家统计局的《生产性服务业统计分类（2019）》，生产性服务业包括为生产活动提供的研发设计与其他技术服务，货物运输、通用航空生产、仓储和邮政快递服务，信息服务，金融服务，节能与环保服务，生产性租赁服务，商务服务，人力资源管理与职业教育培训服务，批发与贸易经纪代理服务，生产性支持服务，共十大类。这十个板块和制造业是强相关的，制造业的各种附加值，服务性的附加值都是由它来代表，如果不到位则制造产品就不会高端化。截至2022年，我国虽然制造业的增加值占全球比重接近30%，但与制造业强相关的生产性服务业却相对滞后，我国在全球产业链、供应链中位置不高的根源就在于这个方面。

此外，中国的服务贸易也存在结构比例与世界不同步的问题。根据联合国贸易和发展会议的数据，2019年全球服务贸易占全球贸易总额的比例大体上为30%，中国的服务贸易占贸易总额比重2022年仅仅是12%。我国服务贸易出口2022年是2.85万亿元人民币，一半以上是生活性服务业的出口。我们有3万多亿元人民币的服务贸易进口，进口的基本是生产性服务业，可惜进口的生产性服务业大部分不是中国贸易公司做的生产性服务业进口，而是外国服务贸易公司做的生产性服务业对中国的输出。

从这个意义上讲，培育新质生产力实际上就是要使中国服务业的50%是生产性服务业，整个GDP板块中生产性服务业要力争达到30%。如果我们的服务业占GDP的60%，60%里面有50%是生产性服务业，整个GDP板块中生产性服务业就能够占到GDP的30%。尽管还达不到欧盟（40%）、美国（56%）的比例，但是由现在的不到20%增加到30%，增加了10个百分点，这10个百分点对现在120多万亿元的GDP来说就是约12万亿元。如果服务贸易也增加，从现在12%的比重增加到全部贸易总量的30%，就能使我们的高端制造中服务价值达到终端制造产品总体附加值的50%左右，这是新质生产力制造业的方向。生产性服务业提升了，新质生产力的制造也就提升了。

第三个新是"新业态"

培育新业态的核心是推动产业变革，是产业组织的深刻调整。我认为有两个关键推力。

第一个关键推力是全球化，新业态的形成要与全球潮流连在一起，形成国内国际双循环相互促进的新格局，我们要坚定不移推进制度型开放，促进形成新发展格局。这就是一个新的业态，是世界潮流，我们要培育新业态、新模式，需要内外贸一体化，换言之我们的市场体制必须从规则、规制、标准、管理等方面进行改革，形成内外循环一体化、市场化、法治化、国际化的营商环境。

为此，2023 年 12 月，国务院办公厅印发了《关于加快内外贸一体化发展的若干措施》，提出了要对标国际先进水平，加快调整完善国内相关规则、规制、管理、标准等，促进内外贸标准衔接、检验认证衔接、监管衔接，推进内外贸产品同线同标同质。国务院的这些措施正是这个改革的内在目标。

第二个关键推力是数字化，形成产业互联网，现在我们消费互联网做得风生水起，而产业互联网基本上刚刚开始。产业互联网不仅是国内产业的互联网，还包括国际国内的产业互联网，这种产业互联网有两种。一种是一个企业集团、一个大型制造企业从设计、市场、信息、销售信息到开发、制造、物流的一体化数字系统，这是在讲一个个企业的产业互联网，就跟我们 20 世纪 90 年代讲的 SaaS（软件即服务）、2000 年以后讲的 ERP（企业资源计划）一样，是企业制造业的工业自动化，是从市场到销售、设计整个自动化的产业互联网系统。

但是市场正在发展的是另一种产业互联网，它依托互联网平台和各种终端，将触角伸到全世界的消费者，根据消费者的偏好实现小批量定制、大规模生产、全产业链贯通、全球化配送。这样的平台上集聚了几百家提供生产性服务业的研发设计、金融保险、物流运输等企业，几千家制造业企业，以及上万家各种原材料供应商，这些企业之间用数字系统进行了全面贯通。依托这样一个产业互联网平台，这些企业形成了以客户为中心的全产业链紧密协作的产业集群，真正实现了以销定产、以新打旧、以快打慢。现在这样的产业互联网，中国有那么一批，这样的平台放在哪一个城市，哪一个城市就因此产生几千亿元、上万亿元的销售额，同时产生几千亿元、上万亿元的金融结算，还会产生物流和各种其他服务，就变成金融中心、贸易中心、服务中心。所以谁掌控未来产业互联网全球的平台，谁就是"三中心"莫属。

总之，以战略性新兴产业和未来产业为代表的新制造，以高附加值生产性服务业为代表的新服务，以及以全球化和数字化为代表的新业态，形成的聚合体就是新质生产力。我们国家在制造业板块、服务业板块、新业态板块都有巨大的潜力，现在的短板就是未来巨大的增长极，我们希望通过培育新质生产力推动中国制造业克服短板，并使之成为未来发展的新增长极。

经济中国的今天与明天[1]

郑永年

[香港中文大学（深圳）校长讲座教授、前海国际事务研究院院长]

现状

要理解中国经济的现状，就必须理解什么是"百年未有之大变局"。改革开放 40 余年来，中国在开放和全球化状态下实现经济的快速增长，成为世界第二大经济体，中国经济深度嵌入世界经济。也就是说，内部经济发展和外部全球化是相向而行的。但近些年来，由于美国推动的经济民族主义和贸易保护主义，世界出现"逆全球化"趋势，中国经济遭遇了前所未有的外部环境压力。在国际层面，中国经济的压力主要体现在以下几个方面。

第一，美国推动的经济民族主义和贸易保护主义。2017 年特朗普上台后，美国大力推动对华经济"脱钩"，对外贸易关系极限施压，试

---

[1] 本文内容由香港中文大学（深圳）前海国际事务研究院学术编辑组根据与郑永年教授的对话整理而成。

图遏制中国经济崛起。尤其在高科技产业领域，美国对华技术封锁达到前所未有的程度。

第二，复杂多变的地缘政治环境。俄乌冲突、巴以冲突尽管是区域性的，但也使全球资本与能源流动受阻；美国频繁制造中国周边热点，比如支持"台独"势力、介入南海问题，意图收紧对中国的地缘围堵。这些都促成一些外资的错误认知，认为类似的冲突会延伸到亚太地区，这直接恶化了中国的营商环境。

第三，美国与西方媒体大肆进行对华经济认知战，制造"中国经济硬着陆""中国经济顶峰论""中国经济衰落论"，甚至提出中国是"不可投资之地"。经济领域的"认知战"已经是美国对华总体战略的一部分，严重影响中国的商业环境和国际形象。

第四，美国内政导致的外溢效应。美联储急剧提高利率吸引全球资本回流，既冲击中国经济，也损害新兴市场。这种使用"强力美元"的政策对全球顶尖技术、优质资本和高质量人才的吸引力是很大的，不仅是针对中国，对欧盟的负面影响也逐渐加大。

尽管当前的外部环境给中国经济带来了极大的困难，但中国经济展现出强大的抵御能力。在美国对华极限施压下，中国经济未被"打垮"，并表现出强大韧性。通过诸多外交领域的努力，中美关系也避免了陷入急剧恶化的困境。尽管两国直接经济往来有所减少，但间接经济联系仍在持续。可以说，特朗普时期美国冷战派想对中国"速战速决"，把中国"打趴下"的政策已经破产。拜登政府基于这个现实把美国的对华政策调整为长期竞争。

就现有经济形势而言，现实层面确实有了很大的变化，人们对中国经济的认知并非毫无道理。然而，在学术层面，更多的问题体现为经济学问题，而非经济现实的问题。迄今，中国经济学还在被部分海外学者所主导，这是经济学界的悲歌。当海外的各种基于西方经济经验的经济学被用来解释中国经济现实的时候，经常出现不可思议的类比。中国经济学界过于追随西方理论，并没有形成立足中国实践的经济理论体系。无论是哈耶克还是凯恩斯，其经济理论针对的都是西方实践，和中国的实践经验没有必然的相关性。西方所谓的"经济学犹如物理学，放之四海而皆准"的主张虽然在西方已经破产，但在中国依然有巨大的市场。其原因在于，当中国没有自己的经济学理论来解释自己的时候，各种外来品就大行其道。所以，中国亟须建立符合国情、立足实践、原创的政治经济学理论——不仅解释现实，而且为经济决策提供正确指导。

潜力

当前，中国经济实践是两种经济学的融合体：一种是市场经济，以遵循市场供需关系为根本；另一种是"政府经济"，遵循"轻重"权衡——也就是权衡经济发展的动力更多来自市场还是来自政府。概括地说，至少如下五个方面既是我国经济的实践经验，也是经济发展的潜力之所在。

第一，在制度安排上，中国形成了基于市场供需的政府调控作用的经济体制，实现了市场机制和政府宏观调控的有机结合。

第二，一系列战略性新兴产业快速崛起。新一代信息技术、高端装备制造、新材料、生物医药、新能源等都开始成为拉动经济增长的新引擎。同时，中国已经在新能源汽车、高铁设备、风光发电等领域拥有世界级的产业集群。那些简单地把今天的中国和 20 世纪 90 年代的日本做比较的学者忽视了一个简单的事实，那就是相较于当时的日本而言，今天的中国不仅仅是产业体系最为完整的经济体，更产生了新型的产业集群。

第三，中国正从技术引进国转变为自主创新国，这将有力提升经济发展的质量。美国对华实行"卡脖子"、技术"脱钩"倒逼中国实现更多"从0到1"的技术创造和应用技术水平的提升。今天，中国政府和企业（无论是国有企业还是民营部门）都加大了科研投入，促进了中国从应用到原创的进程。如果没有美国施加的压力，中美间的技术竞争可能还会晚一点才进行，中国的投入不会像今天这样增加。

第四，在外部环境压力下，中国企业加速推进全球产业链布局。今天，我们的产业链和供应链正在迅速区域化和国际化，中国企业正在向越南、墨西哥等地迁移。这是在美国对华打压的背景下，企业为进入北美市场，按美国设定的政策路径迁移的结果，且外迁的现象正加速出现。短期来看，这确实影响了中国对外贸易额度，但长远来看，这反而会促进中国跨国企业的加速成长。毕竟，发展到今天这个阶段，中国资本的国际化是不可避免的。

第五，更大的压力促成更深刻的改革开放。中国过去的经济增长得益于改革开放。党的二十大提出了"中国式现代化"。2023年年底的中央经济工作会议强调"必须把推进中国式现代化作为最大的政治"，"必须把坚持高质量发展作为新时代的硬道理"，强调要"推动制度型开放"，"加快全国统一大市场建设"等，这些改革是全领域、全方位的，正在形成一股巨大的新动能。

堵点、难点

然而，发挥中国的经济潜力存在堵点和难点。

一是经济内卷，即各地方之间的恶性竞争。与经济内卷相伴而来的是地方主义抬头与市场的碎片化。这与建设全国统一大市场背道而驰。当经济的增量出现问题时，各地就转向竞争存量，因此出现内卷现象。由于各种原因，例如促进地方经济发展的需要和干部业绩的考核，一些地方官员不仅互相招商引资，更是阻止本地企业转移到外地，千方百计地想把GDP留在本地。在20世纪80年代，中国经济学家曾经用"诸侯经济"来形容当时盛行的地方保护主义。后来通过市场化改革，尤其是加入世界贸易组织和一些区域自由贸易组织，地方保持主义消退了。但现在地方保护主义又有回潮的势头，如果这个势头不能逆转，那么不仅将阻碍全国统一大市场的形成，从长远看，更会通过阻碍生产要素的自由流动而明显降低经济效率，从而影响经济的可持续发展。不过，从另一个角度看，这也表明一旦全国统一大市场形成，经济增长的潜力就可以得到源源不断的释放。

二是中央宏观层面的政策调整仍未转换成地方红利。十八大以来，中央出台了数千项改革举措，但在经济领域真正落实的政策数量并不多。2023年前后有关民营经济的政策便是一个典型的例子。中央层面所能做的都已经做了，包括强调"两个毫不动摇"、出台"民营经济31条"、成立民营经济发展局等，但这些很难反映在地方层面。地方的政策执行水分很大，落实不到位，甚至和中央的政策相反。官僚主义和形式主义依然盛行，有关部门不负责任，也不敢负责任。在这样的情况下，很多政策一直在空转，难以落地。

三是非经济部门出台的政策对经济的影响。近年来，各部门都是根据自己的需要来制定改革政策，推进改革政策，事先没有考虑到这些政策对经济的影响。尽管各部门的改革非常有必要，也是为了增进国家利益，但因为没有科学地评估各类政策对经济的影响，往往造成一些学者所说的"合成谬误"，对经济和资本造成重大的负面影响，甚至冲击。

正因如此，2023年中央经济工作会议强调，把非经济性政策纳入宏观政策取向一致性评估，强化政策统筹，确保同向发力、形成合力。

新"三驾马车"

任何一个国家的高质量发展都是通过基于技术进步的产业升级而实现的。在这个意义上，推动新质生产力的发展势在必行。实际上，旧的"三驾马车"（投资、出口、消费）如果想要继续发力，也必须依赖基于技术进步的产业升级。如果没有基于技术进步的产业升级，国家很难实现高质量的可持续发展。

而新的"三驾马车"，就是实现高质量经济发展的三个必要条件：第一个条件是，必须拥有一大批有能力进行基础科研的大学和机构；第二个条件是，必须拥有一大批能够把基础研究转化成应用技术的企业或者机构；第三个条件是，必须有足够支撑基础科研与应用技术转化的金融支持。

基础科研不是资本密集型的。哪一个诺贝尔奖是资本主导出来的？如果一定要使用"密集型"的概念，那么基础科研就是兴趣密集型的，科学家们自由地追求自己的学术兴趣就行了，科学发展有自己的逻辑。

应用技术转化是资本密集型的，但是应用技术转化风险很大，所以才有了风投。政府不能用纳税人的钱来做风险大的投资，传统银行也不能拿着客户的存款这么做，只有风投才能解决这个问题。

金融建设非常重要。金融要支持企业的技术转化，在美国就表现为风投。我们对金融的重要性认知还不足，对金融与实体经济的关系没有解释透。我们不能把金融与实体经济区分开来。像美国那样实体经济过度金融化、金融过度虚拟化固然导致了太多的负面效果，我们必须防止出现类似的情况。但是，美国出现了问题并不等于我们不强调金融了，因为缺少了金融，经济就没有足够的血液。中国下一步能不能成为世界经济强国，不仅要看实体经济，而且要看金融；没有金融，中国经济无论是内部的可持续发展还是走出去，都会变得很困难。

基础科研、应用技术转化和金融服务支持，这是工业化发生250多年经济历史中一个经济体从低度发展的经济体转型升级为发达经济体的三个必要条件。前两个条件中国已经充分意识到，也在努力，金融服务还有待发展——尽管已经提出了建设金融强国的目标，但发展依然处于早期阶段。这从另一个侧面表明，一旦中国找到正确的金融发展模式，只是金融这一块就可创造中国经济发展的强大新动能，更不用说金融对其他经济领域发展的推动作用了。

前行

经济中国应该如何前行？至少可以从以下六个方面获取可持续发展的动力。

第一，进一步加强非经济部门与经济部门之间的协调。中央已经明确"高质量发展是新时代的硬道理"，那么非经济性政策也要纳入宏观政策取向一致性评估，以非经济部门来服务宏观经济的发展。而要想引导非经济部门克服自身的"部门主义"倾向，我们需要加强中央政府的政策协调功能。中国式现代化必须置于强有力的党的领导之下。各部门自己设计自己的改革、自己改革自己、自己评估自己的改革，这种情况必须得到改变。各部门的改革要服从总体国家利益，围绕"高质量发展是新时代的硬道理"这一原则，一切为了实现中国式现代化。这就要求中央政府强化协调功能——通过协调，把各部门的利益导入整体国家利益。经济部门和非经济部门都需要评估自己出台的政策对对方的影响，做好预判和对应方案。也只有这样，才能避免改革的碎片化，避免"合成谬误"。

第二，区域经济一体化与全国统一大市场建设。通过区域经济一体化来建设国内区域统一大市场，长三角"三省一市"（江苏、浙江、安徽、上海）在这方面积累了宝贵的经验，其他区域包括粤港澳大湾区和京津冀等区域应该向长三角学习。京津冀需要平衡中心城市的虹吸效应，同时强化其对周边地区的辐射和扩散作用。粤港澳大湾区尤其要关注如何让内地九个城市互相协调的问题。另外，考虑到粤港澳大湾区涉及"一国两制"的特殊条件，我们可以重点参考欧盟的经验，深入研究借鉴由20多个主权国家组成的欧盟是如何做到市场一体化的。不管如何，需要推动新一轮行政体制改革。行政体制改革是中国政治改革的核心之一，也是推动国家治理现代化的重要建设。新一轮的行政体制改革可以建设全国统一大市场为目标和抓手。

第三，针对民营企业和地方政府出台的政策做"清单式梳理"。改革开放以来，中国的经济发展依靠的是"两条腿走路"——民营经济和地方政府共同发挥作用。在经济发展相对困难的时候，就要进一步动员民营经济和地方政府这两个发展力量。现在一定要进行清单式的梳理，搞清楚堵点、难点到底在哪里，民营企业发展的堵点、难点在哪里，地方政府和地方官员发挥作用的堵点、难点又是什么。只有清楚地识别并解决这些问题，才能把中央宏观经济政策的调整转化为地方的经济红利。

第四，进行土地制度改革。从历史维度看，中国的每一次成功都与土地改革有关系。现实中，土地制度改革的提出已经有数年，也有了一些新的概念，比如"三权分置"等，但好多政策还没有切实地推进。推动中国式现代化，不能忘记农业、农村、农民的现代化。我们一直在呼吁，要逐步取消户籍制度：城乡只是居住概念，而不应是身份概念。城市不仅是城市居民的居住地，也可以成为农民的新家园。同样，农村也可以是城市居民居住的地方。户籍制度只是新中国成立以后一个特殊历史阶段的特殊安排，我们不能也不可能把它永久化。我们现在要鼓励城乡的双向流动。一直以来，因为城市的虹吸效应，农村的要素持续流向城市，农民有钱了就到城市买房，把小孩送到城市里读书。政府对农村的投入尽了最大的努力，但成效毕竟有限，社会资本很难下乡。因此，应当鼓励城市的中上收入群体到农村居住——他们也是重要的生产要素。这需要进行新的土地制度改革。目前改革的方案已经有了，问题就在于如何加快推动落实。

第五，加快建设金融强国。在建设金融强国方面，尤其要发挥好香港国际金融中心的独特作用。我们要克服一些人所说的香港面临的"孤岛化"问题——眼下美西方打压香港，区域内一些政府也有意识地跟香港竞争，吸收香港的金融和人才等要素。这种情况必须有所转变。我们要想成为一个世界级的经济强国，就必须建立一个世界级的金融中心。19 世纪的英国、20 世纪以来的美国为什么强大？为什么日本、德国、法国这些不同时段的世界强国，都只是二流的经济强国？这里的关键在于金融。我们国家要想成为世界一流的经济强国，就必须发展香港这个世界性的金融中心。在香港金融这些年受到各种挑战，受到各种负面环境影响的情况下，我们一定要重塑香港国际金融中心的地位，通过与大湾区的融合，尤其是与大湾区主要城市（如深圳、广州）的协同，把香港塑造为中国"第二个金融中心"。上海这一金融中心是为我们的金融稳定服务的，香港、深圳和广州可以建设基于劳动分工的金融服务枢纽，跟华尔街竞争。

第六，加大对外开放力度。对外开放方面，我们至少可以考虑如下五个方面的举措。

一是在经贸方面，斗争但不"脱钩"，在维护国家核心利益方面，斗争但不冲突，在维护国家核心利益的同时履行大国责任。美国对我们"卡脖子"，搞"脱钩断链"，我们要敢于通过斗争去维护国家利益，但同时我们不仅不主动脱钩，而且要主动分化西方政治、资本和社会力量，让冷战派的脱钩计划破产。同样，我们必须坚定维护国家核心利益，遏制他国侵犯，同时也要履行和平发展的大国责任，克制自己。中国式现代化的第五个特征就是走和平发展道路，这是我们的大国责任。

二是推进围绕规则、规制、管理和标准的高水平开放。继续和国际规则对接，在对接的基础上参与规则制定，在参与的基础上争取规则制定权。

三是推进精准的单边开放。中国作为第二大经济体，我们的开放本身就是中国给世界可以提供的最好的国际公共品，这也是大国的一份责任。同时，我们在开放过程中实现自身的可持续发展和崛起。要实现中国式现代化，我们可能要有精准的单边开放政策。从经验维度看，单边开放很重要。美国强大的一个关键原因就在于其开放市场——二战以后在世界范围内吸收了优质的资本、先进的技术和高端的人才。无论是英国、美国还是其他国家，都是根据自己的需要在一些领域实行单边开放的。我们不要过于迷信对等开放，要历史地看待它。我们国家也曾通过单边开放谋发展：在20世纪80年代缺少资本的情况下，我们通过"请进来"引入资本，就是单边开放；在20世纪90年代，我们为了加入WTO，修改了从中央到地方的1万多条法律法规、政策，也是单边开放；近年来，从上海进博会到2023年前后对欧洲多国和马来西亚的单方面免签，也是典型的单边开放。我们的单边开放已经开了一个好头，接下来希望能把单边开放扩展到更多的领域。这方面，我们可以系统地分析《中欧双边投资协定》（BIT）、CPTPP、《数字经济伙伴关系协定》（DEPA）等，从而确定哪些领域我们可以根据自身需求优先实施。单边开放不是无原则的开放，而是根据我们的需要推动的开放，可以把它称为"精准单边开放"。而且，我们发展到今天，也有实力基础和经验实行精准的单边开放。

四是加快落实 RCEP，推进中国-东盟共同市场建设，以充分利用其潜在的经济红利。进而，在 RCEP 的基础上构建中国-东盟共同市场。商务部已经在和东盟开始进行 3.0 版的自由贸易区谈判，但 3.0 版的自由贸易区只是在 2.0 版基础上进行了一些增补，自由贸易区的概念和方法已不足以满足中国和东盟日益增长的发展需要了。现在，与传统的贸易投资不一样，我们的供应链、产业链都已经延伸出去了。所以，我们要有更高水平的开放和更高水平的区域产业布局，也就是共同市场的建设。中国和东盟之间的经贸关系已经有很深厚的基础，接下来可以推进中国-东盟共同市场的建设。

五是建设开放的企业系统，构建中国的跨国公司。要连通国内和国际两个大市场，也就是把内循环和外循环结合起来。尤其是在企业层面，我们要通过建设开放的企业系统，推动构建中国的跨国公司。现在，我们的很多企业也只是地方性的，甚至还没有实现跨省。也就是说，生产要素没有实现自由流动和配置。不管如何，中国的企业发展到今天，"走出去"——构建跨国企业是下一步必须要做的事情。其实，通过内循环、外循环相结合，可以把建设全国统一大市场和嵌入国际大市场也结合起来。

新质生产力的战略内涵与关键原则[①]

王勇

（北京大学新结构经济学研究院学术副院长）

习近平总书记2023年9月在黑龙江考察时提出了"新质生产力"，如今"新质生产力"已经成为一个热词，也是一个值得深入探索的新理论。

理解新质生产力提出的背景

习近平总书记为什么在这个时点上提出"新质生产力"？有些人可能觉得是地缘政治的紧张所致，尤其是美国对中国前沿技术的限制和打压起到了催化作用，其实并非全然如此。我们并不否认外部压力传导使我们不得不加快转型发展，但从学术视角来看，地缘政治的变化只是外因，发挥主导作用的还是内因，也就是中国自身经济转型升级的内在要求。中央在几年前就已经提出高质量发展，新质生产力本质上是高质量

---

① 本文为特约撰稿。

发展的关键着力点。

对于这一逻辑的梳理，我们可以做这样一个假设，如果没有俄乌冲突，没有中美贸易摩擦和美国的"小院高墙"，我们会不会转向高质量发展？会不会大力推进新质生产力？答案显然是肯定的，因为我们原来粗放型、高投入型的发展模式已经不再符合我们发展阶段的要求。

这可以从两个方面来加深理解。

一是供给侧。旧模式、旧生产力所生产的产品大多是劳动密集型、资源密集型、技术门槛比较低的，在国际竞争中已经逐渐失去比较优势，我们的人口已经转向负增长，劳动力、土地等生产要素带来的低成本优势已经不再，中国自己的矿产资源、水资源，包括国际贸易环境，都已经无法持续支撑粗放低效的经济增长模式。

二是需求侧。中国已经从物质短缺走向了产能过剩，发展的主要矛盾已经不是人民日益增长的物质文化需要同落后的社会生产之间的矛盾，而是人民日益增长的美好生活需要和不平衡不充分的发展之间的矛盾。换句话说，过去要着力解决从无到有、从少到多的问题，如今要解决从多到好、从粗到精的问题。人们已经无法接受严重的环境污染。海外需求也一样，欧盟已经启动碳边境调节机制（碳关税），全世界都已经开始遭遇极端天气，对于过度的碳排放容忍度越来越低，我们已经不可能再走欧美那种先污染后治理的老路。尤其是中国可能很快就要从年度碳排放第一大国变成累计碳排放第一大国，碳减排的国际压力会更大。与其等到国际上倒逼我们转型，不如自己主动转型，这也能更好地体现中央在战略上的主动性、前瞻性。

因此，逆全球化、地缘政治趋紧、国际友好氛围的褪色只是我们向高质量发展和新质生产力转型的一个加速器，关键还是我们自己发展的内在要求、底层逻辑。

新质生产力的内涵与战略价值

新质生产力是由国家领导人率先提出的新词汇、新概念，不是源于学术界的创新，这也给大家留出了解读和创新发展的空间。但是作为新概念，它还是需要基本的界定。对此，中共中央政治局2024年1月31日就扎实推进高质量发展进行了第十一次集体学习，重点就是新质生产力。通过官方报道，中央给出了一个比较清晰的界定："概括地说，新质生产力是创新起主导作用，摆脱传统经济增长方式、生产力发展路径，具有高科技、高效能、高质量特征，符合新发展理念的先进生产力质态。它由技术革命性突破、生产要素创新性配置、产业深度转型升级而催生，以劳动者、劳动资料、劳动对象及其优化组合的跃升为基本内涵，以全要素生产率大幅提升为核心标志，特点是创新，关键在质优，本质是先进生产力。"

这里面有几个点很关键，值得我们深入理解。

首先，新质生产力必须由"三高"（高科技、高效能、高质量）的创新打底。新质生产力明确以创新为主导。这一点与我们近几年一直讲的高质量发展、新发展理念、以创新引领现代化产业体系等都一脉相承，同时又突出了新的关键点：高科技、高效能、高质量。这里既结合了马克思主义中的生产力概念，又结合了改革开放几十年取得的经验共识，即科技是第一生产力，同时还有一定的发展。它不仅是先进的生产力，不仅要有较高的科技含量，还要具备高效能、高质量，也就是生产资料的投入要更集约，生产方式要高效能，而且产出也必须是高质量的、环境友好的。

其次，新质生产力有明确的产业支撑。新质生产力不是一个务虚的理念，而是一个务实的发展策略，对应有坚实的产业支撑。习近平总书记在黑龙江首次提出这个概念时就强调了产业界定，即战略性新兴产业和未来产业。[①] 因此，新质生产力相比原来的战略性新兴产业并不是简单的重复，更不是简单等同于从劳动密集型向资本密集型调整的产业升级，不是农业升级为工业、工业升级为服务业的结构转型。新质生产力更加强调的是质态，而不是业态。即使是最传统的农业，如果能通过革命性的技术进行生产要素的创新型组合，也能形成新质生产力。比如采用大数据与人工智能技术的选种育种，数字技术支撑的自动化种植、收割、深加工等，同样可以构成新质生产力的质态。

关于战略性新兴产业与未来产业，必须说明的一点是，战略性新兴产业不是一个宽泛的概念，而是有明确的产业分类，以及专业分类认定，不是随便一个采用了新技术的产业都能叫战略性新兴产业。战略性新兴产业必须同时满足两点：一是产业先进且意义重大，未来甚至可能会成为影响整体经济的潜在增长率的重要产业；二是相关的业态已经在一些国家形成较大规模，其实践路径已经相对明确，理论上的认知相对已经形成广泛共识。相比于战略性新兴产业，未来产业只满足第一点，也就是产业先进且意义重大，但理论认知、发展路径和业态尚不清晰稳定，仍在探索阶段。

最后，新质生产力还能满足战略上的攻防两用。我与魏尚进老师在研究中等收入经济体的"三明治困境"。对中国而言，"三明治困境"就是经过几十年的改革开放，中国经济底部压力大增，各种要素成本已经高企，相对于后起的越南、泰国等已经没有成本上的优势。除了底部的压力，顶部也有压力，相对于美国等发达国家，我们产品与服务的技术含量尚不足，还处于微笑曲线的底部，在国际竞争中缺乏独特优势。因

[①] 习近平总书记首次提到"新质生产力"。参见：http://www.xinhuanet.com/2023-09/10/c_1129855743.htm。

此，中国经济像三明治一样，底部和顶部都有压力，需要双线作战，谋求突围。

怎么突围？答案是只能往上走。即便抛开地缘政治因素不谈，向上攀登也是我们最好的选择，因为我们已经不可能再继续压低劳动力和土地等要素成本，也不可能再牺牲环境，还要面对老龄化。如果再叠加地缘政治趋紧，加大力度、加快速度发展新质生产力就成了不二之选，因为新质生产力除了能提升国际竞争力，还能提升经济安全与国防安全水平，这已经成为中国以攻为守的必要战略配置，与"以进促稳"的内在逻辑高度一致。

放眼全球，美国虽然没有强调过"新质生产力"这个名词，但实践上一直是强力发展新质生产力的典型。美国一直有产业政策支持新质生产力，而且不少产业都是在国防部名下做技术研发和规模化应用的探索，并与商业资本一起推动技术路线的军民两用与互相之间的转化。无论是通信技术还是新能源、新材料、生物技术，这些战略性新兴产业都离不开国防部的支持。

还有一点要强调的是，中国是一个大国，不像新加坡、越南等小国，中国除了发展GDP，还需要建立相对完整的国防工业体系。新加坡人均GDP超过8万美元，比美国人均GDP还高，但它无法建立独立的国防产业体系。而国防产业与民用产业之间在技术上是可以相辅相成的，对于中国这样的大国来说，对于国防产业的合理有效的投入，也是实现产业升级并提高新质生产力的不可或缺的途径。这是大国与小国之不同。

即便只是从经济发展的角度看，如今的世界也正处于第四次工业革命的窗口期。中国如果错失这次机会，未必还能像前三次工业革命一样有再学习、再追赶的机会。人工智能的威力可能远远超过蒸汽机、电力、互联网。这也是中国加大力度、加快速度发展新质生产力的战略意义所在。

新质生产力还远远不是中国经济的基本盘

新质生产力的意义已经不言而喻，但它究竟需要我们再造一艘全新的巨轮，把原来的巨轮废掉，还是继续沿用原来的巨轮，只是换几个关键的发动机？

我的理解会更接近于后者。新质生产力是一个新概念，现在还无法精确统计其经济规模，但从战略性新兴产业的产值与其在GDP总量中的占比来看，恐怕很难超过20%，因此，"旧质生产力"依然是我们的基本盘。中央特别强调"先立后破"，就是强调我们不能因为要发展新质生产力，就把"旧质生产力"一下子停掉，那样的话，经济会严重失速，反而欲速则不达。

当然，"旧质生产力"也不是原封不动，也要转向新发展理念（创新、协调、绿色、开放、共享），转向高质量发展。

中国是一个大国，北上广深和东部沿海很多地区已经达到发达经济体的水平，具备了加速发展新质生产力的条件，但更广大的中西部地区依然比较落后，传统产业的比重依旧较高。中国人均GDP还不足美国的1/5，中西部的平均生产率水平更低，人均GDP水平就代表着生产率水平。所以，千万不要因为我们已经出现了一些新质生产力的产业和企业就误认为我们整体生产率水平已经很高。

数字经济就是一个典型，大家关注的字节跳动、阿里、腾讯、美团、百度等，属于数字产业化，但中国更多的产业和企业属于产业数字化，也就是"旧质生产力"，传统产业要进行数字化转型，因此产业数字化才是我们的基本盘。

我在上海调研时，发现上海市经济和信息化委员会（简称"经信委"）专门有一个部门叫都市产业处。刚开始时，我没搞明白这个部门的作用，后来才明白是因为上海原来有一段时间过于强调发展高新产业，而对传统产业转型升级和传统品牌的保护都不够重视，导致城市烟火气大降，很多老品牌和传统产业受损，甚至消失，非常可惜。所以后来上海意识到这个问题以后，在经信委单独成立一个都市产业处，专门推进传统产业的发展，恢复城市的烟火气。只是相比于"旧质生产力"，新的部门又增加了创新的概念，提出FBI策略，即fashion、brand、ideas（时尚、品牌、创意）。

因此，我国作为大国，两个优势都要充分发挥才是正道：一个优势是大国人多、人才多、创新资源多，而且还能集中力量办大事，可以多集中一些资源推进新质生产力的发展；另一个优势是大国范围广，不同地区之间的经济落差大，自己内部就能形成一个雁阵，实现产业的梯度承接，先进产业逐步由东部向中部、西部转移。新加坡、日本等就不具备这个条件，产业过时之后只能向海外转移或放弃。

所以，站在当前的时点上，我们既要警惕错过大力发展新质生产力的机遇，避免错过新一轮国际竞争和产业革命的窗口期，也要警惕各地一窝蜂地大干快上新质生产力，造成资源的错误配置、重复配置，这样反而会损害我们经济的基本盘。此时，各地政府清醒的自我认知能力和中央对地方政府考核的科学性就变得尤为重要。

新质生产力的创新原则

发展新质生产力的关键是创新，但创新的关键又是什么？

关于创新，一直有两个力量：一个是市场化的创新，就是企业家群体、科学家群体的组合创新；另一个是政府主导的、举国体制推进的创新。在发展新质生产力的过程中，这个问题也非常值得思考。林毅夫老师与张维迎老师关于产业政策的争论，历史上很多经济学大师之间的分歧，本质上都与这个问题有关。

在传统的经济学教科书中，通常讲的是以市场化创新为主，只有当市场失灵的时候才需要政府干预。现在至少要加上一点，那就是市场失灵已经不限于国内市场，还要考虑地缘政治带来的国际市场失灵问题。比如，对于芯片，中国本来没有必要由政府大力推动创新，靠市场换技术一步步引进消化吸收再创新也可以，但美国"卡脖子"，中国马上就面临需要政府采取措施加以应对的问题。不仅如此，美国已经对中国的人才引进、学生留学等都进行不同程度的限制，也就是说我国从产品市场到要素流动都面临市场失灵问题，很多东西不再是我们愿意花钱就能买到的。

当然，我们也不能因为地缘政治趋紧而改变创新的基本原则。关于创新，经济学上的基本原则还是政府着力于营造和维护创新的制度与文化环境，比如产权保护，尤其是知识产权保护，给企业家一个基于法治的、稳定的预期等等，创新的主力棒还要交给市场、交给企业家。政府非必要不亲自下场创新。即便有些产业有必要通过举国体制创新，也一定是通过新型举国体制，比如以母基金投资的方式，或者支持基础科研的方式，调动市场化的力量，绝不是政府亲自入场、从头做起。

新结构经济学把产业分成五大类，分别是追赶型、领先型、转进型、换道超车型和战略型。这五大类中，其他四类产业都需要按照比较优势的原则去发展，以市场为主，政府扮演的主要是因势利导的次要角色。只有战略型产业，即涉及国防安全或者经济安全的产业，即使不符合当前要素禀赋的比较优势，政府也要重点扶持发展，亲力亲为。其他四类产业的主力棒都应该交给市场。比如高端芯片就是战略型产业，它不同于服装鞋帽，一旦断供，不仅仅是我们的高科技产业链容易瘫痪，还可能造成我们错失第四次工业革命的窗口期。因此在面临"卡脖子"风险的情况下，政府就必须下场干预，比如持续投资中芯国际，再比如加强理工科人才的培养。但要谨防把新型举国体制等同于计划经济的回潮。

计划经济搞创新已经被全世界实践证明是低效的，是错的，很难相信借助大数据或高科技的力量就能逆转这个基本规律。此外，我们也需要充分平衡好国有企业与民营企业的关系，尽量发挥好各自的优势。一方面，在关系国计民生的基础设施、准基础设施或安全领域让国有企业发挥其独特的经济稳定器的作用，另外也要充分相信市场的力量与民营企业的创新活力，积极松绑，使之能够涌现出更多像华为、小米、阿里、字节跳动这样的创新标杆与先锋。

接下来，我们还要再思考一步：如何让市场和企业家在"三高"的创新上发挥更多的主观能动性？需要什么样的制度和文化？

北大国发院曾经和美国著名的智库布鲁金斯学会一起做过一个课题叫"中国2049"，我有幸参与撰写《中国2049》报告中的一章，题目就叫《产业政策和国家的角色》，当时黄益平老师提出每一章都要在研究之后给出明确的政策建议，我当时提的一个建议就是改善中国的资本市场，打造一个能深度支撑民营企业家创新的金融环境，包括更加适合创新型产业的股权融资生态，不应该过度依赖政府产业引导基金以及银行间接融资。这个建议对于我们今天发展新质生产力依旧适用。

新质生产力的核心是创新，创新就意味着巨大的不确定性。新质生产力中的战略性新兴产业本身就需要大量的、持续的投资，技术方向还有很大的不确定性，未来产业更是连技术方向都不清楚，比不确定性还多了一层不可知性。面对高度的不确定性、不可知性，最好的办法就是让市场和企业家去试错和创新，政府只能做相对确定且容易考核的工作，否则政府的创新资金很容易被套利。

市场和企业家又怎么去创新？最关键的就是金融市场和法治环境。

金融市场的关键是资本市场，只有通过健康发达的资本市场，企业家才有可能调动全社会的资本进行创新，投资者既分担创新的风险，也共享创新的收益。过去，中国主要是以银行为主的间接融资市场，在银行借债有利息，到期要还本付息，不利于支持高风险的创新创业项目。因此，大力发展新质生产力，就必须配套建设金融强国，尤其是健康友好的资本市场，这是中国目前一个巨大的短板，必须补齐。当然，资本市场不仅仅是指股市，还有天使投资、创业投资和私募股权投资，是一个完整的生态。

法治环境的关键是稳定预期和可信承诺。创新需要长期的试错，需要长期主义的投资，如果政策上朝令夕改，法治上任性执法，企业家就无法形成稳定、可持续的预期，不敢做长期、高风险的投入。法治环境最关键的就是产权保护，包括知识产权保护。以生物制药为例，一个新产品的研发投入高达 10 亿美元，如果知识产权保护不力，仿冒产品频出，创新的企业就无法收回成本，更谈不上创新的超额收益带来的激励。同时，如果企业家的人身权和财产权得不到保证，企业家对政府的公信力信心不足，就不会全身心地去创新，而是去挣快钱和进行投机式经营。发改委已经在推进民营经济促进法的立法，如果能做到良法善治，将对民营企业家构成一个可信承诺，对恢复和提升信心极有帮助。

中国的创新还要遵循一个原则，就是从 0 到 1 的原创新和从 1 到

N 的再创新都要大力发展。新质生产力既有从 0 到 1 的突破性创新，也有从 1 到 N 的改进型创新。美国过于注重从 0 到 1 的创新，对从 1 到 N 的改进型创新不够重视，造成一定程度的产业空心化，硅谷与传统工业转移之后的"锈带"两极分化，社会因此撕裂。日本与德国注重从 1 到 N 的再创新，尤其是德国，高端制造业基本盘强大，但相对缺少从 0 到 1 的原创新，影响国家发展的后劲儿。日本、德国没有经济安全与国防安全的巨大压力，我国则不同，我们的创新要尽可能兼顾美国与德国的两种创新模式。

发展新质生产力要用掰手腕思维代替反垄断思维

国家对于央企和地方国企的管理在不断改善，提出了市值管理要求，但不可否认，创新的主力还是要由市场担当，尤其是民营企业。对于民营企业的管理，我们在战略上要做一个必要的调整，那就是从反垄断思维转变为掰手腕思维。因为反垄断的核心思维是国内市场的竞争有序，不能让一家企业过大过强，否则影响更多企业的创新和整个社会的效率，这也是我们过去几年治理平台经济的一个理论基础。传统的反垄断思维偏向于认为企业过大过强就会官僚化，会为了保护自己的既得利益而阻碍创新。

但传统的反垄断思维今天遇到两个挑战。

第一个是技术的底层穿透性不断增加，跨界竞争越来越容易和普遍，就像我们过去担心淘宝的市场份额太大，想不到京东和拼多多有能力抢出很大的市场份额，更想不到今天抖音成了第一卖货平台。因此，企业技术创新和跨界竞争本身就是反垄断的力量。在美国也是，英特尔早已被英伟达超越。

第二个是地缘政治环境已经今非昔比，尤其是中国面临的地缘政治环境日益复杂，我们已经越来越难以从外部获得先进技术，只能更多地依赖自主创新和开放集成创新，前沿的创新必须依赖华为、字节跳动等超大型企业，也包括独角兽企业。因此，我们不能只看企业在中国市场的份额是不是超过了50%，甚至80%，还要看企业是不是属于新质生产力，能不能代表中国与国际巨头"掰手腕"。

在国际竞争中，尤其是在新质生产力领域，第一性原理不是人多力量大，而是千军不如一帅，要敢于鼓励强人，善于激发能人，允许、鼓励甚至帮助有实力的企业家和企业做大做强。当然，资本不能干政，企业不能无序扩张。

政府还要在监管方面努力创新，跟上时代。面对已经闯入无人区的企业，政府能在多大程度上给予企业先行先试的空间很关键。中国过去不仅在技术和资本方面引进来，监管也是拿来主义。但是当中国企业进入无人区，而且是世界级的无人区，没有美国等发达国家成熟的监管制度可以借鉴时，我们的监管该怎么做？这时候，我们恐怕不仅要允许企业试错，还要改进监管模式。只要不是与经济安全、国防安全、伦理安全密切相关的领域，都应该先"让子弹飞一会儿"，再观察如何监管为宜。因为这些产业往往迭代很快，我们一旦管得过严过死，就可能管死一家领军企业，甚至永远地错过一个产业的机会。习近平总书记在中共中央第十一次集体学习时特别强调要"营造鼓励创新、宽容失败的良好氛围"，[1] 意味深长。

---

[1] 【光明时评】让更多青年科技人才挑大梁。参见：http://theory.people.com.cn/n1/2024/0221/c40531-40180386.html。

新质生产力仍然需要GDP这个"牛鼻子"

过去几年因为新冠疫情，我们的经济政策与非经济政策呈现出密集的叠加。这带来的一个问题就是我们的经济减速不容易归因，甚至对我们还是不是以经济发展为核心目标都有了不同的理解，部门之间的协调一致性已经明显下降。

中央虽然明确提出高质量发展，但高质量发展并未细化为具体的考核目标。尤其是虽然新发展理念有五个，即创新、协调、绿色、开放、共享，但其实还有一个——安全，这六个都是重要的新理念。在中国的经济发展中，部委的政策和地方政府的积极性都极其重要。一旦中央不再牢牢抓住GDP这个"牛鼻子"，不同的部委和地方政府就会失去共同的第一目标，各自为政，动作不协调。比如有的部门第一要务是控制疫情，不会考虑一旦政策过头对经济有什么伤害；有的部门要冲击双碳目标，拉闸限电在所不惜，顾不上民生和经济；有的部门要控制系统性金融风险，不惜重拳整治房地产，顾不上就业和GDP增速；有的部门要治理教培或资本无序扩张，不细想会不会伤害民营企业家产权和企业家精神。大家都是出于好心，但造成了神仙打架、九龙治水的局面，引致政策"合成谬误"。

因此，加快、加大力度发展新质生产力是对的，但不能因此放弃GDP这个"牛鼻子"。在新发展阶段，我们不仅需要财政和货币政策的协调，还需要经济政策与非经济政策的协调。非经济政策一定也要考虑可能带来的经济影响，否则政策的一致性有问题，"合成谬误"还会一而再、再而三地出现。我们一定要厘清一个基本逻辑，那就是高质量发展的前提一定是想尽办法发展，只是在各种办法中优选高质量的模式。新质生产力的前提也一定是想尽办法保护和激发生产力，在不同的生产力中优选高科技、高效能、高质量的生产力。否则，经济通缩、企业家"躺平"，大家节衣缩食过日子，优先裁掉的一定是研发部门。这时大家会选择先保命再说，怎么可能再把大量的利润投入高度不确定的研发创新？

GDP增速目标当然不完美，但它不可替代的好处就是可以作为发展的"牛鼻子"，在总量快速增长的过程中，自然就会伴随产业结构的升级，就会孕育出新质生产力。因为新质生产力不是一两种尖端技术的争夺，而是一个又一个产业的创新、发展、升级迭代。不像过去一样，我们以举国力量研发出原子弹即可，新质生产力需要一批又一批本身就有自生能力的产业，而不是依靠国家补贴突破一两项技术。

因此，继续抓住GDP这个"牛鼻子"，把蛋糕快速做大、把经济持续搞活是发展新质生产力的必要条件。一旦做蛋糕的速度放慢，分蛋糕的问题就会显得特别突出，各种社会矛盾涌现，地缘政治的压力也会加大，因为我们没有更多的经济资源支撑外交。因此，只有把经济建设作为首要任务，作为最大的政治，我们才能从根本性战略上让大家重视创新，重视民营经济和民营企业家，重视市场的力量，新质生产力才能成规模地激发出来。

当然，这并不是说GDP目标一定要保持在高水平，我们要为经济转型和应对地缘政治，包括为深度改革留一些斡旋的空间，比如在潜在增长率为6%的情况下，我们可以制定4.5%~5%的目标。但不能没有GDP目标或制定一个"躺平"也能达到的目标，那样就会使新质生产力的发展失去"牛鼻子"和指挥棒。

新质生产力需要正确的产业政策

我们不仅要发展新质生产力，还要加大力度、加快速度。所谓加大力度、加快速度，就是相对按部就班的自然演化要增加一些主动干预。通过政府这个"有形之手"推进一些改革，出台一些产业政策就是比较常见的干预方式。

产业政策是经济学家经常争论的话题，关键在于对产业政策的界定不同。其实美国也有产业政策，很多欧洲国家也不例外，只是各国的产业政策实施方式和力度不同。

产业政策的关键不是有与无、大与小，而是科学不科学。对于产业政策，从新结构经济学的研究来看，重点是要注意把握好五个原则。

一是免税或减税胜过直接补贴。很多地方政府和中央部委制定产业政策时的习惯方式就是先收上来一大笔钱，本身造成一道扭曲，然后再重点补贴给一些目标企业。政府的注意力往往放在补给哪家企业、补多少、补多久，这个过程容易引诱很多企业套利，滋生腐败等等，形成第二道扭曲，譬如有些企业为了套取补贴，每年换一个注册地，地方政府和部委补进去很多钱，但这些钱并没有被用在研发上。相比于这种补贴，更科学的方式是免税或减税，因此减少产生扭曲的政策环节与程序。

二是如果一定要补贴，应该提高补贴质量，尽可能补给新质生产力的技术和终端用户，而不是盲目地直接补贴给企业。中国在新能源汽车上的产业政策比较好，但早期也是直接补贴企业的粗放模式，导致多起骗补案，后来才改变了模式，堵上了漏洞。堵住漏洞的办法就是改变补贴的形式和对象。在补贴对象方面，政府不再补贴具体的企业，而是补贴能达到指定新技术标准（高科技、高效能、高质量）的产品。另一个补贴对象是消费者，即补终端。在形式上，政府不是简单地给消费者发钱，而代之以不限车牌、不限行，推进充电桩建设等，使消费者的购车、用车成本下降，这比直补企业的效果要好很多，并且降低了寻租空间。

三是产业政策要与时俱进，动态调整。我们对新能源汽车和光伏产业的政策做过研究，发现最突出的特点是动态化。以新能源汽车为例，其补贴分为四个阶段，第一阶段主要是补贴电池研发，因为新能源汽车的关键是电池技术。第二阶段是补贴生产，要帮助厂家先把汽车造出来，造出来才能发现问题，然后快速迭代。但这个阶段的补贴出了错，见车就补，造成大量骗补，后来很快修正为补贴满足特定技术标准的汽车。第三阶段是补贴消费者，其科学性不再赘述。第四阶段是政策有序退坡，也就是在整个产业的自生能力起来之后，产业政策逐步退出。

新结构经济学讲的有为政府，关键是既有担当又有智慧的政府，始终以市场的有效为依归。市场永远在演化，政府的有为也要与时俱进，产业政策要动态调整，不是出台一个固定不变的政策就一劳永逸、万事大吉。产业政策最好对应有严格的情境和时间窗口期，就像炒菜一样，要非常注意用料和火候。

四是产业政策最忌朝令夕改，对于限制性（尤其是取缔性）的产业政策，政府要慎之又慎。不管对于之前的新能源汽车、光伏，还是今后对于新质生产力，一定是以鼓励性的产业政策为主，但鼓励最重要的不是钱，而是政府坚定的信心。新能源汽车从最初补贴到今天已经十几年，政府最出彩的地方就是态度从未动摇，尽管力度上一直在动态调整。产业政策最忌讳朝令夕改，对于战略性新兴产业和未来产业尤其如此，这些产业投入大、周期长，不确定性甚至不可知性很高，如果政府的态度不坚定，意志不坚韧，企业家就难以"咬定青山不放松"。美国的芯片产业就是因为政府一直坚定地支持才发展成今天的局面，不仅仅是几家企业的努力，政府的决心、长期资本的力量都发挥了极其关键的作用。相比于激励性的产业政策，政府对于限制性，尤其是取缔性的产业政策一定要慎之又慎。有些新质生产力的领域可能涉及经济安全、国防安全、伦理底线，一旦有超出预期的事情出现，我们要不要"婴儿与洗澡水一起倒掉"？即便在新质生产力的领域足够包容，对于"旧质生产力"出台限制性、取缔性的产业政策也要慎之又慎，在政策出台之后要有充分的产业沟通和公众沟通，要有一定的退出时间，不能一夜之间变天。

五是产业政策要做好国际沟通。中国是一个大国，已经走进国际舞台的中央，走在全球的聚光灯下。因此，中国提出发展新质生产力也好，出台鼓励性或限制性的产业政策也好，一定要想到这些政策不仅仅是针对某个特定的产业，它还有很强的外部性，杀鸡会造成猴子外逃或"躺平"。中国已经是房间里的大象，中国的企业也必然要面对全球市场，尤其是今天的世界已经进入卫星互联时代，信息不对称的空间越来越小，欧美议会的辩论全球直播，大国的内政就是外交，不能再持有内政归内政、外交归外交的想法。产业政策同样如此。

产业政策是政府的有力工具，但政府一定要记得，"有形之手"最重要的不是权力，而是公信力。只要政府坚定大力发展新质生产力的决心，建设和维护好对人民、市场和国际社会的公信力，新质生产力就一定能得到良好的发展，中国式现代化也一定能够实现。

什么是新质生产力，如何形成？[1]

周文

（复旦大学特聘教授、马克思主义研究院副院长）

什么是新质生产力？

按照马克思主义政治经济学基本原理，生产力就是人类改造自然和征服自然的能力。生产力是推动社会进步的最活跃、最革命的要素，生产力发展是衡量社会发展的带有根本性的标准。社会主义的根本任务是解放和发展社会生产力。在生产力的诸要素中，不但包括人的因素，更包括生产工具和劳动资料。历史唯物主义认为，物质生产力是全部社会生活的物质前提，同生产力发展阶段相适应的生产关系的总和构成社会经济基础。今天，新的物质生产力，正在信息化、智能化等条件下形成。马克思曾说"生产力中也包括科学"，邓小平同志也明确指出"科学技术是第一生产力"。生产力的跃升是一个从量变到质变的过程。当关键性技术实现突破、发生质变时，必然引发生产力核心因素的变革，从而

---

[1] 本文根据刊发于 2023 年 9 月 19 日《中国纪检监察报》的文章整理，原标题为《加快形成新质生产力》。

产生新质生产力。新质生产力是以科技创新为主导、实现关键性颠覆性技术突破而产生的生产力。没有科技发展的关键性突破，就没有新质生产力——先进科技是新质生产力生成的内在动力。

新质生产力的关键是"新"与"质"。所谓"新"，指新质生产力不同于一般意义上的传统生产力，是以新技术、新经济、新业态为主要内涵的生产力。所谓"质"，强调把创新驱动作为生产力的关键要素，以实现自立自强的关键性颠覆性技术突破为龙头的生产力跃升。因此，新质生产力是科技创新在其中发挥主导作用的生产力，高效能、高质量，区别于依靠大量资源投入、高度消耗资源能源的生产力发展方式，是摆脱了传统增长路径、符合高质量发展要求的生产力，是数字时代更具融合性、更体现新内涵的生产力。

为什么要发展新质生产力？

新质生产力的提出，带来的是发展命题，也是改革命题。生产力是生产关系形成的前提和基础。生产关系是适应生产力发展的要求建立起来的，是生产力的发展形式，它的性质必须适应生产力的状况。与形成新质生产力相适应，要加快围绕创新驱动的体制机制变革，通过不断调整生产关系来激发社会生产力发展活力。我认为，新质生产力的提出，是马克思主义生产力理论的发展和创新，是马克思主义政治经济学的中国化时代化。

经济发展离不开科学技术的突破。科学技术的每一次突破，都是推动旧生产力体系逐步瓦解和新质生产力体系逐步形成的动力。当今世界，新一轮科技革命和产业变革深入发展，全球进入一个创新密集时代。哪个国家率先在关键性颠覆性技术方面取得突破，形成新质生产力，哪个国家就能够塑造未来发展新优势，赢得全球新一轮发展的战略主动权。历史的教训、现实的趋势都启示我们，在强国建设、民族复兴的新征程，我们必须坚定不移推动高质量发展，提高自主创新能力，尽快形成新质生产力，如此才能在激烈的国际竞争中真正掌握发展主动权。

近年来，我国经济发展面临复杂的内外部环境，无论是当前提振信心、推动经济回升向好，还是在未来发展和国际竞争中赢得战略主动，关键都在科技创新，重点在关键性颠覆性技术的突破。2023年7月，习近平总书记在江苏考察时强调："高科技园区在科技自立自强中承担着重大而光荣的历史使命，要加强科技创新和产业创新对接，加强以企业为主导的产学研深度融合，提高科技成果转化和产业化水平，不断以新技术培育新产业、引领产业升级。"[①] 可以说，新质生产力的提出，体现了以科技创新推动产业创新，以产业升级构筑新竞争优势、赢得发展主动权的信心和决心。

具体而言，新质生产力的形成有助于抢占发展制高点。新质生产力的形成和发展，离不开源源不断的技术创新和科学进步的支撑。要抢占发展制高点，就必须重视基础研究和高新技术研发，加强知识产权保护，推动科技创新。同时要加强国际合作，处理好开放式创新与科技自立自强的关系，吸收全球先进技术和管理经验，提高自主创新能力。

新质生产力的形成有助于培育竞争新优势。在新产业、新业态、新领域、新赛道上，我国已经取得了一定的发展成就，具备了较好的基础

---

① 习近平在江苏考察时强调：在推进中国式现代化中走在前做示范 谱写"强富美高"新江苏现代化建设新篇章。参见：https://www.gov.cn/yaowen/liebiao/202307/content_6890463.htm?type=4。

和条件，包括在人才、技术、资本等方面积累的优势，以及在市场规模、产业体系等方面的优势。推动形成新质生产力，要求坚持深化改革开放，强化体制机制创新，从而提升产业经济的持续整体竞争力，培育产业竞争新优势。

新质生产力的形成有助于蓄积发展新动能。在当前复杂多变的国内外形势下，推动形成新质生产力，当务之急是千方百计激活创新主体，更为充分地发挥企业在科技创新和产业创新中的主体作用，使之成为创新要素集成、创新成果转化的生力军，打造科技、产业、金融等紧密结合的创新体系，从而为实现高质量发展提供强大动力和支撑。

如何发展新质生产力？

改革开放以来，我国的前沿性、基础性、原创性技术创新及其能力已经有了很大提高。但一些发达国家借助自身的技术垄断，不断制造各种冲突和脱钩，企图以不公平的手段拖慢我国在新一轮科技革命和产业变革中的发展。可以说，新一轮科技革命和产业变革、大国竞争加剧以及我国经济发展方式转型等重大挑战在当下形成历史性交汇，这也为我们创造了重要的战略机遇。我们必须以科技创新推动产业创新，以产业升级构筑竞争新优势，加快形成新质生产力，抢占发展制高点，赢得发展主动权。具体而言，要从以下几方面下功夫。

加快实现高水平科技自立自强。科学技术通过应用于生产过程、渗透在生产力诸多要素中而转化为实际生产能力，将促进并引起生产力的深刻变革和巨大发展。正如习近平总书记2023年3月5日参加十四届全国人大一次会议江苏代表团审议时所强调的："在激烈的国际竞争中，我们要开辟发展新领域新赛道、塑造发展新动能新优势，从根本上说，还是要依靠科技创新。"①要以国家战略需求为导向，集聚力量进行原创性引领性科技攻关，坚决打赢关键核心技术攻坚战。

健全和完善科技创新体制。"教育、科技、人才是全面建设社会主义现代化国家的基础性、战略性支撑。"党的二十大报告将教育、科技、人才统筹起来考虑，强调三者的有机联系，通过协同配合、系统集成，共同塑造科技创新的新优势。完善科技创新体制与机制的重大战略部署，是我国建设科技强国的关键一招，也是形成新质生产力的重要环节。当前，要按照党的二十大部署，完善党中央对科技工作统一领导的体制，健全新型举国体制，强化国家战略科技力量，优化配置创新资源，优化国家科研机构、高水平研究型大学、科技领军企业定位和布局，形成国家实验室体系，统筹推进国际科技创新中心、区域科技创新中心建设，加强科技基础能力建设，强化科技战略咨询，提升国家创新体系整体效能。

建设现代化产业体系。新质生产力的核心是创新，载体是产业。离开作为载体的产业，创新就成了无源之水、无本之木。经济发展从来不靠一个产业"打天下"，而是百舸争流、千帆竞发，主导产业和支柱产业在持续迭代优化。光伏、新能源汽车、高端装备……这些促进当前经济增长的重要引擎，都是从曾经的未来产业、战略性新兴产业发展而来。当前，我国科技支撑产业发展能力不断增强，为发展未来产业奠定良好基础。要紧紧抓住新一轮科技革命和产业变革机遇，以科技创新为引领，加快传统产业高端化、智能化、绿色化升级改造，培育壮大战略性新兴产业，积极发展数字经济和现代服务业，加快构建具有智能化、绿色化、融合化特征和符合完整性、先进性、安全性要求的现代化产业体系，以

---

① 加快实现高水平科技自立自强。参见：https://www.gov.cn/xinwen/2023-03/11/content_5745992.htm。

产业升级和战略性新兴产业发展推进生产力跃升。

当然，形成新质生产力不可能一蹴而就。在国际科技竞争白热化的今天，在大部分领域实现由"跟跑者"向"并跑者""领跑者"的转变，需要一个相当长的过程。因此，面对纷繁复杂的困难挑战，必须准确识变、科学应变、主动求变，坚定信心、迎难而上、攻坚克难，同时也不要一味地追求奇迹，要保持韧性、耐心和定力，尊重规律，如此才能更好地去创造方法、谋划思路。

哪些属于新质生产力？

在"十四五"规划纲要里，专门有一章是"发展壮大战略性新兴产业"，其中有一节是"前瞻谋划未来产业"。这一章里提到的战略性新兴产业，包括新一代信息技术、生物技术、新能源、新材料、高端装备、新能源汽车、绿色环保以及航空航天、海洋装备等；提到的未来产业，则包括类脑智能、量子信息、基因技术、未来网络、深海空天开发、氢能与储能等。进入新时代以来，我国高度重视战略性新兴产业的培育，释放出强劲生产动能。截至 2023 年底，我国新能源汽车生产累计突破 2000 万辆、工业机器人新增装机总量全球占比超 50%、第一批国家级战略性新兴产业集群已达到 66 家，人工智能核心产业规模达到 5000 亿元，企业数量超 4000 家，彰显出产业基础好、市场需求大的独特优势。战略性新兴产业、未来产业都具有创新活跃、技术密集、发展前景广阔等特点，关乎国民经济和社会发展及产业结构优化升级全局。

一切利用新技术提升生产力水平的领域，都属于新质生产力的应用范畴。战略性新兴产业、未来产业和新质生产力紧密关联：战略性新兴产业、未来产业将成为生成和发展新质生产力的主阵地；形成新质生产力可以更好地培育壮大战略性新兴产业，抢占战略性新兴产业制高点，抢占未来产业的新赛道。

与传统产业相比，战略性新兴产业具有高技术含量、高附加值、高成长性、产业辐射面广等特点，是各国经济发展竞争的关键点，更是现代化产业体系的主体力量。需要注意的是，战略性新兴产业与传统产业并不是绝对隔离绝缘的，传统产业不等同于落后产业，强调培育和壮大战略性新兴产业也不是简单化地抛弃传统产业。战略性新兴产业发展高度依赖传统产业作为基础、提供技术支撑。因此要通过形成新质生产力，运用新成果、新技术改造提升传统产业，为战略性新兴产业发展提供强大动能。未来产业是发展新趋势，成长不确定性更大，培育周期也更长。前瞻布局未来产业，就是要先发制人，为新兴产业做好接续储备。

战略性新兴产业和未来产业是大国博弈的重要阵地。贯彻新发展理念，构建新发展格局，实现高质量发展，从根本上说就是要不断突破束缚，促进生产力发展。近年来，各地各部门推进布局前沿技术、培育战略性新兴产业和未来产业的动作不断加快。整合科技创新资源、提高科技成果落地转化率、培育一批新产业集群，需要立足当前、着眼长远，统筹谋划。要积极开展前瞻性顶层设计，尊重产业发展规律，营造有利于创新的产业生态环境，提高研发投入支持力度，提升成果转化率，增强原始创新能力，提升战略性新兴产业的核心竞争力，抢占未来产业发展的制高点，释放更多新质生产力。

推动形成新质生产力的过程中，尤其要处理好政府和市场的关系。习近平总书记强调："把企业作为科技成果转化核心载体，提高科技成果落地转化率。"[①] 市场在发现和处理信息上比政府要快，在市场的激励

---

① 黑龙江：变硬核科技为新质生产力。参见：https://www.gov.cn/lianbo/difang/202309/content_6905025.htm。

下，大量的企业在新兴技术路线上试错、竞争与合作，进而开发出新技术、新产品、新业态。要优化民营企业发展环境，破除制约民营企业公平参与市场竞争的制度障碍，大力支持有条件的企业加大研发投入力度，支持建设政企联合研究平台载体，鼓励民营领军企业组建创新联合体，强化企业创新主体地位。政府在组织协调上拥有不可比拟的优势。新领域、新赛道、新产业上重大技术创新面临着很大的风险和不确定性，在基础研究、应用基础研究和人才培养上，政府要加大力度、集中稳定地投入，以产生积累性效果。与此同时，通过规划引领、政策引导、财税支持等方式，将产业链上下游的企业协同起来，从而释放全社会的创新效率。政府有为，市场有效，定将更好助力新质生产力的形成。

加快发展新质生产力[1]

李兆前

（全国工商联原副主席，中国民营经济研究会会长）

2023年9月，习近平总书记在黑龙江考察时首次提出新质生产力的概念。2023年12月，中央经济工作会议再次强调"以科技创新推动产业创新，特别是以颠覆性技术和前沿技术催生新产业、新模式、新动能，发展新质生产力"。2024年的新华网思客年会以"中国经济的下一程：以新质生产力推动高质量发展"为主题，多角度探寻经济发展动力和路径，具有重要的意义。

以新质生产力促进经济发展是人类社会发展的基本规律

生产力是推动社会进步的最活跃、最具革命性的要素，生产力发展是衡量社会发展的根本性标准。人类社会的发展历史，就是新质生产力不断替代旧的生产力的历史。

---

[1] 本文根据作者2024年1月13日在"第十届新华网思客年会（山西）"上的主题演讲整理。

在原始社会，原始人类就借助初级工具，如石块、木棍、绳索，拓展了打击力量和距离，从而提高了获取食物的能力。随后的几次工业革命，都是通过开发和利用当时的先进技术装备，拓展人类利用自然、改造自然、从自然获取物质资料的能力，从而使人类更加强大、生活水平更高。与此相适应，就要破除对生产力的发展起阻碍作用的生产关系，带来经济基础和上层建筑的变革，进而带来经济社会的巨大进步。

根据马克思主义的观点，人类社会的最高阶段是自由人的联合体，在那里，每个人的自由发展是所有人自由发展的条件，这就是我们所说的共产主义社会。共产主义社会有很多特征，最基本的特征是社会生产力高度发达，不但能创造出丰富的物质财富，达到可以满足整个社会及其成员按需取用的程度，而且可以广泛替代人类的生存性劳动，使人类可以按兴趣自由地从事社会劳动，使劳动成为第一需要。

为此，我们需要通过科技创新进一步拓展人类的能力，补齐制约物质财富生产的短板。一是以机器替代人，也就是通过广泛利用机器人和自动化设备，将人类从繁重的、重复性的劳动过程中解放出来，使人人都可以有自由的时间做自己喜欢的事情。二是以人工智能替代人脑，从而将人类从繁重的脑力劳动中解放出来，使人人都可以有自由的时间进行愉悦的创作和研发。三是以新能源、新材料特别是来自地球以外的资源代替地球上的自然能源、自然材料，从而使人类摆脱资源短缺的限制。四是对人类本身充分了解，从而可以用药物、器械、手术等手段解除缺陷、疾病、伤亡等影响人类自由的限制。以这些为最终目标的生产力都应该算是新质生产力。

根据未来的发展趋势，在现阶段，我认为我们要按照党的二十大和中央经济工作会议的要求，以科技创新推动产业创新，特别是以颠覆性技术和前沿技术催生新产业、新模式、新动能，加快集成电路、工业母机、传感器等自动化领域关键核心技术研发，积极培育新能源、新材料、先进制造、电子信息等战略性新兴产业，努力推动人工智能、量子技术、生命科学等新一轮科技革命和产业变革加速发展，推动以低碳节能环保为标志的绿色发展。

辩证看待"新""旧"生产力

习近平总书记指出："我们的事业越是向纵深发展，就越要不断增强辩证思维能力。"[①] 用辩证思维来学习领会习近平总书记关于新质生产力的重要指示和党中央的决策部署，要把握好新与旧、稳与进、立与破、宏观与微观等关系。

把握好这些关系并不是一件很容易的事情。笔者在调研中发现，有些地方在贯彻落实中央决策部署方面还存在一些误区，甚至存在与要求相悖的问题。千篇一律的高科技产业发展规划，遍地开花的各类高科技园区，巨额举债建设的超前基础设施，一窝蜂的产业投资计划，一刀切的淘汰搬迁方案等，都对人民群众的生产生活造成了困扰，对当地经济社会发展产生了不利的影响。我们不希望在推动新质生产力形成过程中，重复同样的错误。

从史前文明到三次工业革命，其间发生了无数次的技术革新与改造，但并非每一次生产力的提升都能称为新质生产力。新质生产力不是由一般的科技创新推动，而是由具有颠覆性且对经济社会发展影响广泛而深远的科技创新所推动。能称得上新质生产力的，虽然不一定像青铜、铁器的运用，或者蒸汽机、内燃机、电气和计算机、互联网一样产生如

---

① 习近平：辩证唯物主义是中国共产党人的世界观和方法论。参见：http://jhsjk.people.cn/article/30497908。

此大的影响，但一定是颠覆性前沿技术。

因此，不同时代、不同地区、不同企业对生产力发展的要求不尽相同，在推进形成新质生产力时，就有着不同的目标、重点和路径。不能一窝蜂地不顾基础、不顾条件，追求不切实际的新质生产力，搞所谓的"弯道超车""换道超车"。各地都要对标对表习近平总书记的重要论述和中央经济工作会议的要求，坚持稳中求进、以进促稳、先立后破，充分挖掘现实生产力的潜力，超前谋划颠覆性技术和前沿技术的创新，因地制宜，因时制宜，立足实际，合理定位，找准发展方向和突破口，发展适合当地环境和资源的新产业、新模式、新动能。

充分发挥资本在形成新质生产力中的作用

按照传统定义，生产力的三要素是劳动者、生产资料与劳动对象，似乎和资本没有关系。但是，新质生产力的形成，必然与"科技创新""新兴产业""未来产业"紧密相连。大力支持科技创新，积极发展、培育新兴产业和未来产业，以科技创新引领产业全面振兴，带动新经济增长点不断涌现是培育新质生产力的必然途径。这个过程必须充分发挥资本的力量。而要做到这一点，就必须正确地认识资本的性质。

在社会主义制度下如何看待资本，如何规范和引导资本健康发展，是新时代马克思主义政治经济学必须研究解决的重大理论和实践问题。在社会主义市场经济体制下，资本是带动各类生产要素集聚配置的重要纽带，是促进社会生产力发展的重要力量，要发挥资本促进社会生产力发展的积极作用；同时，必须认识到，资本具有逐利本性，如不加以规范和约束，就会给经济社会发展带来不可估量的危害。党的二十大报告对健全资本市场功能、加强反垄断和反不正当竞争、依法规范和引导资本健康发展等工作都做出了安排部署。

怎么理解资本？一个最简单的办法是将资本和水进行类比。

从来源上看，水来自大自然的方方面面；资本来自经济社会的各行各业。

从特性上看，水自然会从高处流向低处，高差越大，势能越大；资本会从利润低的地方流向利润高的地方，利润越高，势能越大。

从作用上来看，在水库、河道内规规矩矩流淌的水可以发电、灌溉、运输，造福人类，但如果势能过大，堤坝不牢，水就可能泛滥成灾。同样，在市场上依法依规流动的资本可以参与创新、生产、流通、服务，造福社会，但如果利润诱惑过高，监管不严，资本就可能践踏法规和道德底线，造成灾难。

从关联性上讲，水最怕和污染物结合，成为污水，最怕和台风结合，带来灾难。资本最怕和权力勾连，出现严重的贪腐问题，最怕以权力为依托，出现破坏公平的资本逐利行为。

所以，水是好的还是坏的？是善的还是恶的？受河堤水坝的约束，在水库、河道里规规矩矩流动的水就是好的善的，但是如果和污染物、台风结合，它就会带来灾难，就是恶的。

那资本是好的还是坏的？是善的还是恶的？受法律法规的约束，在金融市场、生产流通领域里守法合规流动的资本就是好的善的，但如果和权力勾连、以权力为依托，它就会带来灾难，就是恶的。

在现实生活中，谁也离不开水；在现代经济领域，谁也离不开资本。

让水向善向好，需要给水设立堤坝，防止污染物进入；让资本向善向好，就要为资本立法立规，设立红绿灯，防止资本的无序扩张，防止资本和权力的勾连。

将资本作为中性的生产要素，用历史的、发展的、辩证的眼光认识和把握我国社会存在的各类资本及其作用，深化对其积极作用和消极因素的认识，是对马克思主义政治经济学中国化时代化的发展，有利于更好地发挥资本的积极作用，有利于依法规范和引导资本健康发展，对生产力发展是积极促进，对社会发展是安全保障，对企业发展是规范扶正，对公平竞争是有力保护，对民营企业家是有益提醒。

充分发挥民营企业家在新质生产力中的作用

企业家作为劳动者，本身就是传统生产力的三要素之一。但企业家在新质生产力中的作用又不同于一般的劳动者。他们在战略规划、战略决策、资源调配和危机处置中，发挥着一般劳动者所不能替代的关键作用。

经过改革开放 40 多年的发展，一大批优秀的中国企业家成长起来，他们爱国敬业、守法经营、创业创新、回报社会，不仅为创造中国经济奇迹、造福国人做出了重大贡献，而且在推动技术创新和管理创新，提高劳动生产率和国际竞争力方面具备了与国际知名企业家同台竞争的能力和水平。尤其是我国的中生代和年轻一代企业家，他们懂科技、懂资本、懂市场、懂金融，很多都是出色的战略型科学家和战略型企业家。

发展战略性新兴产业和未来产业形成新质生产力，最关键的是人才，尤其是能够把各方面人才与各方面资源组织结合起来的战略型企业家。要引导全社会客观、正确、全面地认识民营企业家，正确认识他们的重大贡献和重要作用，正确看待他们通过合法合规经营获得的财富。要加强对优秀企业家先进事迹的宣传报道，凝聚崇尚创新创业正能量，增强企业家的荣誉感和社会价值感。要营造鼓励创新、宽容失败的舆论环境和时代氛围，对民营企业家在合法经营、创新中出现的失误失败给予理解、宽容、帮助。要加强理想信念和社会主义核心价值观教育，教育引导广大民营企业家自觉担负起社会责任，做发展的实干家和新时代的奉献者，成为推动新质生产力形成和发展的参与者和组织者。

第三章

新质生产力的
战略支撑

利用比较优势实现高质量发展[①]

林毅夫

（北京大学博雅讲席教授、国家发展研究院名誉院长、
新结构经济学研究院院长、南南合作与发展学院院长）

　　总结中国发展经验提出的新结构经济学可能可以给完整、准确、全面贯彻新发展理念提供一个参考。

　　党的二十大报告提出，高质量发展是全面建设社会主义现代化国家的首要任务。要实现高质量发展，必须全面、完整、准确贯彻新发展理念。新发展理念包含五个方面的内容：创新、协调、绿色、开放、共享。每一个目标都非常好，非常重要。我们怎样才能够完整、准确、全面地贯彻这五个方面的目标？如果说单一目标容易追求，那么现在有五个目标，会不会挂一漏万、丢三落四，追求了一个目标，牺牲了其他目标？怎么才能够实现新发展理念的这五个目标，是这些年我一直在思考、研究的问题。

[①] 本文于2023年9月发表于《北京日报》。

寻找和发挥比较优势是关键

从我倡导的新结构经济学来讲，要完整、准确、全面实现高质量发展，首先需要把握新发展理念的落脚点是发展，只有发展了，才能谈是否高质量，创新则是发展的第一动力。但是要同时实现其他四个目标，在创新的时候就要注意，必须遵循每个地区的要素禀赋结构所决定的比较优势来进行技术创新，推动产业升级。如果能够这样，那么其他几个目标就都能够实现。因为所谓按照比较优势来进行创新，就是一个地方如果劳动力相对多，资本相对少，那么新的技术和产业就必须尽量多利用相对多、相对便宜的劳动力。反过来讲，如果一个地方资本相对丰富，劳动力相对少，新的技术就必须多用资本，少用劳动力，用机器来替代人。同样的情形，新进入的产业，也要多利用当地丰富的要素，如果这个地方有良好的自然环境资源，那发展产业，就是要把生态的优势发挥出来，这是创新必须遵循的原则。

这样进行创新有什么好处呢？如果技术和产业创新符合当地要素禀赋的比较优势，那么生产的产品和服务就会有最低的成本，在市场上就会有最大的竞争力，经济就会发展得更快。当经济发展快了以后，政府的财政税收就会增加。而且如果企业发展的产业和技术是符合比较优势的，企业用最低的生产成本提供产品和服务，在市场竞争中有自生能力，就不需要政府保护补贴。在这种情况下，政府就有更多的钱来缩小地区差距、缩小城乡差距、提供教育培训，或者是补短板，这就是所谓的协调。

这样不仅能实现协调，如果按照比较优势发展，达到最强的竞争力，经济发展最快，财务增长最多，人们的收入水平不断提高，美好生活的需求就会不断增加。如此，政府的政策就要去满足人民的需求，随着人民对环境、对生态、对绿色的需求越来越多，政府就要去推进环保政策。而且从企业的角度来看，如果发展的产业符合比较优势，自己有竞争力，不用政府保护补贴，那么它就会有更大的积极性来采用绿色的方式发展。如果违反了比较优势，生产成本比别人高，在市场竞争中又是没有政府保护补贴就活不了，那就会出现我们所讲的"泥菩萨过江——自身难保"。在这种情况下，企业无力去关心环境和绿色发展，政府要来检查的时候，企业做个样子，政府检查人员走了以后，它可能还会继续污染环境。但如果企业自己有竞争力，它就有支付能力来采用绿色发展方式。这样，新发展理念中的绿色发展就更容易实现：一是有需求，二是有规制，三是企业有意愿。

按照比较优势发展还能带来什么？有比较优势的可以多生产，满足国内市场，而且产品在国际上也会有竞争力，企业就可以同时利用国内市场和国际市场。反过来讲，没有比较优势的，国内生产成本会比国外高，当购买国外产品成本更低时，人们当然就要购买国外产品。所以按照比较优势发展，企业有机会充分利用国内国际两个市场、两种资源，这样的发展当然就是开放的发展。

按照比较优势发展还能够实现共享，实现共同富裕。为什么呢？在目前的发展阶段，我们人均GDP在1.25万美元左右，不到1.3万美元。发达国家，比如美国，人均GDP已经达到了7万美元，所以，发达国家的资本相对丰富，我们的资本相对短缺。另外一个方面就是我们的劳动力相对丰富，所以我们发展的产业跟发达国家相比劳动力相对密集，所用的技术跟发达国家的比，劳动力也相对密集。如果发展的产业、所用的技术都是劳动力相对密集的，那一定会创造更多就业机会，让更多依靠劳动力来获取收入的人得到就业，让他们能够分享发展的果实。

这样的发展会让我们有竞争力，经济能发展得最快。经济发展快，资本就会积累得快。因此，要素禀赋的结构也会发生变化，从早期的劳动力相对多、资本相对短缺，慢慢地变成资本相对丰富、劳动力相对短缺。在这个要素禀赋结构变化的过程中，一个很重要的点就是当劳动力相对短缺的时候，工资会增长得非常快，资本的相对价格会下降。也就是以劳动为主要收入来源的群体的劳动资产变得越来越值钱，以资本为主要收入的群体的资产变得相对越来越不值钱，在这个过程中，富裕程度不断提高，同时收入分配的差距越来越小，也就实现了共同富裕。

所以，要实现高质量发展，除了一些技术可能被"卡脖子"（我们想买人家不卖给我们，这当然必须用新型举国体制来攻关），最重要的就是各个地方要按照比较优势来进行技术创新、产业升级。如果能做到这样，我们就能够解决协调问题、绿色发展问题、开放问题、共享问题。

按照比较优势来实现高质量发展，就必须不断深化市场改革

遵循比较优势的发展有诸多益处，那怎样才能让它变成企业家自发的选择呢？关键要有两个制度安排：一个是必须有有效市场，另一个是必须有有为政府。

为什么有效市场非常重要？如前文所述，一个地方如果劳动力相对多，劳动力的价格就会相对便宜，资本就会相对昂贵。当变成资本相对丰富，劳动力相对短缺的时候，资本会相对便宜，劳动力会相对贵。因此必须有一个要素价格信号，它能够反映各个地方要素禀赋的相对丰富程度，而且必须随着经济发展来调整它们的相对价格。当这个地方资本相对短缺时，它价格相对高，就会引导企业家进入少用资本、多用劳动力的产业，使其在这个产业里面少用资本、多用劳动力来生产。反过来，

当资本相对丰富时就会引导企业家多用资本、少用劳动力来生产。同理，如果一个地方自然资源非常丰富，也会引导人们去保护自然资源，把这个地方变成一个生态优美的地方，吸引游客，满足他们精神层次的需求。必须有这样的相对价格来引导企业家的产业和技术选择。

但这样的相对价格能够靠计算机算出来吗？至少目前还不行。唯一可能的是要有一个充分竞争的市场，靠市场竞争来形成这样的价格体系，而要让市场竞争能够形成这样的价格体系，这个市场必须是有效的，必须是充分的。所以第一个必须是有有效的市场。

但仅此还不够，因为不管是新技术还是新产业都属于创新，创新有什么特性？创新风险很大，失败的概率很高，如果失败了，先行者要承担失败的所有成本，让后来者知道这个产业、这个技术不合适，从而避免同样的失败。反过来讲，先行者也可能成功，成功的话就会多赚钱，其他企业家看到了也会做同样的事情，从而出现竞争，先行者和后来者在竞争的市场中会获得相同的利润。

这样，我们就会发现，对于先行者来说，失败的成本和成功的好处之间有不对称性，这样的话企业家最好怎么做？等别人先尝试成功你再跟？可是如果大家都等，那就不会有创新了。所以，政府必须给创新者提供一种激励，专利就是这样的激励。在发展中国家，我们可以引进消化吸收再创新，不见得能用专利给先行者提供激励，但必须给创新者补偿，这个必须政府来做。而且要进入新产业，不仅仅是用一个技术、用一个设备，还要有新的能运用这些技术设备的人力资本，也就是水平更高的技术工人。如果靠企业家自己培训，他成功了，别人跟进，用稍微高一点的工资，就把他训练好的工人吸引走了，那先行者就不愿意去培训工人。所以在这种状况之下，政府就必须根据产业技术发展的方向，提供这方面的教育。而且新的产业技术风险越来

第三章　新质生产力的战略支撑　　113

越大，资本需求越来越高，这就要求必须有相应的金融市场来提供所需要的资本，以分散风险。当然，道路、港口这些方面也要完善，所以还必须有有为的政府。

因此，如果要按照比较优势进行创新来实现高质量发展，那就必须不断深化市场改革，让市场在资源配置中起到决定性的作用。但同时也要有有为政府，让市场和政府更好地结合起来。各地如果都能这样，那就能够完整、准确、全面贯彻落实新发展理念所讲的创新、协调、绿色、开放、共享的目标，以高质量发展来全面建设社会主义现代化国家。

稳增长促转型要着力挖掘新增长潜能[①]

刘世锦

（中国金融四十人论坛学术顾问，国务院发展研究中心原副主任）

我国经济进入高速增长到中速增长的深度动能转换期

进入 2023 年以后，中国经济摆脱了新冠疫情的影响，进入恢复回升轨道。一季度开局不错，二季度后需求不振、预期不稳问题突出，增速回落。三季度后企稳，全年增速 5.2%，基本符合政府年初的预期目标。

即便如此，由于 2022 年经济增长率只有 3%，两年平均为 4.1%，低于疫情前两年 5.1% 的平均水平，也低于学术界通常认为的潜在增长率 5%~5.5%。

当前的基本背景是，中国经济仍处在高速增长到中速增长或高速增长到高质量发展的转型期。2010 年一季度增长高点以后，中国经济进入高速增长到中速增长的转换通道。过去十余年时间内，以往高速增长期的主要驱动力量基建、房地产、出口虽逐步减速，但余热尚在，经

[①] 本文根据作者 2023 年 9 月 24 日在第五届外滩金融峰会全体大会上的主题演讲整理。

济下行时抓一下还管用，而这一次房地产持续负增长、基建投资难持续，出口也呈下行态势。

我们当前面临的挑战是，老办法不行了，稳增长的新办法还有较大的不确定性，看得不太清楚。

近期流行的一种观点是，我国目前的经济状况与日本20世纪90年代初泡沫经济破裂后的状况比较相似。日本经济在20世纪90年代后由中速增长转为低速增长，增长率仅在2%上下，此后又进入了增长率为1%的增长甚至零增长、负增长的状态。其原因被解释为资产负债表衰退，就是说，房地产和金融泡沫破裂后企业资产大幅缩水，负债率过高，企业收入用来还债，不能用于投资，从而导致经济衰退。

尽管有一些相似现象，但总体而言，我国现阶段与日本20世纪90年代的情况差别很大，不能混为一谈。之所以这么说，主要是基于以下几个原因。

第一，日本经济在20世纪50年代到60年代维持9%左右的高速增长，70年代初伴随石油危机，开始进入5%左右的中速增长期。到20世纪90年代初，日本经济进入低速增长阶段。如果一定要与日本比较，我国经济目前还处在5%左右的中速增长阶段，还有5~10年的中速增长潜能。

第二，20世纪80年代末到90年代初，日本的人均GDP处在发达国家前列，一度超过美国。而我国目前人均GDP还不到1.3万美元，以现价美元计算，中国要达到中等发达国家人均GDP水平，还有两倍的增长空间；与美国人均GDP（7万多美元）相比，差距更大。

第三，日本经济20世纪90年代陷入低速增长，主要原因是结构性潜能下降，缺少新增长点，即使资产负债表没有问题，投资和经济也很难增长。资产负债表衰退是一种表象，是缺少新增长点的结果，不能倒果为因。

近年来我国经济结构呈现的新变化、新特征

在需求端，重要耐用消费品、房地产、基建等相继出现历史需求峰值，进入减速期。以吃穿和其他日常基本消费为主的生存型消费趋于稳定，消费增长更多由社保、医疗卫生、教育、文化体育娱乐、金融服务、交通通信等发展型消费拉动。

生存型消费以个体消费方式为主。发展型消费较多采取集体消费或公共服务方式，如医保社保采取互助共济方式，学校教育采用集体学习方式，与政府的基本公共服务均等化水平直接相关，需要政府搭台子、建制度、出资金，是政府消费支出与居民消费支出的组合。从现实情况看，这方面缺口较大，其中最需要关注的是近3亿农民工特别是其中的近2亿进城农民工。这里有两个重点，一是以基本公共服务为依托的发展型消费，二是以农民工为主的中低收入群体。不抓住这些重点或痛点，扩大消费很难有实质性进展。

以往我们强调中国有4亿中等收入人口，会形成世界上最大的消费市场。这在过去是能说得通的，但现阶段这部分人群的扩大消费能力是递减的。更应重视的是9亿中低收入群体。前段时间讨论共同富裕问题的时候，社会上有一些不同解读。缩小收入差距，推动共同富裕，是政治问题、社会问题或道义问题，但从目前的情况看，更为现实和紧迫的是能否保障经济持续稳定增长的问题。这个问题不解决好，增长速度就要降下来。日本、韩国、中国台湾等地能够跨越中等收入陷阱，进入高收入阶段，一个共同特点就是基尼系数较低。

在供给端，受需求减速影响，传统产业进入下行通道，需要在稳增

长的同时，通过一批高技术含量、高附加值的产业升级和新产业发展进行对冲、更替和升级。但面临的挑战是房地产等主导产业下降过快、幅度过深、时间过长，会引发全局性冲击。此外，企业家预期不稳、信心不足制约产业稳定增长和转型升级，部分领域创新动能下降、进度放缓。

从资产负债端看，在需求和供给双重冲击下，政府、企业和个人资产负债表都经历着从数量扩张型向效率导向型的转换，这种转换往往是被动和危机倒逼性的。由于高速增长不再持续，房地产等行业原有的高负债、高周转、高销售模式难以为继，部分行业在需求过度透支后增速可能出现断崖式下跌。不少领域仍在提杠杆，只是"借新还旧"，大量资产缺少现金流，出现某种意义上的"庞氏结构"，到了某个时点将无法维持运转，甚至出现信用崩塌。所以，本质上还是经济增长由高速转向中速后资产负债模式的转型问题。

宏观政策重在稳定和平衡，挖掘新增长潜能要立足于结构性改革

简单地说，我国经济当前和今后较长一个时期的新增长潜能，就是追赶潜能加上数字经济和绿色转型催生的新潜能。所谓追赶潜能，是发达经济体已经做过的、我们还没有做但有条件有可能做的事情。目前我国人均 GDP 为近 1.3 万美元，到 2035 年达到中等发达国家人均收入水平，也就 3.5 万~4 万美元，至少还有 2 万多美元的增长潜能，这些增长潜能主要源自消费结构升级带动的服务业发展、制造业和农业等传统产业的转型升级。近些年追赶的说法不多了，实际上追赶潜能最具现实性，也是确定性比较强的。数字绿色潜能是新技术革命驱动的，我们与先行者差距并不大，部分领域并驾齐驱或局部领先。

追赶潜能与数字绿色潜能并不是两条赛道,而是融为一体,这样就会使我国的新技术发展比成熟经济体有更大的市场容量和更长时间的增长机会,通过规模经济更快地降低成本,进而形成新的技术和产业竞争优势,例如:部分人群第一次用电话,用的就是手机;第一次买汽车,买的就是新能源汽车。近些年来互联网、移动通信、新能源汽车等的发展已经证实了这一点,下一步这方面的优势领域还有不少。

我这里想具体提出现阶段我国经济的两大新增长潜能。

一是横向需求空间。简单地说,扩大横向需求空间就是缩小中低收入群体与中高收入群体在终端需求结构(包括消费和非生产性投资)上的差距,使中低收入群体的消费水平逐步接近中高收入群体。有一种说法是,中国还有5亿人没有用上马桶,10亿没有坐过飞机。我们如果把这些需求的一部分或大部分挖掘出来,在现有的消费结构和生产结构水平上,就可以释放出巨大的增长潜能。

二是纵向升级动能。培育纵向升级动能是指提升产业的技术含量和附加价值,拓展经济的上行空间,包括现有产业的价值链升级和新技术推动的新产业或"未来产业"生成与发展。数字技术和绿色转型将会为纵向升级全面赋能。

扩大横向需求空间,重点在需求侧,对稳住包括房地产在内的既有产业意义重大。培育纵向升级动能,重点在供给侧,助推新产业的形成壮大。简单地说,前者重在稳增长,后者重在促转型、上台阶。

挑战在于,如何挖掘这些新增长潜能。当需求不足、增长动能下降时,社会上要求放宽货币和财政政策的呼声增加。这里需要说清楚的是,我国与发达经济体在宏观政策作用上的区别。发达经济体也是成熟经济体,处在低速增长期,这是一种维持性的增长,新增长潜能很小,宏观政策的变动往往能够决定经济增长走向。我国还有中速增长潜力,宏观政策主要起稳定平衡作用。举一个不太准确的例子，现阶段如果潜在增速为5%，宏观政策大概影响的是1%，其余4%取决于技术条件和体制政策环境，尤其是后者的影响更大。如果不说清楚中国与成熟经济体在发展阶段上的差别，"通缩""量化宽松"等概念就可能被误读或误用。

就当前稳增长而言，需要继续保持相对宽松的货币政策和财政政策，同时要把注意力更多地转向通过结构性改革挖掘结构性潜能。需要澄清的是，并不仅是宏观政策可以在短期内见效，具有扩张效应的结构性改革同样可有立竿见影之效。

当前应当启动和深化短期稳增长、中长期增强发展动能的新一轮结构性改革，要点包括以进城农村人口基本公共服务均等化为重点的需求侧结构性改革，以稳定房地产等既有支柱产业，激发企业家精神推动产业升级、发展未来产业为重点的供给侧结构性改革，以扩大有效需求、转换资产负债模式、化解防控风险为重点的资产负债端改革。

促进城乡融合发展中的"三个平等"

在需求侧改革中，要推动城乡融合发展中的身份平等、基本公共服务获取权利平等、土地（不动产）财产权利平等。采取更大力度推动户籍制度改革，可采取负面清单办法，全国除为数不多的特殊地区，全面放开户籍限制，取消城乡居民身份差别。在打赢脱贫攻坚战以后，实施为期三年的以进城农民工为重点的基本公共服务均等化攻坚计划。实施进城农村人口基本保障住房建设工程，可收购城市滞销的存量住房，将其转为农民工保障房。浙江2023年7月出台了取消落户限制（杭州市区除外）的有关政策，走在全国前列，起到了很好的带头作用，期待其他省市可以跟上。

城乡土地权利不平等是农民财产性收入低的重要原因。城市居民在国有土地上的房屋可以在社会上自由交易，农民在集体土地上建造的房屋却不能在集体组织之外上市交易。我们知道，在市场经济条件下，可流动、可交易、可抵押、可担保的财产与不可流动、不可交易、不可抵押的财产市场估值和价格差异很大。十八届三中全会就提出了农村土地制度改革方向，但现实中农村集体土地制度改革进展缓慢，宅基地转让受限，还有小产权房等遗留问题。

建议率先在城市群、都市圈的城乡接合部，允许农村集体建设用地进入市场，使之与国有土地同权同价；在农民宅基地向集体组织之外转让、抵押、担保等方面，有积极探索和突破。以往有人担心，农民把房子卖了以后，所得收入在短时间内花完，导致无家可归，会不会引发社会问题。尽管这是一个缺少现实依据的假设性问题，但是为了免除后顾之忧，可规定农民通过土地交易所获收入优先用来完善社保，包括保障性住房，形成比原有土地保障更可靠、更有效率的现代化保障体系。

与此同时，应当允许城乡居民双向流动和置业，带动居住条件改善和消费结构升级，带动都市圈、城乡接合部大量中小城镇的发展，相应扩大房地产、基建等需求。这样就可以实现土地利用效率提高、农民收入增长、社保能力增强、城乡居民居住条件改善、产业稳定增长和结构升级，一举数得。

以更大力度理解、保护、弘扬企业家精神

在供给侧，应在促进民营经济发展壮大方面有大的理论和政策突破。改革开放始于拨乱反正。在几个重要的时间节点，思想解放、理论突破都起到了关键作用。20世纪70年代末期，由"以阶级斗争为纲"

转到以经济建设为中心；90年代初，确立了社会主义市场经济的改革方向；21世纪初，我国加入WTO、融入全球化经济体系。这些都立足于解放思想、实事求是，抛开了原有的不合时宜的理论束缚，极大地解放了社会生产力，推动中国经济屡上新台阶。

我国现阶段持续推进中国式现代化，跨越中等收入陷阱，更多地依靠创新驱动，比以往任何时候都需要理解、保护、弘扬企业家精神。

在理论上要把企业家与资本家区分开来。工业革命初期，有本钱的人才能办企业，资金提供者和企业创办者合为一体，人们并没有意识到二者的不同。随着市场经济的发展，出现了企业所有者、创立者、经营管理者分离的现象，特别是熊彼特提出创新理念后，人们逐步认识到企业家才能和精神是一种特殊的能力。

所谓企业家才能和精神，是指被称为企业家的那部分人所拥有的好奇心、远见、洞察力、冒险精神、探索精神、坚韧不拔的精神、组织协调力、执行力等一系列特质。拥有这些特质的企业家的主要职能是组合利用包括资本、劳动力、土地、技术（现在还有数据）等各类资源，所以，企业家才能和精神是组合资源的资源，是高于资本的一种更为稀缺的资源。提供资本和有效组合利用包括资本在内的各种要素是两种不同的能力，或者说，资本家和企业家的职能不同，不能混为一谈。

改革开放以来民营企业的发展，靠的就是具有企业家才能和精神的那些人，识别并抓住中国经济发展的机遇，组织各类资源，创办发展了大量充满生机活力、具有创新进取精神的企业。他们通常白手起家，并没有多少资本，通俗地说，他们是一些"穷光蛋"，穷则思变而创办企业，投资者正是看中了他们的企业家才能，才把资本给了他们，因为投资者知道企业家比他们能够更加有效地配置和利用资本。

企业家才能和精神对企业发展发挥着关键性作用，也可以看成一种特殊类型的劳动，市场依照按劳分配或按要素分配原则给企业家以报酬，这与所谓的剥削不是一回事。即使企业家报酬多了，也成为资本提供者，其所拥有的资本与企业家才能和精神也是能够明确区分的。如果某个企业家不再具有企业家才能和精神，投资者也就不会将资本提供给他们。

随着市场经济的发展和成熟，不同所有制资本股权多元化和相关融合成为常态，比如：大型央企在境外上市，有大量的海外个人和机构投资者；而民营企业的股东中，也不乏直接或间接的国有股东。要找到纯粹的国企或民企越来越困难。按照所有制出身划定企业性质和类别，越来越远离企业和市场的实际，更重要的是低估了企业家才能和精神的作用。按照这种思路，资本的地位和作用排第一，企业家的地位和作用排第二或更低，而在现代市场经济中，企业家是组合包括资本在内的要素资源的资源，是重要性高于资本的资源。

摆正企业家才能和精神与包括资本在内的其他生产要素的关系，使企业家才能和精神充当主角，是各类企业治理结构变革的核心要义，对提高企业的活力、竞争力、创新力极为关键。对民营企业如此，对国有企业更是如此。一个国有企业具有合格或优秀的企业家，有利于国有资本保值增值，对履行国家赋予的战略职能更是不可或缺。

企业家精神，简言之就是创新精神，不仅各类企业需要，进一步说，各级政府官员特别是主要领导者也需要。地方竞争是中国社会主义市场经济的一大特征，是经济社会发展的重要推力，因此，地方主要领导者的企业家精神至关重要。

依照上述对企业产权和治理结构的认识，我们需要对企业分类做出相应调整，不再区分国企民企，而是按照企业的规模、技术、就业等特点进行分类，并出台相应政策。同时对投资者按照所有制进行分类，如中央国资投资者、地方国资投资者、社会机构投资者、个人投资者、境外投资者等。

这样的调整也符合国际惯例。对国有经济而言，则顺应了中央早就提出的以"管资本"为主推进国企改革的要求。事实上，按照所有制对企业分类，是传统计划经济向市场经济转型过程中留下的痕迹，现在已经有必要也有条件正本清源、回归常态。

在纠正所有制歧视方面要有实质性进展。改变行业准入、项目招标、资金获取等方面国企民企不平等的潜规则。以此作为营商环境建设的重要内容，形成行政检查、社会监督、法律诉讼等相关制度。允许和鼓励平台企业、大型科技骨干企业大胆投资、积极创新，参与国家重点项目建设，实行以常态化、负面清单为主的监管。

这里需要讨论一下对企业投资设置"红绿灯"的问题。"红绿灯"是引导规范资本行为的通俗说法。"设红灯"的典型办法是设置负面清单，明确什么事情不能做、底线在哪里。"设绿灯"的重点是指方向，提出大的方向和目标，也要防止回到政府让干什么才能干什么的老路。

在生产什么、如何生产的问题上，企业更聪明、更了解市场情况。但这些年并不少见的情况是，对于政府倡导的产业，企业和投资者往往一哄而上，导致资源错配、产能严重过剩。更要紧的是，创新是做以前没有做过的事情，而政府不太可能审批以前没有见过的项目。这样，创新的大门也就关上了。还是要摆正政府和企业的关系，政府可以提出负面清单，也可以对产业发展的现状和走势提供有价值的信息，在此前提下，推动创新和增长潜能的充分发挥。

激活中国经济新动能的三个着力点[①]

黄卓

（北京大学国家发展研究院副院长、经济学长聘副教授、
数字金融研究中心常务副主任）

根据2022年的数据，在整体显得疲软的经济中，仍不乏亮点，特别是在数字经济和科技创新方面。

中国信通院的数据显示，2022年我国数字经济规模达到50.2万亿元，同比名义增长10.3%，总量稳居世界第二，占GDP比重提升至41.5%。数字经济已成为稳增长和促转型的重要引擎。2022年我国数据产量达到8.1ZB，同比增长22.7%，全球占比达到10.5%。2016—2022年，中国数字经济年均复合增长率为14.2%，远高于同期GDP增速，并且是同期美国、英国、德国、日本和韩国五国数字经济总体年均复合增速的1.6倍。许多研究测算表明，数字经济对我国经济增长的贡献度仍将持续提升。

另外，一些科技含量较高的产业也有亮点。例如，2023年上半年

[①] 本文根据作者2023年7月18日晚在北大国发院第65期"中国经济观察报告会"上的演讲整理。

我国汽车出口量已达到 214 万辆，同比增长 75.7%。我国在 2022 年全年的汽车出口量仅次于日本，排名世界第二，而 2023 年上半年，我国已经成为世界第一大汽车出口国。其中，新能源汽车出口量达到 53.4 万辆，同比增长 1.6 倍。这意味着汽车产业已经成为我国在国际上非常有竞争力的重要产业。

尽管 2023 年上半年我国整体出口增速不高，但机电产品出口占比同比增长 6.3%，已达到出口总值的 58.2%。其中，"新三样"产品（电动载人汽车、锂电池和太阳能电池）的出口增长 61.6%。

在科技创新领域，全球高被引科学家的数量是学术界一个非常重要的指标，它代表了一个国家在基础科学领域的实力。数据显示，中国内地科学家在全球高被引科学家中的比例从 2018 年的 7.9% 提升至 2022 年的 16.2%，而美国的这一比例则从 43.3% 下降至 38.3%。

2022 年年底，美国 OpenAI 公司推出了一款革命性的人工智能产品 ChatGPT，令全世界震惊。这再次证明了美国在"从 0 到 1"的创新方面的卓越能力。但与此同时，中国的科技企业也迅速跟进，推出了类似产品。我的判断是，中国与美国在这一领域的差距可能在一代产品内就能够缩小。中国的科技企业已陆续推出类似产品，百度、华为、阿里、科大讯飞等几个大平台也推出了自己的产品。虽然效果还有差距，但我们与美国之间的差距并不遥远。我国顶尖科技企业应该能够跟上美国的步伐。

那么，如何让数字经济和科技创新进一步发挥作用，推动经济增长？我认为有如下三个要点。

激活市场主体信心，尊重市场规律和企业家精神

从宏观数据可以看到，民间投资信心不足是导致投资相对较弱的重

要原因之一。那么如何重新激活市场主体的信心？我认为平台经济可以作为很好的例子。

众所周知，平台经济是数字经济中最具代表性、最具创新活力和科技含量最高的领域。从 2020 年开始，国家对平台经济进行了一些反垄断、数据安全等治理。从金融市场的角度来看，许多中概股平台企业的估值一度回撤 70% 甚至更多。

北大国发院针对平台经济做过一个课题，由黄益平教授领衔。在一年的时间里，我们对平台经济进行了深入研究，探讨其创新之处，以及如何进行有效治理。课题组总结出平台经济的"三升三降"效应，即规模扩大、效率提高、用户体验改善、成本降低、风险可控、直接接触减少。

平台经济为灵活就业提供了机会，同时改善了一些社会治理问题。根据青山资本日前发布的报告，我国有活跃的网约车司机约 700 万，外卖员约 500 万，快递员约 300 万，网络直播从业者约 500 万，还有约 1650 万货车司机。平台经济为这些人提供了灵活就业的机会，尤其在经济不景气时，平台成为就业市场的重要缓冲。当经济形势好转时，这些人也可以选择从平台就业中退出，寻找更稳定的工作。

2023 年，关于平台反垄断问题的治理基本上告一段落。7 月 12 日，李强总理召开了平台企业座谈会，发改委的网站上也发布了一份调研报告。这份报告除了强调平台在其他领域的积极影响，还特别强调了平台在加大技术创新和赋能实体经济方面的投资力度。例如，2023 年一季度，我国市值排名前十的平台企业在芯片、自动驾驶、新能源、农业等领域的投资占比环比增加 15.6%，投资力度明显增大。2020—2022 年，市值排名前十的平台企业累计研发投入超过 5000 亿元，年均增幅达到 15%，授权专利超过 5 万件，成为数字技术创新的重要力量。

同时，由于平台具备技术、流量和数据等优势，可以帮助整合产业链上下游企业，共同推动数字技术与实体经济的深度融合，提高传统行业的效率。

最后，平台企业立足国内大循环，拓展国内国际双循环，是开拓海外市场提升国际竞争力的关键手段。这些关于平台在不同领域的积极作用，在官方口径中并不常提及，但它们传递了积极的信号。

当然，市场重新获得信心并不容易，尽管我们看到了许多积极信号，但在资本市场和股票市场上，并没有明显反映出对估值的改变。这说明投资者的信心还没有恢复。

为更好地发挥平台的作用，政府尽快明确相应的制度和规则非常重要，尤其是在加快数字经济和实体经济深度融合、帮助传统产业转型升级和提高生产率方面。特别是在引领平台方向、支持共同富裕和科技向善等方面，需要在引领方向和微观干预之间取得良好平衡。同时，公平竞争也必须得到保证。理想情况下，可以建立一个负面清单来明确平台在未来不能做什么，负面清单之外均可为。

在数字经济和科技创新发展的情况下，我们的民营企业和小微企业面临着资产负债表受损的问题，尤其是在新冠疫情三年里，许多业务缩减，同时还面临着国内经济和国际环境的不确定性。根据经济学理论，当不确定性较高时，企业家会推迟投资，因为想等情况明朗后再做决策。因此，任何能够提供积极信号或稳定政策预期的措施，都可以减少企业家的不确定性，从而促进民营企业投资。此外，在人工智能时代，我们需要这些企业家发扬企业家精神，去识别新的市场机会并探索不同的技术路径。

中央财政牵头发力，适度超前布局数字基础设施投资

政府应该采取哪些措施？中央财政应该带头投资数字基础设施，适时适度进行超前布局。

中国在基础设施投资方面表现出色，比如高铁和移动网络在全球处于领先地位，因此在数字经济时代，我们应该以数字基础设施的形式进行投资。尽管这些投资可能在短期内无法见到明显收益，但对于长期经济增长至关重要。

为什么中央财政应该带头投资？传统基础设施投资主要由地方政府承担，地方政府通过出售土地来获取收入进行投资，提高土地价值和房地产价格，并形成循环。然而，由于房地产市场疲软，地方政府的收入显著下降，并且在数字基础设施领域尚未形成闭环反馈机制。与此同时，许多地方政府债务比例较高，难以承担这一责任。在这种情况下，中央财政应该发挥作用，适度提高赤字比率，进行数字基础设施投资。

数字经济具有网络效应，一个地方的基础设施投资会对其他地方产生正向溢出效应，从而惠及全国。

该计划可以涵盖以下几个方面。

第一，投资通信网络基础设施，包括扩容光纤网络、商用化 5G 以及卫星通信等。

第二，建设算力基础设施。类似 ChatGPT 这样的大型模型需要庞大的算力支持。国家正在积极推动"东数西算"工程，并加强算力网络的发展。未来，算力可能像电力一样，在全国范围内进行调度和协调。

第三，对传统基础设施进行数智化升级改造，包括电力、交通和城市基础设施等方面。通过数智化改造，其能更好地运营，并与数字经济产业更好地融合。

第四，建立数据要素市场基础设施。与传统的资本和劳动不同，数据作为生产要素具有独特的特点，包括产权界定不明确、缺乏排他性以及涉及隐私保护等问题。为使数据要素发挥作用并实现流通、交易和有效配置，我们需要建立完整的数据要素交易基础设施。2022年我国发布了"数据二十条"，2023年又成立了国家数据局，旨在推动数据要素市场的建设。

第五，建设数字金融基础设施，包括央行数字货币的试点以及支持数字支付、结算和征信等信息的基础设施建设。此外，还需要建设支持跨境金融服务的基础设施。

第六，建设数字公共服务基础设施。我们可以通过手机远程完成大部分政府相关服务，尤其是异地服务，例如补办身份证不需要回到老家。这就需要对基础设施进行投资。另外，随着老龄化时代的到来，需要对适老化数字服务进行改造。同时，社会保障体系也可以更加数字化，以适应数字经济形态。例如，平台上的数千万灵活就业人员并没有传统意义上的劳动合同，因此为他们提供适当的社会保障非常重要。此外，可以利用数字化手段使医疗服务更加便捷，通过大数据识别风险来定价医疗保险，通过互联网的方式使法院服务更易于获取，同时降低成本。在人工智能时代，我们的教育体系需要进行基础设施投资，以培养适应人工智能时代的下一代。

第七，打造重大前沿科学技术领域的国家战略科技力量。目前，我们在顶尖领域面临着被"卡脖子"的局面。为了应对这个挑战，需要投资国家战略科技力量，包括投资国家重点实验室、高水平大学、新型研发机构以及创新型领军企业。此外，还需要建设一系列科技创新中心、国家科技基础设施和科技创新的公共平台，以促进尖端科学领域的共享和开放。

建设投资者友好型的资本市场，引导资金支持实体经济创新发展

传统的产业融资通常依赖于实物担保，如土地、机器和厂房，在数字经济时代下的创新企业中，需要采用新的方式提供融资。因此，我们需要引导整个社会的资金支持实体经济的创新发展。

2018年之前，我国资本市场可以分为两部分，一部分是银行存款或理财产品，另一部分是股市或资本市场。风险厌恶型投资者可能会将大部分资金投入银行或理财产品，因为它们具有刚性兑付特点；风险偏好型投资者选择投资股市，他们愿意承担风险。然而，到了2018年，国家推进"资管新规"，打破了刚性兑付，同时坚持房住不炒政策。因此，整个存款端特别是银行理财产品的收益开始下降。房地产也不再是一个吸引人的投资选择。因此，大量的个人财富需要进入权益市场。

在当前市场中，资金通过资本市场进入，以支持实体经济的发展。这本来是一件对市场非常有利的事情。然而，2023年发生了一件非常有代表性的事，媒体人胡锡进进入股市，并每天直播自己的股市收益。他提出了一个问题："不能不说，中国股市长期在3000点左右，受损的股民注定增多，大家的失望感是有依据的，并且让很多潜在投资者望而却步。"从2009年到现在，指数确实在3000点左右，存在较大波动性，然而从长远来看似乎没有多少收益。标普500指数在同一时期基本上也有很大波动，但却显示出明显的上涨趋势。

这是一个非常重要的问题。在讨论资本市场时，我们通常强调其融资功能。除了主板，还有中小板和科创板。然而，我们经常会忽视资本市场对投资者收益的影响。如果我投资一个长期没有趋势性收益的市场，我的投资收益将会如何呢？

此外，在过去几年中许多行业都经历了严格的监管政策调整，包括但不限于房地产行业、医药和教育行业。房地产调控后，不少房地产企业停业或面临破产，估值大幅下降，有的房企回撤达到80%。医药集采政策大规模执行降低了医保和居民的用药成本，同时我们也看到许多医药企业的估值大幅下降，可能降至只有原来的一半。教培行业的整顿当然是必要的，但客观上确实导致许多教育企业的估值回撤超过90%。许多平台企业回撤70%~80%。这种行业性整顿政策出台的速度比较快，企业和投资者来不及进行充分的调整。从投资者角度看，当不同行业的监管政策陆续出台时，他们无法通过分散化来化解这些风险。

另外，我们都知道创新有很高的失败概率，因此需要大量敢于冒险的资金支持，如天使投资和风险投资。风险投资的逻辑是，成功的概率可能只有1%，但一旦成功可能会有几百倍的回报，可弥补极高的失败概率。回顾历史，我们会发现许多中国科技型互联网企业早期的风险投资都来自国外，因为国外的风险投资具备长期经营风险的理念，并有敢于冒险的投资人。

下一步，我们如何为中国的创新型企业提供敢于冒险的资金？目前，很多风险投资的资金可能来自政府或央企。对于政府和央企主导的资金而言，能否冒险承受如此大的损失或波动？许多资金强调国有资产不能流失，如果在风险投资中遇到重大亏损，相关人员可能会面临被问责的压力。

创新需要承担风险，我们必须想明白一个问题：我们承担风险的资金从哪里来？我认为，应该建设一个投资者友好型的资本市场，引导那些敢于冒险的资金去支持数字经济和创新发展，这一点至关重要。

在建设现代化产业体系上精准发力[①]

刘元春

（上海财经大学校长）

2023年以来，加快建设现代化产业体系被摆在了越来越重要的位置。要深刻领会关于在建设现代化产业体系上精准发力的重要要求，努力在建设现代化产业体系上做到精准。

以新发展格局的视角来认识现代化产业体系的内涵

现代化产业体系事关新发展格局。2023年1月31日，中共中央政治局就加快构建新发展格局进行第二次集体学习，强调新发展格局以现代化产业体系为基础，经济循环畅通需要各产业有序链接、高效畅通。我国产业体系虽然规模庞大、涉及面很广、门类众多，但仍然存在不少"断点"和"堵点"。中国只有抓住新一轮科技革命和产业变革重塑全球经济结构的机遇，加快建设现代化产业体系，提高自主创新能力，补齐

---

① 本文发表于《四川日报》2023年8月21日刊第09版。

短板弱项，加长长板强项，抢占未来产业竞争制高点，才能在大国竞争中立于不败之地。

首先，现代化产业体系的内涵不是简单的技术进步，也不是单纯的产业体系和业态的现代化，或者在全球范围内竞争力的提升。当前，全球格局发生了根本性的变化，大国博弈、大国冲突、大国竞争进入关键时期，叠加逆全球化，以及地缘政治全面恶化等因素，中国面临着一系列新的挑战。因此，必须从全球博弈和竞争的角度，重新定位产业政策。

其次，在这个技术革命方兴未艾，新的产业业态层出不穷的时代，技术突破是至关重要的。但当前技术突破的重点不是之前所强调的新型工业化和战略性新兴产业，而是要进一步凸显在大国博弈的极端状况下，在遏制与反遏制的斗争中，国内大循环的畅通。一方面，要突破"卡脖子"技术问题；另一方面，要建立备胎体系；同时，在补短板上也要有全面的突破。这就意味着技术的发展必须与产业链、供应链的安全相融合，安全成了一个基础性、前提性的概念。

从供给侧结构性改革视角精准把握现代化产业体系建设

现代化产业体系是高质量发展的基础，从中央对当前经济形势的判断来看，经济恢复的态势还是明显的，但也有内需不足、内生增长动力不足的问题。所以解决当前经济运行中的突出矛盾和问题，需要从供给侧和需求侧双向发力。从需求侧发力，主要是扩大内需；从供给侧发力，是加快构建现代化产业体系。因此要把扩大内需和深化供给侧结构性改革结合起来。

建设现代化产业体系实际上正是着眼于统筹当前和中长期，统筹供给侧和需求侧的一个具体战略安排。如果没有现代化产业体系，就没有高质量的产品和服务的供给，就没有高水平自立自强和经济发展的产业基础，也就没有中国式现代化的物质技术基础，这就是现代化产业体系的重要性。

深入实施供给侧结构性改革，持续提高全要素生产率，是实现高质量发展的治本之策，也是破解各种深层次问题的关键。随着中国特色社会主义进入新时代，我国经济已经从高速增长阶段转向高质量发展阶段，从要素驱动发展阶段转向效率驱动、创新驱动发展阶段，经济运行面临的主要矛盾已经从总需求不足转变为供给结构不适应需求结构，传统的数量型增长已难以适应高质量发展的要求，传统的调节社会总需求的宏观政策难以解决大量深层次结构性问题。因此，全面启动供给侧的调整和改革成为关键之举。解决当前存在的增长质量不高、动力不足、结构不优等深层次问题，必须以深化供给侧结构性改革为主线，着力提高全要素生产率和经济潜在增长率，推动经济发展实现质量变革、效率变革、动力变革。

继续深化供给侧结构性改革，以深化供给侧结构性改革加快建设现代化产业体系，持续推动科技创新、制度创新，突破供给约束堵点、卡点、脆弱点，增强产业链供应链的竞争力和安全性，以自主可控、高质量的供给适应满足现有需求，创造引领新的需求。供给侧结构性改革必须以增强微观主体活力、提高全要素生产率作为落脚点和核心目标。通过构建新发展格局，全面提升产业链供应链韧性和安全水平，加快补齐短板，特别是补齐基础软件、核心硬件、基础原材料等突出短板，坚持金融服务实体经济，巩固优势产业的领先地位，全面推进制造业高端化、智能化和绿色化发展，加大科技、人才以及创新的一体化建设。坚持原始创新、集成创新、开放创新一体设计，实现有效贯通。

构建现代化产业体系要以实体经济为支撑

二十届中央财经委员会第一次会议强调，加快建设以实体经济为支撑的现代化产业体系，关系我们在未来发展和国际竞争中赢得战略主动。现代化产业体系是现代化国家的物质技术基础，实体经济则是现代化产业体系的根基和命脉。当前，世界百年未有之大变局加速演进，新一轮科技革命和产业变革深入发展，大国博弈、大国冲突、大国竞争进入关键时期，我国面临着一系列新的机遇与挑战。以实体经济为支撑构建现代化产业体系，促进产业融合，坚持开放合作，维护产业安全，是我们在新时代新征程上以中国式现代化全面推进中华民族伟大复兴的必然选择。

就四川而言，要全面落实省委十二届三次全会决策部署，着力构建以实体经济为支撑的现代化产业体系，不断夯实四川现代化建设的坚实根基。

以实体经济为支撑构建现代化产业体系有以下几个重点。

第一，以实体经济为核心推进产业融合发展。大力推进战略性新兴产业融合集群发展。包括新一代信息技术、生物技术、高端装备制造、新材料、新能源汽车等在内的战略性新兴产业代表着科技创新和产业发展的方向，是先进制造业的核心主体，是推动实体经济高质量发展、提升我国产业体系现代化水平的决定性力量。大力推进战略性新兴产业的融合化、集群化发展，通过深度融合有效扩大资本规模、整合创新资源、壮大技术攻坚力量，成为实体经济创新发展的强大引擎；通过高度集群更好地发挥集聚效应、加强分工细化与协同协作、提高产业综合效益，为实体经济高质量发展打造强劲的增长极，从而为产业体系的现代化发展提供重要的战略支撑。

第二，推动现代服务业同先进制造业深度融合。现代服务业中的创新设计、定制化服务以及信息技术服务与先进制造业相融相长、耦合共生，培育出供应链管理、全生命周期管理以及系统集成管理等生产制造的新业态、新模式、新路径，为我国实体经济实现创新驱动发展提供了持久的活力、不竭的动力和广阔的空间。实体经济中的制造业企业在生产性服务业的帮助下可以根据客户个性化需要而提供有形的产品，也可以围绕产品为客户提供专业化和定制化的服务，从而推动实体经济向价值链高端延伸，持续提高产业集成创新能力，服务现代化产业体系的构建。

第三，推动数字经济与实体经济深度融合。我国数字经济规模持续快速增长，已经成为推动经济增长的新引擎。数字化改造能够为实体经济高质量发展提供新的转型机遇，为构建现代化产业体系创造新的动力机制。大数据、人工智能、云计算、区块链等新兴数字技术在实体经济中的快速发展和广泛应用，可以深刻改变实体经济的生产方式和商业模式，为实体经济带来生产技术的革新、运营成本的降低、生产效率的提升、产品质量的优化以及用户体验的改善，促进产业体系向着更加现代化的方向发展。以实体经济为着力点的数字经济将会拥有更加丰富的应用场景，激活数据作为生产要素的作用和价值，为产业体系的现代化发展赋能。

第四，立足实体经济实现科技自立自强。自力更生是中华民族自立于世界民族之林的奋斗基点。党的十八大以来我国创新型国家建设取得历史性成就，但是在集成电路、高端制造、关键材料等实体经济的关键领域中，诸多底层技术和关键核心技术仍然存在"卡脖子"难题。实现高水平的科技自立自强，需要我们立足实体经济，发挥新型举国体制优势和超大规模市场优势，集聚力量进行原创性引领性科技攻关，为现代化产业体系的安全发展提供坚实保障。是否掌握实体经济中的关键核心技术，是否实现实体经济中的科技自立自强，决定了我国在全球产业体系和价值分配体系中的地位，也决定了我国的现代化产业体系能否在激烈的国际竞争和动荡的地缘政治局势中守住安全底线、行稳致远。

第五，基于实体经济构建现代化基础设施体系。完备健全的现代化基础设施体系是推动现代化产业体系实现完整性、先进性、安全性的基础和保障，对未来产业发展的结构布局、发展模式以及抵抗风险有着基础性、先导性和战略性的意义。我国的实体经济在支持现代化基础设施体系建设方面已经积累了全球领先的优势，加快构建现代化基础设施体系将为实体经济的技术创新和进步提供广阔的应用市场和空间，同时也为实体经济的高质量发展构筑坚实可靠的基础和平台，保障现代化产业体系安全高效运行。

中国产业技术创新模式的认知和挑战[①]

陈小洪

(国务院发展研究中心企业研究所原所长、学术委员会委员、研究员)

研究缘起与背景

我对中国科技发展模式进行了研究。通常来说，模式指的是事物及其发展的基本结构和机制。"科技发展模式"指科技知识发展和科技创新模式。研究以中国产业 40 个业内领先企业创新的模式及经验为基础，讨论中国产业创新的模式及有关问题。这种研究思路之所以有意义，是因为产业是与技术、市场相关的企业群，企业创新是产业创新的基础，领先企业的创新能反映中国产业创新的未来趋势。

研究先说明科学、技术及创新的基本概念及其间的关系，再讨论企业和产业创新问题。这是因为对基本概念及其关系的认识，能提供理解中国企业和产业创新模式及其前景的学理基础。"中国科研基础弱，真正的原始创新很少，原始创新的路要怎样走才能成功"等疑惑，就与情

[①] 本文根据作者 2022 年 3 月 13 日晚在北大国发院春季学期首场国家发展系列讲座上的讲话整理。

况掌握不够和基本认识没有厘清有关。

科技知识：创新的重要来源、含义及其经济学性质和发展模式

我们讲的技术创新是熊彼特定义的创新，它不是发明，而是以技术为基础的"条件"的新组合。创新必须抓住市场需求，熊彼特讲"需要是一切生产的终点"。创新只有满足和扩大市场需求，才能成功形成创新的良性循环。

科技知识指科学技术工程的知识，是创新的重要来源和基础。其中，科学知识是反映自然规律的知识，技术知识是有关解决问题的方法和工具的知识，工程知识是提供人们需要的功能的工程或产品的知识。

科技知识具有经济学性质，包含外部性、累积性、不确定性。外部性指科技知识被发现以后，他人不用或者用很少的成本就可以得到。科学知识成果的主要表现是论文，外部性很强，而技术知识及工程知识的外部性就较弱。累积性是指：科技知识是在已有知识的基础上发展的；科技知识，尤其是基础科学知识的作用影响久远、广泛；从知识发现到应用可能需要很长时间。不确定性是指科技知识发现、发展的过程及结果往往不确定，很难预见。

科技知识的发展需要投入和激励。科技知识的经济性质使科技知识的发展模式成了公共投入与市场投入结合的模式。基础科学研究的成果价值主要靠同行和第三方，需要政府等公共资源投入支持。技术开发和工程实现的成果可以由市场检验，可以靠激励作用更强、更直接的基于市场竞争机制的企业投入支持发展。科学、技术及工程的知识，既相通，又在发展的知识结构、成果表现、主体和激励机制等方面存在很大的甚

至根本性的差异。科技知识发展既需要个人努力，也需要组织支持。组织可以是科研机构、大学、企业。

科学技术、创新及二者的关系

科学技术知识及其发展与创新的关系密切而复杂。技术、工程知识的发展能直接支持创新，它们之间的关系直接且密切。科学与创新的关系虽相对较远，亦有关系日益密切的方面：直接的互动支持体现为创新需要科学知识支持，科学知识的研究需要新的技术手段的支持；另外是人的作用，一些既懂科学、技术又懂创新的专家，直接促进科技乃至科学研究与创新的结合，出现以科学为基础的科学产业，包括医药、数字技术、材料等新的行业领域，这些领域的企业创新发展需要科学研究及科学知识更直接的支持，因此从基础研究到应用研究到开发的关系直接且密切，需要科学家直接参加有关的技术创新。

科学技术与创新虽关系密切，但有关活动的目标、发展机制和研究问题的方法亦有所不同，甚至差别很大。科学活动重在解决科学问题，重视可重复的理性知识的发现及条件，研究重视分解分析。技术及工程活动重在解决问题，其中经验知识成分相对更重要，研究更重视综合、平衡。创新重在商业成功，技术、工程、商业的经验都很重要，研究重视经济、技术、商业知识的综合。不同活动的主体及其结构亦有所不同。理解这些活动的相通之处和不同，是有效进行创新管理、改进创新政策，进而推动不同活动的知识互动整合乃至融合实现创新的基础。

经济学认为技术可能性、需求规模、利益可专属性是决定技术创新是否产生的基本因素。创新需要投入，有三个关键要素：一是知识信息，其直接影响对技术及商业可能性及路径的判断，是创新的起点；二是资金，创新过程是技术、商业反复试验的过程，需要投入人力、物力和时间，因而也是"烧钱"的过程，资金不可或缺；三是能发现创新机会、组织动员创新资源同时承担风险的企业家。企业是发明创新的组织载体，作为商业机构，企业有资源也有动力支持创新，因为拥有领先于他人的创新可使企业获得阶段性的或者超前的垄断利润，形成良性发展循环。

熊彼特根据创新的投入产出及方式，将企业的创新模式或者说方式分为新产品、新方法、新原料、新市场、新组织五种。后来的学者还提出突破性创新、持续性创新、颠覆性创新等各种创新模式。这些模式是基于不同视角对创新的投入产出的结构、机制和过程的各种描述和解读。实际的企业创新，作为不同企业和企业家的决策及行动，比学者的描述更复杂、更具象，还会随着内外条件的变化而变化。因此调研领先企业的创新实践，有利于我们理解中国企业及产业创新的实际情况及其影响因素，帮助形成面向未来的洞见。

中国产业创新水平、模式及其影响因素：基于领先企业经验的观察

再介绍一下我们对 40 家业内领先企业研究的基本情况。

判断企业领先与否主要看两个指标：产品技术水平、市场地位及销售规模。创业企业是否领先主要看技术水平。我们所研究企业的规模从不足 1000 万元（2 个创业企业）到几千亿元不等，平均净利润率为 15%、研发强度为 18%。其中大多数企业的技术竞争力或者水平已接近国际先进企业或与之差距较小，有的已达到并跑甚至领跑水平，部分企业的差距还较大。

这些企业的创新发展模式及主要影响因素具有以下几个特点。

1. 采取市场导向技术与需求结合的创新战略和持续升级的进程。

2. 研发投入规模持续增长，强度长期较高，以开发投入为主，基础研究投入占比开始提升（华为、科大讯飞、恒瑞的这一数据都在 5% 以上）。

3. 重视突破性创新，以追赶型突破性创新为主，原创型突破性创新越来越多（如 5G 技术）。学者讲的突破性创新（radical innovation）是带来技术变革的创新，通常亦是重要的原始创新。中国的突破性创新更多是追赶型的，即技术原理及产品已经存在，突破的是高技术门槛的"卡脖子"难题（如碳纤维技术），追赶突破也需要创新。

4. 协同创新、整合创新、迭代创新等多种创新模式十分重要。

5. 日益重视创新管理，逐步形成与战略相结合的、日益科学严谨的研发创新管理流程。

6. 创新战略和发展战略互相支持，研发能力与制造、市场等互补性资产能力共同提升。

7. 抓住产业技术轨道、需求及政策变化带来的环境变化机会进行创新。

8. 产学研合作及资本市场构成的国家创新系统、国家发展改革开放战略及其普适性、专项科技和产业政策支持了企业的创新发展。

领先企业创新的过程也是产业连锁创新的过程。基于对领先企业经验的总结，我们对中国产业创新模式及其能力水平的现状和前景的判断如下。

1. 领先企业代表的产业创新能力提高得很快，不少产业（如 5G、宁德时代新能源科技）已经达到国际水平，甚至达到国际先进水平。

2. 中国产业创新竞争力存在结构性差异：中低端产品创新竞争力强，高端产品有些已经达到国际水平；以应用型、改良型创新为主，出现紧跟、达到甚至超过目标水平的创新；创新技术的原始知识来源仍然多在国外，知识学习结构已经发生深刻变化，从以产品模仿为主变成以技术原理学习为主，基于中国基础研究和技术研究的创新越来越多。

3. 中国产业竞争力及创新力的提升主要靠企业自主研发、技术和价值链能力的整合提升，亦与中国的大规模市场带来更多创新学习机会有关。

4. 仍然存在知识、技术、产业链等产业短板，产生这一问题的重要原因是产业基础有差距、企业研究基础较弱，也与追赶创新的历史特点有关。关于企业基础研究费用占研发费用的比例，2018 年中国的这一数据为 0.2%，远低于美国 6.2%、日本 7.8% 和韩国 10.6% 的水平，甚至远低于 1980 年美国 3.2%、日本 5.2% 和韩国 1996 年 8.1% 的水平。

5. 强基础、补短板，经过创新努力，中国会有更多产业的创新竞争力可达到与国际先进企业比肩的水平。因为中国企业将会持续加大研发创新投入，有制造、销售等互补性资产及价值链整合的基础及经验，亦有国际经验的证明：美国产业竞争力达到国际先进水平时基础研究水平还与欧洲有很大差距；日本靠学习美欧先进科技、应用基础研究及应用技术创新，到 20 世纪 80 年代初主要产业技术水平赶上美欧。

中国产业创新模式的未来趋势及特点

基于对全球科技发展及产业变革、中国内外政治经济环境变化趋势，及国家发展战略的认知研判，我认为从国家、产业、企业三个层面来看，中国产业创新模式发展变化有以下特点。

在国家层面，基本的科技发展及创新模式将向政府支持科技发展及创新的协调统筹功能更强，同时与市场机制更能有机结合的方向演进。

国家未来将持续增加研发投入，以强化基础研究和支持"四个面向"的技术发展为重点优化投入结构，形成更强的国家战略科技力量和与市场化分布式创新体系有机结合的、更有利于创新的体系，通过《科技体制改革三年攻坚方案（2021—2023年）》的持续实施和优化，形成更有利于科技发展和创新发展的体制机制、政策管理体系及更强的科技金融、咨询服务等支持体系。

在产业层面，中国正在进入以数字技术为通用基础技术的第四次工业革命时代，已有产业要升级、新兴产业要发展、前沿产业要培育。中国将从多数产业以追随创新为主的阶段进入更多产业紧跟创新、并跑创新甚至引领创新并举的新阶段，会出现更多的颠覆性创新。产业组织与产业结构共同演进：市场结构向高技术产业寡占竞争与创新型中小企业并存及合作的结构演进，垂直一体化、水平分工、平台组织竞合共存，打通关键领域环节的国内循环，同时与国外循环结合。

在企业层面，又有如下五个特点。

1. 日益重视多种模式的首先进入市场的原始创新（源头创新）：基于基础研究的原始创新，基于应用研究和技术原理应用开发的原始创新，基于技术整合开发的原始创新，技术开发与商业模式创新结合的原始创新等会更多地涌现。

2. 未来一段时间，仍然会是原始创新型突破性创新和重在解决"卡脖子"问题的追赶型突破性创新并举，同时重要原始创新型突破性创新会越来越多。

3. 企业将加大研发投入，强化基础研究与应用研究投入。企业基础研究，重在应用基础研究和通过基础研究前瞻性把握技术发展方向、扩大技术可能性边界，以抓住新的乃至颠覆性的创新机会。

4. 形成更高质量、更科学严谨的与自由研究结合的研发创新管理模式流程，同时进一步强化与研发能力互补的制造和市场服务能力，夯实制造能力与产业技术基础，更高质量及更高知识含量的协同创新、整合创新、迭代创新、开放创新模式仍然是企业创新的基本模式。

5.产学研合作、共性技术研发合作等更多类型的研发创新合作模式，将随着认识提高、治理关系改进更快发展，取得更多成果。

新发展格局下的产业结构转型[1]

赵波

(北京大学国家发展研究院经济学长聘副教授)

如何理解新发展阶段

中国经济从 1978 年改革开放以来,经历了 40 多年的经济增长,取得了举世瞩目的成就。作为世界人口第一大国,我国国民经济实现了长期年均 9% 左右的经济增速,赢得了脱贫攻坚战的胜利,这是世界上绝无仅有的。我们在这一阶段实现了第一个百年奋斗目标,全面建成了小康社会。

展望未来,中国经济的发展会如何?在接下来的几十年,我国将进入新的高质量发展期。与之前的高速增长期不同,高质量发展期的显著特点是增速会显著下降,维持在 3%~6% 的水平。2023 年国家制定的经济增长目标为 5% 左右,也位于这个区间。高质量发展期又可细分为两个时期:第一个时期是 2020—2035 年,这是被称为基本实现社会主义

---

[1] 本文根据作者 2023 年 3 月 30 日在由香港特别行政区政府驻北京办事处和中国香港(地区)商会联合主办的营商座谈会上的主题演讲整理。

现代化的阶段，也是我们需要加快构建新发展格局的阶段；第二个时期是从 2035 年到本世纪中叶，这个时期的目标是建设社会主义现代化强国，从而实现全体人民共同富裕。不难看出，构建新发展格局的阶段是一个承前启后的非常关键的阶段。

  由高速增长期向高质量发展期的转变是由经济发展客观规律决定的。我国目前人均 GDP 接近 1.3 万美元，即将超越世界银行所定义的高收入国家门槛。高收入国家的收入判定标准每年都会提高，而 2022 年这一标准为人均 1.32 万美元。按照年均 5% 左右的经济增速，中国大概率会在未来 2~3 年内进入高收入国家行列。这是非常有历史意义的，标志着全球约 1/5 的人口实现了从中高收入国家向高收入国家的迈进，这是巨大的进步，对世界格局的改变也是巨大的。中国未来经济增长的参照系将是其他高收入发达国家。

  中国这些年的经济年均增速逐渐下降到了 6% 左右，相对于其他高收入发达国家，这一转变是符合经济发展规律的。我们比较了美国、日本、韩国、德国、英国在不同历史时期、不同收入水平下的经济增速。随着人均收入水平上升，经济增速不可避免要下降，发达国家也是如此。

  面对这样的转型，中国的机遇似乎有很多，但需要注意，即便是跨越高收入门槛，我们也面临很多挑战，机遇和风险并存。我们观察到，很多中等收入国家并未成功跨入高收入国家行列，而是徘徊不前，比如菲律宾、巴西、土耳其等。也有因为一些事件从高收入国家下滑为中等收入国家的，比如俄罗斯。事实上，从 1960 年到 2010 年末，全球 101 个中等收入经济体中只有 15 个成功进入高收入行列，其中包括亚洲"四小龙"（中国香港、中国台湾、新加坡、韩国）和日本。

  此外，中国还是一个大国，不同区域间差距很大。虽然我们预期在 2025 年左右会完成成为高收入国家的目标，但是不同地区的发展差异很大。按照世界银行关于高收入的定义，截至2021年全国约有35%的地区进入高收入阶段。将来随着经济的不断发展会有更多地区进入，但可以肯定的是，到2025年中国不会全面进入高收入阶段，一定会有区域间的差异。如何实现区域统筹发展，如何实现共同富裕，都是摆在中国发展道路上的挑战。

产业转型升级的必要性和手段

如何应对这些机遇和风险？这就要讲到构建新发展格局下产业转型升级的必要性和手段。前文总结的，有成功的经济体，有较为失败的经济体。中国是一个大国，很多小型经济体跟我们不具有直接可比性。

成功的大国有一些共同特征，我将其总结为"三高一平"。

第一高，高储蓄率、高投资率。第一次工业革命之后，人类社会经济转型主要依赖投资的驱动。资本密集型产业的产生拉动了投资需求，带来了工业发展和制造业的升级。大量的投资需要有高储蓄率支持，不然就可能像拉美国家一样过度借债，不稳定的国际金融市场会导致危机频繁发生。

第二高，高度工业化。所有大国在中高收入过渡阶段都是工业强国，无一例外。工业强国不完全是资本推动的，另一个重要动力是创新。今天的德国、韩国等国都得益于不断的创新，它们的制造业在不断升级。

第三高，高国际贸易开放度。只有开放才能扩大海外市场，制造业的发展是有极大规模经济的。高生产率的发展带来的生产扩张一定要寻找它的市场，这就需要开放。闭关锁国或者对各种贸易政策的抵制是与这种经济发展规律相违背的。

"平"，则是平稳，防风险。我们观察到，成功的大国都有非常强的财政和货币政策纪律性，它们没有盲目借债，也没有盲目进行货币扩张。事实上，它们能做到相当长时间的债务稳定，同时其央行具有相当强的独立性。

以上所强调的这些特征，本文只强调中间的工业化和制造业升级。我们发现，相比于低收入国家，高度工业化是这些成功国家最重要的特征。

通过对比低收入国家与高收入国家在不同人均GDP水平下的产业结构升级路径，我们可以发现这些国家的收入水平有一段重叠时期，大概在人均GDP为1万~1.5万美元，即从中高收入向高收入过渡的阶段，也就是中国目前所处的阶段。同时，在同样的历史收入水平阶段，高收入国家的第二产业增加值占比显著高于低收入国家。我通过数据分析发现，在这一阶段，高收入国家的第二产业增加值比低收国家高出15个百分点，其中12个百分点是由制造业的差异造成的。

进一步将中国实际的工业发展路径与高、低收入国家加以比较，可以发现中国工业化实现大跃升的主要阶段是改革开放以前。我们的工业增加值占比在1952年与低收入国家水平相当，经过了中华人民共和国成立后近30年计划经济体制下的工业化发展，一跃到改革开放前非常高的水平。这段时间内我国建立了独立的、比较完整的工业体系和国民经济体系，为改革开放后的发展打下了较好的工业基础。

我国改革开放以来实现了举世瞩目的增长，产业结构的转型也基本符合高收入国家的发展特征。虽然从2011年以来，我国第二产业占比有了显著的下降，第二产业也让位于服务业，不再是国民经济中占比最高的产业，但是我们的工业生产依然有较强的竞争力。2022年，中国制造业企业有65家位列《财富》世界500强，越来越多的高技术制造业崭露头角，占GDP比重为5.2%。目前世界高收入国家的工业增加值占比大概在20%，长期来看我国的工业生产占比预计还会下降10个百分点。我国的产业升级任务非常紧迫，亟待提高工业发展的质量。

提高工业发展的质量要实现制造业的不断升级。在高收入国家中，制造业尽管已经不再是最大的产业部门，但仍然受到很高程度的重视。

制造业的价值主要有以下几个方面：

第一，相比于农业、服务业，制造业有很强的正外部性。制造业能够带来大量研发投入和创新。以欧洲来说，现在欧洲制造业增加值占比跌落到20%左右，就业人数占比更小，只有15%，因为这些主要是资本密集型的生产。尽管如此，全社会2/3的企业研发支出是用于制造业的。创新是社会前进的动力，它的需求来自实体经济的发展，而实体经济发展中尤为重要的是制造业的发展。

第二，制造业有很长的产业链，分散于不同国家、不同地区和不同部门，分工程度非常高。这也意味着制造业的发展带来的拉动作用非常强，对于经济的影响力非常大。发展制造业对于总供给的拉动是至关重要的。

第三，制造品的可贸易性比较强，贸易品以制造品为主。大多数消费型服务业生产的是不可贸易品，比如餐馆、酒店等。国际贸易的研究发现，出口企业往往具有更强的市场竞争力。这源于出口的"筛选机制"：做出口的制造业企业更有动力不断进行创新，也只有那些有竞争力的企业才更有机会在国际市场上取得成功。

第四，从全要素生产率角度来看，制造企业有着在全部非农行业中最快的全要素生产率增长，这带来了一国人均收入的持续增长。

制造业有这么重要的价值，我们应该如何发展它？研究发展手段之前要先认识制造业的特点。

首先，制造业特别是先进制造业主要是资本密集型的。发展先进制造业，资本的供给非常重要，需要强大的金融体系作为支撑。良好的金融体系能够帮助企业家融资，缓解他们的融资困难，促进投资。

第二，制造业的发展对于基础设施要求特别高。现在非洲增长很快，不少国家也在向中国学习，广泛参与和支持经济的发展，大力增加基础设施的投入，这将极大促进工业的发展。

第三，制造业有巨大的固定成本和规模经济。生产得越多，企业的成本就降得越多。为了实现规模经济，我们要提倡统一大市场和强调内外双循环。我们需要改变目前要素市场上存在分割和阻碍的现状，需要把内部循环和外部循环统一起来。

第四，制造业的发展不是孤立的，强调制造业并不意味着服务业不重要，事实上服务业相当重要。服务业中有一类是生产性服务业，它们为工业生产做服务，二者是互补的关系。所以我国发展过程中一方面要提高制造业质量，另一方面也要照顾到生产性服务业的发展。

上述这些发展特点决定了我们应采取如下发展手段。

第一，改善融资约束。产业升级发展带来的是资本不断深化，投资不断增长，而融资应该是每个企业家最关心的问题。能不能借到钱，以多大成本借到钱，是他们需要思考的。中国过去的发展得益于民营经济的发展。图3-1展示了民营经济和国有经济工业增加值的同比增速，其中灰色代表国有经济，黑色代表民营经济。早期民营经济的发展速度非常快，是国有经济增速的两倍多。随着国民经济增速放缓，相对于国有经济的发展，民营经济增速下降非常快。这要引起我们的重视。

要改善民营经济的发展。根据我和企业家的接触，他们还是关注和担心他们的融资问题。中国金融市场上，间接融资为主体，直接发债、发股的融资占比非常小。国有企业的主要融资渠道是国有银行，而民营企业在获得信贷方面处于劣势。民营企业从国有银行获得的贷款占比相比于国有经济少了 10 个百分点，它们较多借助农村信用社和农村商业银行，也就是说小型金融机构才愿意给民营经济放贷。

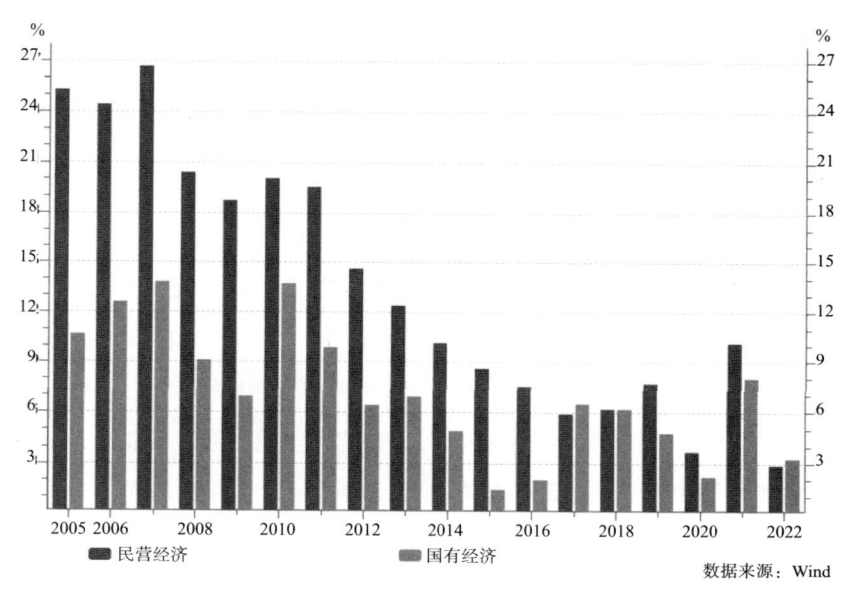

图 3-1　民营经济和国有经济工业增加值的同比增速

数据来源：Wind

构建新发展格局，一定要改善民营经济的融资环境，这是迫切需要做的。所以李强总理重申了"两个毫不动摇"，要给民营企业家以发展信心。

改善大银行对于私营企业的融资只是一方面，虽然中国即将进入高收入国家行列，但是我们的融资体系相对还比较落后。我们较多依赖银行部门的传统信贷，较少依赖直接融资，企业发债非常困难，要么成本很高，要么需要抵押，还不如从银行借款。股票市场现在实行注册制，这会逐渐改善企业融资的环境。从长远来看，我们金融业开放的程度还很不够。我们应该学习国外先进的发展经验，允许外资以更大的参与度加入到我们构建新发展格局的过程中来。国家提出现在要加快制度性开放、高水平开放，这个开放强调的不仅是贸易，更多的是制度的改善。

第二，结合制造业发展的特点，我们政府应有所作为。市场经济要强调有效市场，市场是配置资源最有效率的手段，但政府的作用也不能忽视。因为在制造业转型升级过程中需要大量基础设施投入，所以政府的产业政策配套、基础设施投入显得尤为重要。经过了这么多年的发展，传统基础设施的回报率比较低了，特别是区域间不平衡，很多经济欠发达地区的基础设施回报率更低。那应该如何提升基础设施投资效率，让政府能够最大限度地促进经济增长？目前看，国家在2023年地方政府专项债的用途中，已经把过去的9大领域拓展为11大领域，又增加了新基建、新能源领域，包括5G相关的基建、轨道交通、新能源，与数据经济相关的大数据中心、数据基础设施、AI、工业互联网。这些也是政府应该有所作为的领域。未来还有一些先进制造业的布局，将是产业政策的重点。国家在文件中提出要聚焦一些领域，除了前文提到的基础设施，还包括工程机械、光电子信息，打造世界制造业的先进产业集群。这是政府政策的一些着力点。

第三，由于工业发展、制造业发展需要开拓市场，因此我们要构建更加开放的国内国际双循环。我国每年的GDP，进出口仅贡献了20%左右，投资和消费贡献了另外的80%左右。但开放的市场对于经济增长的贡献率要远超过20%，为什么这么说？因为老百姓购买的手机、汽车，很多是通过贸易来的，企业投资的机器设备也可能是进口来的。所以，要构建国内国际双循环，而不是简单的国内单循环。内循环不等于内需，外循环不等于外需和净出口，要综合考虑中国在全球价值链中的地位。

2018年以后全球贸易的不确定性陡然增加，受民粹主义、单边主义、排外主义的影响，我们处于百年未有之大变局中。政策的种种不确定性，造成了贸易成本上升和全球价值链重构。这种格局的变化对于全球生产者都是不利的，因为它意味着产业链要重新调整，要有新的投入，但由于分工受限，生产成本在上升。短期内，我们将会看到生产链出现区域性集中；我们也会看到，由于大国博弈，技术含量更高的价值链将会率先被重构。

对于这些重构，我们要有所准备、有所应对。那我们要如何应对？一方面，要提升产业链的稳定性，确保在关键领域不被"卡脖子"。另一方面，要进一步增加我们的贸易开放程度。在过去的贸易格局中，我国的增加值占比很低。我国以劳动密集型的贸易为主，并且在这方面是顺差。在制造业内部，资本密集型产品的国内增加值比较低，大量的资本密集型生产是借助全球产业链，借助进口配套，然后完成、进行加工再出口。服务贸易的国内增加值是很高的，可惜我国在这方面不具有太大的比较优势。服务贸易这一块儿我们是逆差，是净进口。所以，一方面，要做强自身，实现制造业的不断升级，往价值链的高端走。另一方面，要在规则、管理、制度的标准上进行开放，促进服务业贸易的发展。建设自贸区，加入一些地区性的贸易合约，都有助于提升我们贸易制度的标准，改善外商的营商环境。

第四，要大力开放和发展生产性服务业。相对于消费性服务业，生产性服务业尤为必要，但是我们这方面发展得非常落后。国家提出我们要在数字化、人工智能等方面进行发展。生产性服务业的发展能够形成与制造业互补的关系，能够加速制造业的转型升级。

产业结构转型时期企业要抓住机遇

产业结构转型时期企业需要做到以下两点：第一，改造和提升传统业务；第二，巩固延伸优势业务。

企业要立足自己的比较优势，专注于自己最擅长的地方。既然是产业升级，就意味着有新机会、新领域。这些新兴业务怎么选取？需要有前瞻性的布局，这意味着风险和不确定性，经济学家熊彼特认为，任何创新都是一种创造性的毁灭。创造新事物的时候，就会对现有的一些生产方式造成摧毁。

中国要进行产业升级，必然会影响现在这个领域一些国家的利益；企业要进行产业升级，必然需要进军一些陌生的领域，与已有的、更有优势的企业进行竞争。整个市场的竞争性会越来越强，只有不断创新，有核心竞争力的企业才会最终存活下来。

第四章

新质生产力的产业支撑

数字经济与经济高质量发展[①]

黄益平

（北京大学博雅特聘教授、国家发展研究院院长、数字金融研究中心主任）

本文探讨数字经济和经济高质量发展，主要分为两部分：第一部分探讨什么是数字经济，为什么数字经济能给经济生活带来巨变，同时又带来哪些问题；第二部分探讨数字经济和高质量发展的关系。

中国的数字经济概览

数字经济已成为日常生活中极为常见的概念。1994 年我国正式接入国际互联网，之后一批互联网公司如雨后春笋般出现，今天的知名公司中有很多都是在当时成立的。在数字经济领域做得比较好的中国企业也大多创立并成长于过去的二三十年间。

我国的数字经济起步较早，与美国大型互联网公司相比不算太晚，这很难得。

---

① 本文根据作者 2023 年 6 月 12 日晚在北大国发院第 42 期 DPS 博士论坛上的主旨演讲整理。

中国数字经济还有一个有意思的现象，即早年间成立的企业很快就发展成中国甚至世界的头部企业。一般而言，通过一些量化指标，可以对数字经济的发展有基本的判断。这些指标主要包括：数字经济规模有多大，市场渗透率有多高，从业人数有多少，独角兽公司有几家。

所谓独角兽公司，一般指创立不到 10 年，市值已经超过 10 亿美元但仍未上市的公司。为什么要统计独角兽公司？因为它们最能说明一国在创新领域的潜力。独角兽公司的数量多，意味着该国的创新非常活跃。倘若没有独角兽公司，即使头部大公司再多，该国在创新领域也不一定是领先的。

从以上几个指标看，全世界数字经济发展得最好的就是美国和中国。中国作为一个发展中国家，数字经济发展稳居世界第二，非常了不起。

在研究中国数字经济时经常听到"大而不强"一词，意思是数字经济做得很大，但一些关键领域的技术原创不多，技术水平不够领先。这一判断非常准确，大而不强的确是我国数字经济发展中存在的一个问题。目前我国的人均 GDP 只有不足 1.3 万美元，相比 1978 年人均约 150 美元的水平已经实现飞跃，但与发达国家 5 万~6 万美元的水平仍有巨大差距。因此，我国数字经济的发展存在一些问题也可以理解，与我国目前的经济发展水平基本吻合。

中国的数字经济为何能快速发展

中国作为一个发展中国家，数字经济能在短时间内做到全球第二，主要是因为赶上了第四次工业革命技术创新的潮流。数字经济用到的一些技术，比如区块链、云计算、大数据、人工智能等，都是第四次工业革命中产生的新技术，运用到数字经济中则变成了数字经济的不同形态。

在我看来，这一点特别令人振奋。数字经济的繁荣发展意味着我国一直在紧追第四次工业革命的前沿，不断前进。有些技术或许并非原创，但新技术一出现就能为我所用。有些国内公司做出的应用软件完全不比国外的差，甚至更好。还有一些公司的产品在海外也大受欢迎。

前三次工业革命兴起时，我国距离世界科技前沿非常遥远，相关技术传到中国时，科技革命的浪潮已经过去很久。这一次实现了历史的转变，从远离前沿变成了紧紧追赶。

究其原因，我认为关键是两点：有为政府和有效市场。

先说有为政府。有为政府发挥了重要作用，因为一个好的经济在启动时需要很多基本条件，比如市场化改革，这也是政府在这40多年时间里做的最重要的工作，最后得以形成市场机制。再比如很多基础设施的投资，适度超前的数字基础设施建设。还有很重要的一点——教育发展。过去几十年，中国培养了1亿多理工科人才，都能在技术方面推动数字经济的发展。

再说有效市场。数字经济能在中国做大并相对领先，主要是市场化改革的结果。今天这些知名的、在国内外有影响力的数字经济企业，无一例外都是民营企业。这些企业最初都是一个或几个年轻人有了创新的想法，然后想办法落地而成立的。

想法能落地，说明想法好，管理者能力强，更重要的是说明我国的市场机制在发挥作用。虽然经济学者对市场机制有很多批评，但一家民营企业在5~10年内就能发展成在全国甚至全世界都有影响力的企业，说明我国市场配置资源、支持创新是有效果的。事实上，美国有成功的"美国梦"的样板，中国也有成功的"中国梦"的样板。数字经济能真正发展起来，市场发挥了最重要的作用，这对将来的创新也是意义重大的。

数字经济的概念

数字经济有两个重要要素，一是数据资源，二是现代网络。

数字经济就是将数字技术工具应用到经济活动中，使效率与公平能得到更好统一的一种新经济形态。经济学的终极问题就是效率与公平，一方面要提高效率，另一方面还要讲究公平。世界上很多经济政策来回摇摆，一般都与效率和公平的权衡有关。也许数字经济能相对较好地兼顾效率和公平，但必须强调这是"相对"而言，不是"绝对"的。事实上，当前平台经济运行中出现的很多问题，很可能就是没能做到效率和公平的有效统一。

一般而言，数字经济有两大类别。

第一是数字产业化，一些新型的、与数据和技术有关的业务变成了新产业。例如，大数据的收集、积累、清洗、分析、交易和共享，存储器和云计算的设备制造，数字经济对数据的需求让这些新形态成为新产业。

第二是产业数字化，数字技术让原有产业效率更高，风险更可控，规模经济的效应更加突出。这是日常生活中更常见的数字形态，比如数字农业、数字制造、数字中国等。疫情期间的数字教育——老师们都对着屏幕讲课，也是传统产业搭载数字技术后的新形态。

大家每天都会用到一些由平台企业开发的App（手机软件），比如网购、看短视频、社交、打车等相关软件。这些平台企业就是产业数字化的重要表现和形态。购物、打车早就存在于日常生活中，大家都去过农贸市场，都曾站在路边叫出租车；平台企业将这些原本就存在的功能搬到线上，使范围和规模变得更大。出租车的约车系统过去也有，比如电话预约出租车，但现在通过 App，约车效率更高，覆盖范围更广，速度更快，体验更好。数字技术提升了很多传统业务的效率和质量。有专家认为，大学教育也是一个平台，比如讲座直播有很多人在线观看。教育搭载数字技术，触及范围变得更广。移动支付也是一个鲜活的例子，微信支付和支付宝各自拥有 10 亿左右的活跃用户，这对于传统金融机构而言很难做到，主要还是得益于数字技术的作用。

简言之，数字经济就是数字技术应用到经济活动中，形成一些新的经济形态，或是令传统的经济形态发生一些改善。

适当区分这两个类别很重要。现在常说数字经济占到我国 GDP 总量的 40% 还多，美国的这一数据约为 65%，德国可能更高一些。然而，这样的算法似乎吞掉了制造业原先的占比，所以这种算法也有待商榷。

不可否认的是，数字产业化确实给经济带来了新气象，在一定程度上为产业数字化提供了基础设施和解决方案。因此，应该主动拥抱数字技术。

数字经济的效用

把数字技术应用到经济活动中，能带来很多改变。我将其简单总结为"三升三降"："三升"主要是规模扩大、效率提高、用户体验改善，"三降"就是成本降低、风险可控、直接接触减少。

由此不难看出，数字经济和传统经济有相似之处，但确实也存在很多新特征和新表现。

"三升"很好理解。过去，一家百货公司每天只能接待数量有限的消费者，网购平台则不然，不管有多少消费者，几乎都能应付。根据相关数据，10 年前的移动支付每秒大概能处理 300 笔业务，现在这一数字已经达到百万量级，一方面提高了效率，另一方面改善了用户体验。倘若今天的移动支付每秒只能处理 300 笔业务，很难想象这是一种怎样的体验。

"三降"也比较容易理解。只要控制好效率，扩大规模，成本自然降低，使用大数据分析还能控制风险。数字金融中一个非常重要的创新叫"数字信用"。过去，银行的普惠金融比较难做，因为如何认定客户的资质是银行普遍不好解决的问题。一般而言，银行贷款主要看财务状况和抵押资产。有很多客户没有上述"信用"，银行不确定该不该贷款。对银行而言，做好风控很重要，贷款放出去能否收得回来是个大问题。如今在大数据的帮助下，风控已经变得很容易。只要贷款人在网上留下数字足迹，比如网上社交、网购、网约车等，银行就可以通过这些数字足迹做风控，不但可以据此确定是否能放贷，而且可以使不良率控制优于传统银行。由此可见，大数据风控有效。

2020 年，国际货币基金组织和北大数字金融研究中心开会讨论中国的大科技信贷，可将其简单理解为线上发放贷款。按照过去的经验，无论在美国还是在其他国家，只要发生地震、洪灾、龙卷风之类的自然灾害，金融机构就马上关门，大家无法办理业务，给很多人带来不便。然而国际货币基金组织发现，新冠疫情期间中国的数字金融机构，无论是经历封城还是隔离，都能持续为消费者提供服务。他们认为这非常了不起。年轻人可能对无接触交易习以为常，但上了年纪有过相关经历的人知道，因天气不好无法去银行取钱很麻烦。因此，金融方面的无接触交易不仅提高了效率，而且令过去的很多不可能变为可能。

传统金融服务很难触达农村经济主体，银行只能把分支行开遍全国，再派很多信贷员走访贷款对象。这种做法成本很高，增加了普惠金融的难度。现在只需一部智能手机和网络信号，在中国任何地方都能获得同样的金融服务，贷款、支付、买保险甚至投资都能轻松实现。

数字经济的特点

第一，数字经济具有长尾效应，可以把原本规模很小、很分散或鲜有人愿意做的产业集中起来，变成庞大的商业。余额宝就是长尾效应的一个典型例子。刚起步时，余额宝本想找国内头部投资基金合作，但没有头部投资基金感兴趣，余额宝只得找了当时规模中等的天弘基金。余额宝里大多都是几十元或几百元的小额投资，但上亿人的小额投资聚拢在一起就很可观。由此，天弘只用一年就发展成全国最大的投资基金。在很多经济活动中，长尾效应都能促成普惠业务，关键就是其能把对传统机构而言得不偿失的业务聚拢在一起，变成大业务，同时也改变了原有业态。

第二，数字经济是规模经济。规模经济的特点是规模越大效率越高，这一点和传统的经济理论有所不同。传统经济学理论认为经济发展存在"最优规模"，即发展到一定水平后再增加规模，收益会递减。然而，国内的大平台机构拥有上亿甚至十亿用户，国外有的平台企业甚至拥有几十亿用户。这些企业规模越大，效率越高，服务越好，这在过去的经济活动中很少有。

第三，数字经济是范围经济。范围经济就是横向的规模经济，意思是一个平台建立起来后，跨界竞争变得相对容易。一个电商平台成立后，积累了一定的客户和数据资源，就具备了开展其他领域业务（比如打车、外卖、旅行等）的条件。只要有了数据和客户，跨界就不难。对平台企业而言，业务一旦跨界，平均成本也会下降。对企业而言，业务跨界要比成立多个不同业务类型的平台更划算。

第四，数字经济具有双边市场的特征。双边市场的意思是一边市场做大，对另一边市场的价值也有益。如果一家电商拥有很多消费者，愿意在这家平台上开店的小商户就会很多；同样的道理，如果一个电商平台上的产品非常丰富，消费者也会越来越多。这就是双边市场。双边市场有时会导致一些特殊行为，美国的专家对此有专门研究。有些平台免费为用户提供服务，甚至发放补贴。看起来平台已经补贴了消费者，似乎不应该判定其有垄断行为，最起码平台的做法没有损害消费者利益。但美国专家的研究认为，这个问题需要把两边放在一起看，不能只看单边。平台通过补贴消费者而做大市场规模，在形成一定的市场势力后，可以实施不公平竞争，对消费者而言仍然不利。

对于上述问题，需要进行完整的比较和分析。一方面，平台贡献了市场份额和数据，这一点不能忽视。另一方面，这些份额和数据又恰好可以帮助平台赚更多的钱，仅广告费就是一笔不小的收入。或许平台认为，自己也真金白银付出过，但消费者也可能觉得平台的免费服务不是真免费，而是暗藏玄机。不过，不同的平台情况不同，需要个案分析，不宜轻易下结论。

为什么数字经济与高质量发展密切相关

2021年，我国实现了第一个百年奋斗目标——全面建成小康社会。到2049年，还要实现第二个百年奋斗目标——建成社会主义现代化强国。社会主义现代化强国的含义很丰富，其中首要问题就是经济的高质量发展。

如何理解高质量发展？从经济学角度而言就是效率高，技术进步快，产品让消费者满意。

高质量发展有五个关键点。

1. 要坚持建设和完善社会主义市场经济。这包含很多内容，"两个毫不动摇""中国特色""社会主义"等概念对国企和民企都非常重要，同样重要的是，一定要建设好市场经济体制。

2. 要打造现代化产业体系。"现代化产业体系"可能是未来几年我国经济政策中一个非常重要的概念。现代化产业体系的内容相当丰富，核心就是以实体经济为主，不断进行现代化的产业体系，比如新型工业化、绿色发展、数字经济、制造中国、全球产业链、供应链。

3. 做好乡村振兴，实现城乡协调发展。

4. 实现不同区域的协调发展。

5. 坚持高水平对外开放。

今天更鲜明地提出高质量发展，并不意味着过去不追求高质量发展，只是实现第一个百年奋斗目标后，中国对创新和高质量发展的依赖更重，高质量发展已经成为建设社会主义现代化强国的必由之路。

这与中国经济发展阶段和外部环境的变化都高度相关。不难看到，中国经济环境已经出现以下变化。

1. 成本水平提高。刚实行改革开放时，我国拥有低成本优势；现在我国即将迈入高收入经济体门槛，经济发展的同时，成本水平也提高了。在这样的情况下，想要保持持续增长只能靠创新。

2. 人口老龄化。这是必须面对的新环境，这一点跟过去有很大不同，过去有很丰厚的人口红利。

3. 全球化的环境生变。2023年4月，美国财政部长耶伦和国家安全顾问沙利文分别发表讲话，这两次讲话可以看作美国经济政策的重新宣誓。过去半个世纪，美国一直是全球化的倡导者、引领者，甚至是重要支持者。过去 50 年的全球经济开放，实际上也是美国领导和推动的。一直以来，美国的经济体系都比较开放，但美国现在认为它过去的一些做法有问题。特朗普任美国总统时就曾主张"美国公司回流美国"，这一提法有违开放的经济秩序。美国通过了《2022 年芯片与科学法案》，还采取了一些与过去不一致的产业政策，这一切都说明美国的立场已经切实转变。

当然，也不能据此就认定世界经济秩序已经定格，但美国作为全球化的主要引领者，其政策调整意味着我国将来的环境会有所不同。比如所谓的"小院高墙"，意指美国并不排斥将来继续跟中国发生经济关系，但出于"对国家安全的考虑"，在一些特定领域不再跟中国打交道。美国想通过全球化转向等政策来增强自身实力，能否如愿以偿，值得高度怀疑。美国的做法会对很多国家有影响，但也不能由此认定全球化已然结束。越是在这个时候，世界各国越应该花大力气支持多边主义，坚持开放的国际经济体系。

数字经济如何助力经济持续增长

过去 40 年我国 GDP 年均增速为 9%，这非常了不起，但未来 10 年、20 年，一直到 2049 年，我国经济能否持续增长？现在，中国经济已经面临很多挑战。成本、人口和全球环境的变化意味着不能再走老路，过去习以为常的做法今后可能不再管用。

大家都知道"双循环"，以国内经济大循环为主，国内国际两个循环互相促进。下一步要更加依靠创新来推动经济增长，但只有开放的经济体系才有可能持续推动技术进步和效率提高。一个国家很难自己造出所有的尖端技术，世界上也没有哪个国家能做到包打天下，因此保持开放至关重要，两个循环不能偏废。

目前中国面临的国际环境与1978年时大不一样，当时中国刚刚开始进行改革开放，很顺利地融入国际经济中，很顺利地参与了国际劳动分工，做出来的产品只要成本低，质量还不错，就有销量。没有国家会因为产品是中国制造而拒绝购买。外国直接到中国投资也很顺畅。所以，中国确实是全球化的主要获益者之一。

下一步，国际经济交流变得越发重要，我国在技术上仍是后来者，还有很多方面需要交流学习。交流在今天的国际环境下显得尤为重要。

在此背景下，数字经济能发挥怎样的作用？

第一，数字经济有助于形成全国统一大市场。

过去我国不同地区之间的市场是割裂的。我是学农业经济出身，知道以前有一个现象是把北方的玉米运到南方按"出口"算。因为当时从东北到华南的运输成本太高，把东北的产品算作"出口"，南方再以"进口"的方式买进，这样成本更低。这个事例说明那个时候我国的市场没有真正整合到一起，交通运输成本就能将其分开。

我们做过一项研究，主要看近些年全国消费价格指数的变化。研究发现，消费价格指数在2013年以前起伏很大，2013年以后突然变得平稳。这背后的原因可能很多，其中很重要的一点就是电商、移动支付和物流运输的日渐发达。

以常温牛奶为例，线上渠道销售的主要是整箱的常温奶，不分拆卖，线下销售的则可以拆开卖。从全国范围内看，整箱销售的常温奶价格出乎意料地一致，但线下拆卖的常温奶价格差异非常大。其中的道理不难理解，线上销售的产品释放出固定的价格信号，消费者只会购买符合这个价格信号，或与该价格信号差异不大的产品，如果差得太多，消费者就不会买。这实际上是通过数字技术把全国的市场整合到一起。物流也发挥了很大的作用，网上下单的东西，中国的大部分地方三天内就能收到。只有这样，整个市场才能结合到一起，全国统一大市场才成为可能。

二手车平台也是统一市场的例子。消费者只要到平台上买车，就能获得优惠的价格。这种行为在经济学上叫"套利行为"。这样运作的结果就是在全国形成统一市场。

第二，数字经济有助于缩小地区差异。

我的一个博士生曾做过一项研究，发现农村的农民只要用上移动支付，其收入和就业状况很快就发生改变。数字技术把全国各地的人都连接起来，哪怕是身处小山沟的种植户，也可以足不出户掌握全国的需求动态。

北大数字金融研究中心专门做了一个北京大学数字普惠金融指数，把全国近3000个县级行政区、几百个地级市、30多个省级行政区的数字普惠金融发展水平描绘出来。2011年时，沿海地区的数字普惠水平最高，但到2021年时，全国其他地区与沿海地区的差距明显缩小。这10年间，数字普惠金融增速最快的是中西部地区。这些地区原先没有金融服务，使用数字普惠金融服务的频率和数量也比不上沿海发达地区。然而这些地区的金融服务从无到有，其意义不可估量。我认为它代表了未来中国地区经济平衡发展的希望。

大家应该都听说过"胡焕庸线"。过去，经济总量的95%以上都在线的东边，现在情况有所好转，但总体格局依旧没有从根本上发生改变。然而从数字普惠金融的角度来看，这条线所划分出的格局已经发生变化，这说明西部经济完全有发展起来的可能。

第三，数字经济有利于推动创新发展。

国内有一种观点认为，我国数字经济大而不强的主要原因是原创技术不够多。2022年10月，伦敦政治经济学院的两位学者曾发表一篇报告，专门分析评估中国在前沿技术方面的创新能力。研究结果表明，我国前沿技术的知识产权专利数量在过去10年飞速增长，在大部分领域已经超过日本和欧洲，在一些领域甚至超过了美国。这说明我国的前沿技术创新一直在快速追赶。很多学者认为，中国的专利数量虽多，但质量不高。我认为这完全有可能，毕竟我国的人均GDP只有不足1.3万美元。

这两位英国学者还研究了最优专利引用率。中国现在10%的专利引用率与日本、韩国处在同一个水平，与美国还有较大差距。但是，中国前沿技术的赶超态势已经非常明显。

2018年以后，我国赶超的增速有所放缓。哈佛大学教授迈克尔·波特曾就国家创新力的决定因素展开分析。他认为国家创新力取决于两大要素：一是投入，包括资金和人力投入，在这些方面，我国的水平快速提升；二是决定投入效率的一些指标，包括知识产权保护、国家开放度、大学等公共研发机构、民营企业（民营企业贡献了70%以上的专利）等。从哈佛大学教授设计的这个框架看，我国赶超的增速有所放缓的原因在于中美经济关系有恶化的征兆，使一些领域的交流受限。

我国前一段时间对平台企业的专项整治尽管很有必要，但如果这一行动对整个行业的信心造成比较大的影响，可能会进一步影响创新。

如何构建有效的数字经济治理体系

如何保持开放的经济？特别是在一些国家要和我国脱钩的时候，这就更加考验智慧。

当然可以自力更生，但对大多数国家而言，交流合作更为重要。在开放的系统中，一个国家只有创新才会发展得更快更好。

对数字经济而言，决策部门的专项整治已经结束，下一步的重点是常态化监管。当然，常态化的监管框架还在形成中，有些规定还不够清楚。比如，"资本无序扩张"这一概念可能需要更加清晰的界定，避免误读。尤其是企业对于监管的规则要明确，对于监管的预期要稳定，这一点非常重要。

数据是数字经济中的重要元素，其应用有助于提升效率，具备很多优势。然而使用数据也需要风控，如果没有一套好的规则，无法保护个人隐私和商业机密等有关数据，数字经济的发展就会出现很多问题。在中国，需要找到一种平衡，既要适当地保护必要的、基本的权利，也要留下足够的空间让企业创新。这是一个非常大的考验。

小结

数字经济对全球都是新技术、新业态，对中国而言是非常难得的发展机会。中国再一次站到了产业创新的第一线，这非常值得我们自豪。问题的关键是如何持续保持这种态势，一步步逼近最前沿，而不是逐渐偏离前沿。

数字经济能发挥很多积极作用，但也存在一些问题。

数据可以让信息变得更对称，但也会让一些事情变得更不对称，比如"大数据杀熟"就备受质疑。从这个角度看，监管非常必要。但是监管归根到底还是要平衡效率和公平。市场不能没有规则，但过度强调规则，市场也会失去活力。监管也需要创新，监管和市场应该不断地合作、磨合。比如，现在都用数据和平台做金融业务，这方面的监管也需要与时俱进；如果继续沿用传统的监管方式，肯定控制不住风险。

  面向未来，在数字经济方面，我国还有很大的提升空间。要继续跟着前沿往前跑，即使面对很大的挑战也要坚持。一定要让企业和市场真正地发挥作用，同时推动监管和市场合作，共同找到最佳平衡点。

创新是医药产业高质量发展的火车头[1]

刘国恩

（北京大学博雅特聘教授、国家发展研究院经济学教授、
中国卫生经济研究中心主任、全球健康发展研究院院长）

高质量发展离不开创新

高质量发展肯定离不开创新，没有创新当然谈不上高质量发展，医药领域的高质量发展从来都是把创新作为火车头，在各个国家推进。

创新需要有投入，也需要看它产出的效果。从现有相关数据来看，2011 年到 2021 年这 10 年，全球原创型新药上市有 460 种，其中在美国上市的占 85% 左右，在中国上市的占 24%。在美国上市的比例如此之高，原因之一与其医保支付不无关系。事实上，在美国上市的 85% 的全球新药，几乎全部在第一时间进入美国的医保支付系统，包括美国政府的三大支付系统，也包括商业医保支付系统。

在中国上市的 20% 多的新药物，目前有 60%~70% 进入医保系统，

---

[1] 本文根据作者 2023 年 12 月 21 日在新浪财经 2023 医药与资本论坛上的主题发言整理，选入本书时有更新。

还有 30%~40% 没有进入。

从医药创新的投入看，我们确实有很大的提升空间，因为药物的创新需要很长时间，也需要巨大的投入。美国 2016 年的统计数据显示，一款成功的药品上市，平均投入在 20 亿美元左右。基于我和学生对中国 40 多家进行创新药物研发的头部企业的调研，参照美国的计算方法，中国一款新药的投入为两亿多美元，相当于美国创新药投入的 1/10。

药物创新的两种类型

药物的创新有两大类。一类是原靶点创新，这是真正意义上的从 0 到 1 的创新，我们称之为原创型创新；另一类是既有靶点创新，有些药理或者药方已经被揭示出来，在此基础上进行优化创新，这通常被称为应用型创新。如果说创新面临巨大的不确定性风险，那么原创型创新的风险是应用型创新的数倍。

在研发资金的投入上，我们国家还有很大的提升潜力。美国原创型研究的主要资金来源是联邦政府，联邦政府每年投入到药物原创研发的资金是高校和企业投入总和的好几倍。例如，美国国立卫生研究院（NIH）是政府进行医药研发投入的最大联邦机构，其每年投入的资金高达 480 亿美元，这还未包括其他渠道和地方政府的医药研发投入。

按照美国标准来看，480 亿美元大概占美国联邦财政收入的 1%。中国现在的中央财政年收入是 10 万亿元的量级，1% 在千亿元左右。相比之下，我们对原创药物研发的支持还远远没有那么大的力度。

我为什么要强调药物创新的分类和国家支持原创药物的研发？因为

做原创型研究的风险非常高，不确定性很大，所以公共财政加大对原创药物的支持非常重要。企业投入是市场行为，更多应该通过自己的判断进行社会融资，把重点放在应用型创新上，相对来说风险小。因此，我们要搞创新，应该区分是原创型还是应用型。

创新需要好的环境

要促进中国的医药创新，需要好的大环境，而好的大环境要具备以下几个特点。

第一个是社会具有包容性。整个社会要对原创研发理念有包容性，有些创新可能是错的，如果要求每一项创新的结果都必须正确、不能错误的话，创新者的压力会很大。所以，社会的包容机制非常重要，没有企业能保证每次创新都能成功。其实不管是成功还是失败，都是整个社会对未来的探索，在这个过程中，必然有些人很努力、很专业，再加上运气也好，获得了成功，也必然还有很多人可能就是运气不好，没有成功。所以，包容机制非常重要。如果没有包容机制，新的尝试不能够得到肯定，反而受到非常多的制约，那么人们就不敢从事风险很大的创新工作。因此，好的大环境要具备的第一个特点就是具备包容性，包容性的社会、包容性的机制非常重要。

第二个是专利保护。因为创新的不确定性很高，有人把药品创新形容为九死一生，通过巨大投入、努力加上运气成功研发出来一个新产品非常不易，社会需要对新产品给予真正的专利保护。一般专利的保护期通常是20年，但进行产品研发可能耗了10多年，剩下的专利独享期不到10年。

大家对专利保护应该不反对，但是专利保护其实有两个层面的内涵。一个层面是对创新技术的保护，这个层面大家应该都非常清楚了。第二个层面大家就不一定想得那么深刻了。大家可以想一下，企业希望社会对专利技术进行保护的真正意义是什么？专利技术保护，意思就是企业可以在专利期内垄断技术，从而自主定价。所以专利保护的真正价值，在于新技术的市场定价权。美国商务部门口挂有一个牌子，上面写着林肯谈专利时讲到的一句话："专利制度是给天才之火添加利益之油。"过去几年，我有幸参加国家医保目录的调整工作，负责开展药物经济学的评价，站在国家医保的角度，代表民众进行医保服务的集体购买，当然希望谈一个好的采购价钱。但我们不能因此忘记，能够谈一个好价钱的前提是真正有好的药品上市，如果创新产品出不来，我们有钱也买不到，二者本质上并非对立。所以，医保和企业其实是相辅相成的，只是怎么在当下和未来之间寻求一个最佳平衡，既能让民众更快更经济地用上新的好药，同时也有利于企业的可持续发展和研发投入。

第三个是拥有良好的法治。良好的法治环境是使一个社会的规则具有稳定性、可信性的重要保障。医药研发周期长、投入高、风险大，最怕非市场因素的变数太大。中美两国的医药研发都表明，一款新药的研发周期平均在 120 个月左右。如此长的投资周期，如果缺乏基于法治的政策、规则的稳定性，相关政策说变就变，会严重制约医药研发和创新投入。所以法治特别重要，法治越健全，企业家对市场的判断越有真正稳定的预期，从而更好地进行长期投资的决策安排。

展望未来，如果我们能够迈向更具包容性的社会，进一步合理保护创新药物的专利技术和定价责权，加强高质量的法治建设和法治实践，让企业家对市场的判断具有稳定预期，我们人口大国的优势不仅能够更好发挥在现代服务业当中，也能发挥在涌现出更多更好的科学家和企业家的过程中,从而为中国医药产业的创新发展提供必需的人力资本和技术力量。总之,中国在医药创新方面还有巨大的潜力和优势,只要制度条件完善得当,我国就有充分的理由成为比今天更为繁荣的国家。

解码追赶升级——中国芯片产业之洞察[1]

王景颁

（苏州昇格技术有限公司创始人兼 CEO，
北京大学国家发展研究院 EMBA 校友）

近年来，随着我国在高技术领域竞争优势快速升级，发达国家加大力度实施对华高技术产业的封锁。以芯片产业为例，美国通过出口管制实体清单等手段，对我国芯片产业关键技术与供应环节实施封锁，以严格限制我国高制程芯片的研发、技术升级、生产制造等。我们该如何应对我国芯片产业追赶升级的挑战？

产业现状之观察：芯片市场仍然高度依赖外部进口，高端芯片制造技术仍处于追赶态势

市场层面，芯片为中国第一大进口品类，且中国芯片产业仍然高度依赖国外进口。海关总署 2017 年至 2022 年数据显示（如图 4-1 所示）：中国芯片进口规模持续上升，2022 年总体规模达到 4156 亿美元，

---

[1] 本文选自《北大承泽参考》。

接近进口规模排序第二的原油和排序第三的铁矿石的总和[①]。同时，所有进口芯片中，计算芯片、存储芯片、模拟芯片与通信芯片等其他芯片，各自占比约 1/3。

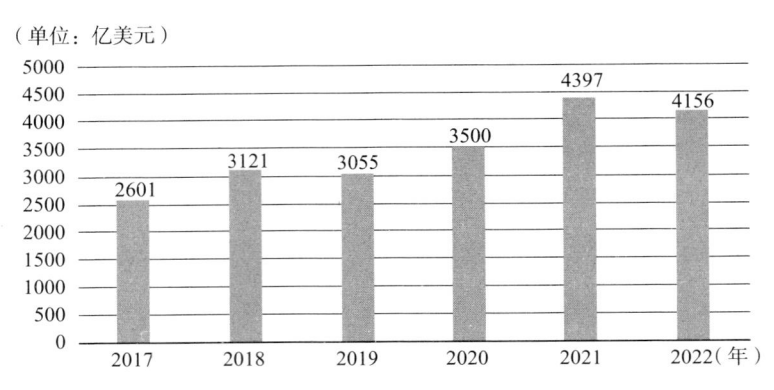

（单位：亿美元）

年份	2017	2018	2019	2020	2021	2022
金额	2601	3121	3055	3500	4397	4156

图 4-1　中国芯片进口规模趋势（2017—2022 年）

技术层面，芯片制造的全流程总体包含：芯片设计、芯片制造、芯片封装与测试。目前，中国在芯片封装与测试领域已接近或达到世界先进水平，仅在 3D/2.5D 封装方面还存在一定差距；在芯片设计领域，28nm 及以上制程芯片达到世界先进水平，可实现全自主化设计。28nm 以下高端制程芯片[包括 CPU（中央处理器）、GPU（图形处理器）、FPGA（现场可编程门阵列）、DSP（数字信号处理技术）]尚存在"卡脖子"技术限制，如芯片设计所需的 EDA（电子设计自动化）工具、IP（具有自主知识产权的设计模块）、CPU 架构等主导设计目前均被国外厂商垄断；芯片制造环节是目前中国芯片产业突破技术限制与实现产业升级的主要瓶颈，高端制程芯片的晶圆厂技术能力与台积电等领先企业存在 2~3 代能力代际，芯片制造设备（如光刻机）及

---

① 2022 年进口原油和铁矿石合计约 4935 亿美元。

高端原材料基本依赖进口。目前，我国芯片制造在 14nm 制程主要聚焦良率和性能提升，7nm 及以下制程则严重受到光刻机设备"卡脖子"掣肘。

芯片制造为什么难？

芯片产业是目前人类最复杂的产业之一。在设计、制造、封装与测试的整体产业环节背后，芯片制造之难主要表现在以下几方面。

1. 芯片制造涉及 50 多个基础学科，包括物理、化学、材料、电子、光学、机械、自动化、计算机等等，这些学科相互联系，需要不断进行创新和突破以支撑芯片制造基础科研能力。

2. 芯片制造需要经历数千道工序，包括硅晶圆制造、薄膜沉积、光刻、刻蚀、离子注入、互连等等，这些工序之间需要严格地控制参数和条件，以保证芯片的质量和良率，因此，芯片制造需要高度的自动化和智能化，以及大量的检测和反馈。

3. 为了使晶体管尺寸更小，需要开发更高能量的光源和更精密的光刻机。

4. 为了提高芯片性能和可靠性，需要研究更优质的材料和更精确的掺杂技术。

芯片产业追赶升级背后的中国优势

中国芯片产业存在追赶优势，主要是由于以下几个原因。

1. 传统电子芯片领域技术发展的摩尔定律已经失效，高端制程芯片制造的技术升级空间已经饱和，这为中国芯片产业的追赶提供了条件。

2. 我国拥有芯片产业大市场的优势。如果没有这个市场，芯片根本发展不起来，正因为市场很大，国家可以做一些针对性的工作，通过市场扶持自主发展芯片产业。

3. 华人行业专家的情怀。芯片产业的华人专家有很多是有情怀的，他们在国外多年，积累了丰富的经验，尽管很多专家到了退休年纪，但是仍怀有投身我国芯片产业发展的激情。

4. 我国具有创新体系的优势。未来 10~15 年是国内芯片产业的黄金期，有中国芯片产业的产业政策、市场、技术人员等的加持，最终是创新体系的综合力量引导发展。当然，我国芯片产业前期的基础比较薄弱，尤其是底层技术的积累非常不够，需要给本土产业更长的积累时间。当前，我国进步与追赶的速度是很快的。

产业追赶与自主可控：痛点聚焦

目前，我国芯片产业追赶的主要痛点还在于美国的技术管理与封锁。比如 2022 年 10 月 7 日美国发布了针对向中国出口芯片与先进计算的出口管制新规（后文简称"新规"），先进计算背后考验的是芯片的算力和性能，新规关于技术物项的出口管制以及新增加的对于美籍人员的限制，对我们产业的追赶升级影响很大。

在管制与封锁的背景下，从产业链来看，封装与测试环节中国已经实现自主可控；设计环节则需要突破 EDA 工具的限制，目前国内企业在大力投入，假以时日 EDA 的自主可控就可以实现，因为 EDA 工具用得越来越多、持续迭代升级，性能也就越来越好。所以，设计和封测可以实现自主可控。目前需要面对国际供应链封锁的主要是制造环节，包括晶圆厂、晶圆制造等，核心在于高制程芯片制造的关键设备存在

"卡脖子"问题。

目前国产28nm芯片已经实现自主可控，可以称为"全C产业链"，即不需要美国的技术物项；14nm芯片制造未来2~3年可能可以追赶上来，核心在于光刻机的"卡脖子"；其他设备如刻蚀机虽已突破，但是光刻机的限制直接影响高制程芯片的良率与性能，比如7nm芯片必须使用EUV光刻机，14nm芯片可以不用EUV光刻机而通过二次曝光进行制造，但是良率很低的问题目前尚未解决。光刻机是整个芯片制造这个超复杂系统中最难的部分。

产业追赶与自主可控：开放合作势在必行

芯片产业是一个高度依赖国际分工合作的产业，它一定是在开放的全球合作的基础上建立的产业体系，这是根本前提。即便ASML（阿斯麦）的光刻机也不是靠自己独立完成的，其包含几万个零部件，是一个庞大的系统工程。不寻求全球合作，自己独立做芯片是没有产业追赶与自主可控机会的。

考虑到现在的国际环境，即便美国不支持任何技术，甚至与芯片相关的敏感学科都不允许中国人求学，中国芯片产业的开放合作仍应该大力推进，中国也还是有机会实现芯片产业的追赶与升级。比如，可以寻求与日本和欧洲的合作。

机制解析：如何实现中国芯片产业追赶升级

第一，回归市场机制本质，政府政策支持配合。要做到这一点，需要发挥市场机制中最核心的企业家精神。而市场机制的背后也需要政策支持，发挥政府对市场的牵引作用，比如建立产业"母基金"的模式，政府把钱给到专业的人，最终通过用户与企业家精神实现产业突破。因此，需要将市场机制与新型举国体制进行有效配合。但政府支持的核心在于扶持与赋能芯片产业中的优质企业，而非扶持落后低效的企业以寻求资源分配的平衡；实现效率与创新能力优先，而非所有制优先；同时需要推进开放式发展，在开放与公平的前提下激活市场潜力与企业家精神。

第二，产业体系的整体升级与支撑。芯片产业的追赶与升级根本上依赖中国工业化基础改善与制造业整体升级，这给芯片产业提供了一个"创新环境"，也提供了芯片产业的工业化配套与产业基础体系。这方面的典型例子，如三一重工全球最长的机械臂用于日本核泄漏的安全辅助，全球最大盾构机生产对于工程作业效率的改善等，均深度依赖中国产业体系整体"创新环境"的优化。

第三，可以进一步比较美国政府与英特尔、韩国政府与三星等例子，来看芯片产业中政府与市场结合的效果。

第四，在中国芯片产业发展的长周期过程中，需要深度依赖稳定的政策环境。

智能电动汽车这一棒，
中国是怎么实现赶超的？[1]

庞义成

（第一电动创始人、智电集团董事长，《南方人物周刊》原总经理，
北京大学国家发展研究院 EMBA 校友）

回溯：开拓者与转折点

我是一个媒体人，2010 年离开南方报业，创立第一电动网，投身新能源汽车领域。第一电动网最初定位行业媒体，聚焦行业信息、组织行业活动、提供面向企业的研究服务等业务，2014 年以后逐渐转向面向消费者的业务。当时选择进入这个行业原因有二：一是自己喜欢有科技感的领域，认为从燃油到电动将是一场大变革，会有很多机会；二是当时中美两国政府和公众舆论都很关注气候问题，新能源发展成为各界共识。

中国各界的共识更重要。对政府而言，气候变化的压力和重大产业机会的吸引都很明确。对产业界而言，中国汽车产业 20 多年都是以市

---

[1] 本文选自《北大承泽参考》。

场换技术，处处受制于人，业界突围的欲望很强。消费者既期待汽车带来的美好生活，也期待国产品牌的崛起。

在此背景下，来自传统主机厂、媒体、投资机构、制造业等各领域的人在2010年前后纷纷入局，新能源汽车产业出现第一波热潮。遗憾的是，这波热潮到2013年前后就很快退去，主要原因是商业模式不明朗、"三电"（电池、电机、电控系统）制造成本居高不下等，很多人铩羽而归，新能源汽车产业是否行得通、企业能否活下来，成为许多人关注的问题。

转机在不经意间来临。2013年二季度，大洋彼岸的马斯克宣布特斯拉单季度盈利。这个事件对这个行业来说具有历史意义，否则，新能源汽车产业的信心能否恢复就是个问题。当时政府补贴、资本支持都已经坚持了两年多，依然看不到希望，很多人开始绝望，但特斯拉的好消息振奋了全世界。特斯拉作为一个传统汽车产业的"陌生人"，居然在新能源汽车产业赚到了钱，这不仅使得特斯拉股价飞升，也刺激了国内的很多人，大家都受到了鼓舞，从这个意义上讲，2013年是一个分水岭，2014年整个智能电动汽车才走上正轨。

中国在这一领域的第一批核心创业者有四五十人，虽然来源复杂，但有相当比例都是传统车企的骨干。比如爱驰汽车的付强，天际汽车的张海亮，合众汽车的方运舟、张勇。他们看准电动汽车技术变革并投身于新能源汽车领域，立志在传统巨无霸车企之外创造新的增量市场。他们有丰富的汽车行业从业经验，想借助电动汽车技术变革造出更好的车，这也是这个领域最早的一批创业者的特点。但以"蔚小理"（蔚来汽车、小鹏汽车、理想汽车）为代表的新势力不这样想，更倾向于从智能终端和互联网的角度去理解整个产业。

2014年春夏之交，特斯拉首批线下门店在北京、上海亮相，马斯克亲赴中国向首批购买进口特斯拉汽车的车主交钥匙，俞永福（时任UC优视董事长、何小鹏的搭档）、李想（理想汽车创始人、时任汽车之家总裁）出现在交车仪式上。很快，李斌（蔚来汽车创始人）和何小鹏（UC公司创始人、小鹏汽车董事长）都成了特斯拉的用户，他们切身感受到了其中蕴含的时代机会。随后特斯拉公开了基本专利框架，大家可以了解其技术架构，有想法、有能力的人就开始自己造车。可以说，马斯克激励和启发了中国新能源汽车领域的很多创业者，他对全球电动汽车的影响是决定性的。

之所以说马斯克的影响是决定性的，是因为他重新定义了汽车。马斯克让大家认识到两点：一是汽车不再只是一个交通工具，而是一个面向未来的智能终端，从2014年到2024年，经历了10年时间，这种认知逐渐成为共识；二是他的成功激发了很多国内创业者——"你可以，我们也可以"。

在特斯拉的"鲶鱼效应"之下，中国的新能源汽车产业被激活，政策、资本和人才迅速涌入该行业。

为什么"蔚小理"备受关注？因为它们和传统主机厂不同，更像特斯拉。这批新势力采用"轻资产"的造车模式，以智能化为抓手。它们做的很多创新和开创性工作，让大家对智能电动汽车有了和传统汽车几乎完全不同的定义。

不言而喻，就智能电动汽车而言有两个关键点，一个是电动，另一个是智能。最初的主要任务是电动化，依靠制造和研发能力崛起的比亚迪和宁德时代在这方面做出了巨大贡献。如果没有以电池为代表的"三电"技术的进步，只靠智能化，新能源车是无法形成对燃油车的比较优势的。因此，比亚迪和宁德时代相当于新能源汽车产业的"基础设施"，既做出了巨大贡献，也充分获得了市场的回报和尊重。王传福、曾毓群是在过去 10 年间充分发挥了中国的比较优势而崛起的，在某种意义上说是可以比肩马斯克的有全球影响力的中国企业家。

解析：开放共赢＋中国制造＋有为政府

中国新能源汽车产业迅速崛起、弯道超车的主要原因有以下几方面：一是中国加入世贸组织之后，人才、资本自由流动，中国与世界经济的整合程度加深；二是中国在制造业和工业领域的比较优势；三是主管部门做出了正确判断，政策有力。

中国加入世贸组织之后，汽车产业开放程度加深，中国在长三角和珠三角等地区逐渐形成了较为完整的汽车产业链。虽然中国在长达二三十年的"市场换技术"的历程中没有诞生一流的燃油车技术，也没有知名企业参与全球竞争，但中国汽车产业积累了大量人才，形成了完备的供应链体系，培育了消费市场。大量外资也"赌对了"以互联网为代表的中国新兴产业，客观上帮助中国形成了创业创新的浓厚氛围。

在此背景下，从 2014 年开始中国新能源汽车产业被迅速涌入的资本和人才激活，某种程度上复制了互联网崛起的盛况。2014 年特斯拉在中国开线下店，2018 年和上海市政府敲定特斯拉超级工厂项目，2019 年开工、当年投产当年交付，这种速度震撼世界。这种开放共赢、宽松自由的环境对产业发展非常有利。

为什么是中国？答案藏在中国的比较优势中。2009 年中国汽车产销量首次超越美国位居全球第一，2010 年中国制造业增加值首次超过美国成为全球制造业第一大国。中国拥有全球最强大的制造业基础，尤其在新能源汽车的核心——"三电"领域，中国在电动汽车领域与全球技术的差距远比在燃油车领域小，中国通过制造业优势迅速扩大规模降低成本，发挥了在要素密集领域的比较优势，不仅在国内培育了一个全球最大的新能源汽车市场，而且培育了一批在整车制造、动力电池、充电储能、智能网联等相关领域具有全球竞争力的企业。

总体上，这是一个可以和中国互联网崛起媲美的故事，在这两个领域，中国都诞生了有世界影响力的产业、公司和企业家。

除了以上因素，中国相关产业主管部门在中国新能源产业发展上起到了关键作用，具体表现在三方面。

一是科学判断。主管部门做出了正确的战略判断，制定了符合国情的产业政策。发改委、工信部、科技部等相关机构对中国新能源汽车发展给予了大力支持。很多具体政策都对该行业发展进行提前规划、超前布局，对技术路线的判断，事后证明都是正确的。

二是开放包容。主管部门政策大力"对内开放"，同时也大力"对外开放"，这为产业发展营造了良好的氛围。对内开放的关键是放开造车资质，降低行业门槛，使得更多人才和资本得以进入。在对外开放上，政府主动引入特斯拉这个造车新势力，对产业发展起到了关键作用。就像苹果手机产业链一样，特斯拉的到来客观上激发了国内高标准供应链体系的建立，宁德时代创新速度和降本速度都受到特斯拉的影响。狼性的特斯拉会不断给供应商提出苛刻的技术要求，倒逼了国内企业进步。

三是精准施策。政策有松有紧。在补贴方面，中国按照世贸组织的规则，使包括特斯拉在内的所有企业都能拿到国家补贴，不存在对某些企业系统性的歧视或市场扭曲，但在个别领域也采用了管制。比如2014年，韩国LG、SK、三星准备大举进军动力电池领域，当时国产电池的价格约为2.5元/Wh，如果韩企将价格打到1元/Wh，国内电池公司就可能失去市场。2015年工信部及时发布白名单政策，为宁德时代、比亚迪、国轩高科等企业争取了三年多的缓冲时间，在本土电池产业生死存亡之际发挥了重要作用。

展望：动能转换的"交棒时刻"即将来临

当前，中国新能源汽车产业已经开始从电动化阶段向智能化阶段过渡，发展动能转换的"交棒时刻"即将来临，技术进步将是主要推动力。

动力电池经过 10 年的发展，目前其能量密度已达到 250Wh/kg，但电池的材料和制造工艺也都仍在加速创新，安全性和能量密度在未来仍有望大幅提升。2025 年前后能量密度为 500 Wh/kg 的新型动力电池将实现量产，更先进的电池不仅将大规模替换现有新能源汽车电池，还将大规模应用到飞机等全新的场景。同时，800V 超高压快充技术也在逐步普及，届时新能源汽车充电时间会被大幅压缩，某些车型甚至可以在几分钟内完成充电，新能源汽车"续航"和"补能"这两大困扰消费者使用的问题会大幅度得到解决。

原来新能源汽车产业智能化是一种趋势，那时的当务之急是要完成电动化，但现阶段电动化即将完成，智能化已经进入日程表。

这意味着，在主流的出行和用车层面，新能源汽车会完成对燃油车的平替，从行业发展来看，持续十几年的电动化变革红利期将结束，将交棒给智能化。

这一过渡的进程在 2023 年明显加快。2023 年 6 月，工信部宣布将启动智能网联汽车准入和上路通行试点，组织开展城市级"车路云一体化"示范应用，将支持 L3 级及更高级别的自动驾驶功能商业化应用。市场期盼的 L2（驾驶员和系统结合的辅助驾驶）向 L3（有条件的自动驾驶）跃升的步伐加快。到 2023 年第四季度，国内很多主机厂 L3 级别车型会快速在一线城市用户群中推广，到 2025 年左右会掀起一波新的高潮。

这会加剧新能源汽车领域新一轮的竞争。除了谷歌、苹果这些携技术优势入局汽车领域多年的科技巨头，索尼、博世等一批传统制造业企业也纷纷入局，国内小米等科技企业的新能源车即将正式进入市场。当前市场"传统自主（比亚迪、上汽、广汽等）、新势力（"蔚小理"）、合资（大众等）、外资（特斯拉等）"四大阵营的竞争格局再添变数。

我们内部把这几年概括为新能源汽车产业的"地狱时刻"。当前中国能赚钱的新能源车企非常少，比亚迪和特斯拉只是个例。走向海外市场也好、自身降本增效也好，在当前并不景气的经济环境中活下来是第一位的；技术进步的另一面也是替代和消灭，其实从逻辑上来说，它的本质就是高智能对于低智能的残酷的替代。如何在智能化阶段有所作为，是车企需要认真考虑的。

智能化发展到一定程度以后，带给我们的核心价值就是数据叠加之后的价值，这远超现有的车辆给人提供的价值，车辆本身变成全社会高度共享的基础设施。具体到产业领域，造车本身将不再是一门高溢价的生意，产业重点将有所转移。

作为智能终端，汽车的数据将随时和整个数字城市充分连接。人们将在这个移动的智能空间里展开活动，也会把更多的时间精力从驾驶、堵车甚至买车、用车上解放出来，去从事更有意义的事情。所以将来的车企，很可能比拼的是运营和服务能力，特斯拉将来也不会是一个汽车制造公司。

智能终端的方向对整个行业来说已经是确定的，中国需要坚持前10年积累的一些宝贵经验：积极的探索精神、开放包容的心态以及自由宽松的总体氛围。

美国在智能技术、能源、材料科技等领域依然保持技术领先优势，我们需要通过加强交流来学习并紧紧跟上，不能被甩开；同时，中国新能源汽车产业"走出去"也会遭遇一些政策反制，如何利用好当下的优势、抓住时间窗口让企业发展壮大，尤其是如何在当前愈发复杂的国际政治经济环境中促进人才和资本的流动和聚集，鼓励自由探索，同时发挥主管部门的政策优势，是中国新能源汽车产业在即将到来的智能化阶段决胜的关键。

中国汽车企业未来一定是压力重重，但智能汽车市场本身的空间很大。中国作为全球新能源汽车最大的单一市场，市场总量能到 3000 万台的规模，目前新能源汽车年销量为七八百万台，只实现了约 40% 的渗透率，理论上我们还有 60% 的增长空间。随着电池密度提升和补能设施不断完善，续航和补能两大痛点将得到解决，新能源汽车在中国三四线城市和基层还有广阔的增长空间。

回顾过去 10 年中国智能电动汽车产业从零起步快速崛起并赶超的历史，我们可以习得的核心经验是：放眼世界、扩大开放，以推动技术创新、推动市场化为产业发展方向，促进人才、资本、技术和管理思想等创新要素的自由流动和自由组合。

用这些宝贵的历史经验指引未来 10 年，中国一定会打造出一张全球领先的智慧能源网络。

中国商业航天拉开大幕，
卫星互联网全球竞速[①]

刘颖

（北京天链测控技术有限公司创始人）

2023年中央经济工作会议提出，要"打造生物制造、商业航天、低空经济等若干战略性新兴产业"，首次把商业航天纳入战略性新兴产业，引起各界广泛关注。中国商业航天自2015年政策放开以来，经历了9个年头的发展，基本上形成了完整的产业生态。2023年中央经济工作会议将商业航天纳入"战略性新兴产业"，势必给其带来新的机遇。北京天链测控技术有限公司（简称"天链测控"）是我国领先的商业航天测控服务企业，业务聚焦为用户提供卫星运维管理解决方案和数据接收服务。本文主要介绍中国商业航天的发展脉络、机遇与挑战。

中国商业航天的牵引力与支撑力

与欧美相比，我国商业航天发展起步较晚，但发展速度相对较快，

---

① 本文选自《北大承泽参考》。

用不到10年的时间，完成了商业航天产业体系从0到1的构建。截至2023年7月，我国在轨商业卫星的数量已超过350颗，形成了以卫星遥感、卫星通信、卫星导航业务为主的产业布局，为商业航天的快速发展奠定了基础。

有两种力量对我国商业航天有重要影响，我们可以称之为牵引力和支撑力。

从牵引力角度看，有三种重要力量。牵引力中的第一种重要力量就是我国巨大的市场需求，这是商业航天的内在力量，也就是需求牵引。我国幅员辽阔、海域面积大、气候多样、恶劣天气多、自然灾害频发，尤其是随着社会发展，大家对信息量和信息的时效性有了较高的需求，仅靠地面的基础支撑，已无法满足人们的生活需要，航天商业化的必要性和紧迫性日益凸显。

牵引力中的第二种重要力量就是产业融合。随着商业卫星数量的增加以及卫星应用的拓展，商业航天已经应用到了农业、林业、环境、金融等各个领域，并逐渐显现出了产业价值。最为典型的产业融合是卫星移动通信和地面移动通信的融合——手机卫星直连（华为Mate 60 Pro手机与天通卫星直连），完美解决了地面移动通信覆盖的盲区问题，使卫星移动通信在用户数量和应用模式上有了质的突破，同时，也把卫星和大众"连"在了一起，让人们体会到了航天的魅力。有人预测2023年至2028年，中国商业航天产业将进入发展黄金期，2025年其市场规模将达到2.8万亿元人民币。

牵引力中的第三种重要力量是外部形势的逼迫，是外在力量。这一力量中最为典型的是马斯克可重复使用火箭的技术突破以及超大规模巨型星座"星链"计划。可重复使用火箭大幅降低了卫星发射成本，使批量卫星进入太空不再是沉重负担。马斯克于2015年提出为全球消费者提供高速、低时延宽带接入服务的巨型星座计划——"星链"计划，并于 2018 年将 2 颗原型实验星送入预定轨道，截至 2024 年 1 月，已累计将 5806 颗卫星送入太空，已建成规模最大、服务能力最强、应用范围最广的商业低轨通信星座。截至 2023 年 12 月，"星链"系统已在 65 个国家和地区落地，服务用户数超 200 万。事实上，马斯克的 SpaceX 和"星链"真正引起大家和市场大范围的关注源于"星链"系统在俄乌冲突中的应用，迄今已有超过 3 万套"星链"地面终端在乌克兰投入运营，为乌军提供通信和互联网服务。除了批量生产、密集发射、规模应用、快速迭代等技术和应用创新，马斯克的"星链"计划带来的另外一个影响就是使日益紧张的频率轨道资源变得更加"稀缺"，也迫使作为航天大国的我国不得不加快航天发展步伐，争夺日趋白热化的太空频率轨道资源。

从支撑力的角度看，有两种重要的力量。支撑力中的第一种重要力量是中国多年的航天技术积累。我国航天事业经过 60 多年的自主发展，形成了完整的产业生产和配套体系，以及涵盖卫星火箭制造、测控发射保障、运营应用服务等的完整产业生态，给商业航天的发展提供了坚实的基础和有力的支撑。从全球来看，航天技术的发展大都经历了从军用到民用再到商业的过程。军用和民用航天为商业航天提供了技术、基础和保障，商业航天为行业的发展、繁荣带来活力。放开之后，原来体制内的航天人才，加上制造业、服务业、金融业、互联网等科技行业的市场人才走到一起，构成了中国商业航天的主力军。

支撑力中的第二种重要力量是近年来不断发力的产业政策。自《2016 中国的航天》白皮书支持商业航天发展建设以来，国务院、发改委等先后发布十余项支持商业航天的政策和文件。2020 年 4 月，国家发展改革委指出，信息基础设施主要是指基于新一代信息技术演化生成的基础设施，比如以 5G、物联网、工业互联网、卫星互联网为代表的通信网络基础设施；2023 年底的中央经济工作会议特别强调打造生物制造、商业航天、低空经济等若干战略性新兴产业的重要性。

中国商业航天的挑战

我国商业航天发展的挑战主要体现在规模、速度（或效率）和政策三个方面。规模影响产业，制约应用；速度影响规模，制约发展；政策影响效率，制约生态。

从规模方面看，规模化是商业化的基础，规模化发展意味着生产方式、应用模式的变化。比如，规模化的卫星数量必然要求卫星生产制造的升级、发射方式的突破以及卫星运营管理能力的提升。总体而言，我国航天产业发展处在转型期。规模化的另一个方面是卫星各类终端和应用的规模化。我国商业航天无论是天上的卫星数量、地面的终端设备还是用户数量，与其他行业相比，都远远没有达到规模化的程度。商业航天在产业应用上还处在从能用到好用的过渡阶段，与"随遇接入、泛在服务"的需求尚有很大差距。

从速度方面看，我国商业航天发展黄金机遇期已经错过，无论是在日趋紧张的频率轨道资源的占有方面，还是在技术发展、应用领域方面都还与美国有较大差距，我们要想争取发展空间、缩小差距，必须加快商业航天发展和建设速度，千方百计地加快卫星生产、卫星发射。当前，影响速度的最大问题是生产和发射的矛盾突出，从卫星制造出来到发射上天的一系列流程、环节尚需完善和优化。比如在发射层面，马斯克的 SpaceX 公司 2023 年完成了超过 90 次发射，我国民营企业发射次数仅为 13 次。除去技术上的差距，我国在发射流程、管理模式和保障条件上也都还有很大的提升空间。

从政策方面看，商业航天是新兴产业，现有商业航天法规政策相对落后，不能适应当前形势，国家最近出台的政策和文件大多是指导性、原则性的，无法涵盖商业航天活动的全要素。在现实操作中，商业航天工程的建设参照以往航天工程模式管理，是一种"穿新鞋、走老路"的模式。商业航天产业因其自身特点的局限，通常无法组织起庞大的管理和协调团队，在发展和建设过程中，经常出现有时无人问津、有时又多头管理的矛盾现象。现在很多领域都在强调"新型举国体制"，是指既要发挥党领导下集中力量办大事的优势，也要发挥市场配置资源的决定性作用和企业作为创新主体的关键作用，要把"有为政府"和"有效市场"结合起来，扬长避短，快速赶超。商业航天就是这样一个领域，让国家搭建好基础，提供技术、资源和政策支持，让企业尽可能多地参与各个环节的竞争。从某种程度而言，我国商业航天领域的民营企业还没有被完全平等地对待，只希望有充分参与的机会。

专业化能力是发展的关键

卫星测运控服务是商业航天产业的重要环节。和卫星制造、火箭发射、卫星运营等领域相比，尤其和卫星的各种丰富多元的应用场景开发相比，卫星的测控和运维领域比较专业，是更加封闭的行业。这个细分领域的从业者大多源于体制内的人才外溢。

卫星测运控服务并不是单纯的建设一个地面站或者几个地面站的问题，更是一个服务体系的问题。广义的测控解决方案是一个天地通信的一体化解决方案，硬件、软件和测控服务都要有。通过近 7 年的努力，天链测控已经初步构建了稳定可靠的商业航天测控通信网，开发了以互联网云服务为基础的一体化卫星管理平台，实现了卫星规模化的运维管理。目前，已服务的卫星数量超过了 230 颗。

第五章

新质生产力的金融支撑

金融如何支持实体经济高质量发展？[1]

林毅夫

（北京大学博雅讲席教授、国家发展研究院名誉院长、
新结构经济学研究院院长、南南合作与发展学院院长）

高质量的经济发展要从比较优势出发，依据整体经济特征和细分产业结构特点选择创新与融资方式。

新结构经济学认为，一个经济体的要素禀赋结构决定其最优产业结构。不同行业、采用不同技术的企业在规模和风险上有不同的特点。由于金融机构在提供金融服务方面各有优势和不足，一个经济体在其特定的发展水平对应适当的金融结构。随着经济的发展、资本的积累、要素禀赋结构和产业结构的变化，与其相适应的金融结构也相应演变。在高质量发展的时代课题下，新结构经济学对中国的金融改革具有怎样的借鉴意义？

立足比较优势

习近平总书记强调，高质量发展要求我们落实"创新、协调、绿

---

[1] 本文选自《复旦金融评论》第13期。

色、开放、共享"的新发展理念,[①]这是我们发展过程中必须遵循的基本原则。从新结构经济学的视角来看,要理解高质量发展,首先要了解经济发展的本质。一般而言,发展就是收入水平不断提高,生活质量不断提升,劳动生产力水平不断进步,这就需要技术创新和高附加值新兴产业的不断涌现。伴随着技术创新和产业升级,电力、道路、港口等硬的基础设施以及金融、法律等软的制度安排需要同时得到完善。

因此,从新结构经济学的角度来看,经济发展是一个技术、产业乃至软硬基础设施结构不断转变的过程。在这个过程中,要实现高质量发展,最重要的是确定每个时点的经济体要素禀赋结构所决定的比较优势。根据比较优势推动产业升级和技术创新,这样生产成本会最低,企业有自生能力。如果政府能够提供配套的、合适的基础设施和制度安排,比较优势就会变成竞争优势,经济发展会好,政府有财力解决地区、城乡发展的协调问题,企业有能力采用绿色技术,经济会开放,而且会创造众多的就业机会,经济发展成果的共享将得以实现。

要让企业按照比较优势自发选择产业和技术,需要兼顾有效市场和有为政府。在一个有效市场中,各种要素的相对价格能够充分反映经济体的比较优势,并以此来引导企业按照比较优势选择技术和产业。同时,政府还要发挥有为的作用,解决经济发展过程中必然存在的外部性,弥补软硬基础设施完善方面的市场失灵,使技术创新和产业升级的动态过程能够顺利进行。

---

① 习近平:坚持以创新、协调、绿色、开放、共享的发展理念为引领 促进中国特色新型城镇化持续健康发展。参见:https://cpc.people.com.cn/n1/2016/0224/c64094-28144604.html。

金融结构顺应产业发展

实体经济的特征有五个不同的维度。其一，规模。规模指企业的大小和所需资金等。其二，风险。处于技术研发阶段的企业会面临较高的风险，而那些采用成熟技术的企业风险系数较低。况且于前者而言，新技术能否被市场接受是另一重不可忽视的风险。其三，信息。这里的信息主要指公司的布局、资产状况等硬信息和公司的经营状况、企业家才能等软信息。其四，抵押品。这一维度用于衡量公司有无优质的抵押资产。其五，增长前景。这一维度用于判断公司所在行业是新兴高速增长、市场扩张的还是相对传统的。

综合五个维度分析可以发现，如果企业的资金需求极大、风险极高，从现代金融安排的特性来看，选择股票市场融资是合适的。如果企业的规模大但经营风险较小，可以通过公司债或者银行贷款的渠道筹集资金。如果企业规模小、风险大但发展前景良好，可以考虑风险投资。如果企业的规模小、产业增长前景有限、缺乏优质抵押品，那么以上三种方式都不能考虑，或许企业可以在地区性的中小银行得到融资。

新结构经济学将中国实体经济中的制造业分成五种类型。其一，追赶型。我国的制造业和德国、日本等发达国家有一定差距。制造业企业，尤其是装备制造领域的企业，其技术发展与创新在相当大的程度上可以从外部引进并消化吸收，例如从国外购买设备或在国外设立研发中心。大型追赶型企业通常已有相当长的经营年限，积累了一定的资产，可通过向大银行借贷获得创新所需的资金；如果已经上市，还可以通过股票市场获得资金；如果经营状况良好、信息透明，公司债也是一个好的选择。相对而言，小型追赶型企业通常不具有大公司的以上优势，可以另辟蹊径，通过供应链金融、扶持配套产业来满足需求。

其二，领先型。在国内一些产品、技术位于国际最前沿的产业，例如家电和现代通信产业等，企业的经营状况通常较好，主要依靠自有资金做研发，自主进行基础科研和新技术、新产品的开发。对于这类企业，政府要对基础科研提供资金援助和大力支持。尤其是对于一些共用技术，通过打造"企业+政府"的共生研发平台，刺激基础科研的突破，增强企业自行研发新技术、设计新产品的创新驱动力。这些企业如果有扩大生产等需求，可以利用股票市场、大银行或者公司债来募集资金。

其三，转进型。一些在过去有比较优势，但现在逐渐丧失优势的产业就属于此列。比如劳动密集型的加工业，其中一部分企业突破重围，走向了品牌、产品研发设计或市场渠道管理的高附加值产业阶段；而另一部分企业则始终在微笑曲线底端（产业链低端）徘徊。失去比较优势、位于产业链低端的转进型产业有些可以靠自动化来降低成本，不过对于它们最重要的办法是将工厂转移到工资水平低的东南亚、非洲等地区去创造"第二春"。这类产业所需要的金融支持一般来自银行。

其四，换道超车型。这一类型的产业主要指互联网、移动通信等新经济业态。它们的产品、技术研发周期通常较短，一般在12~18个月，研发以人力资本投入为主。与发达国家从工业革命起两三百年的资本积累相比，我国改革开放几十年的资本积累相对不足，因此在金融或者物质资本人均量方面我们比不上发达国家。但在人力资本领域，我国却不遑多让，这是因为人力资本取决于两方面，一是先天的聪明才智，二是后天的学习。后者与教育有关，我国的教育水平不输发达国家。前者服从正态分布，在任何国家的人口中比例都是相差无几的，但作为人口大国，我国人才的数量其他国家无可比拟。因此从人力资本角度看来，我国在短研发周期的换道超车型产业不仅没有劣势，甚至还有不小的优势。而且，除了人力资本，我国还有两大优势。第一个是国内大市场。中国有世界上最大的单一市场，新技术、新产品研发出来立刻能够进入全世界最大的市场。第二个是完备的产业配套设施。这一优势可以催化从创新观点到实物成品的落地过程。总体而言，我国换道超车型产业的发展是占据先机的。换道超车型产业所需的金融支持包括早期研发阶段的天使资本、风险资本，以及在技术、产品成熟后资本市场的融资。

其五，战略型。此类产业与国防安全、经济安全挂钩，研发周期极长，资本投入也特别大，比较优势不足。从理论上讲，从国外引进是这类产业成本最低的发展路线。但可想而知，这很可能会对国家安全造成负面影响。因此我们只能依靠自主研发，用大量的财政投入来支持其发展。

与制造业不同，农业的发展极大地受到天候、土壤条件的影响，所以农业技术创新很难从国外引进，即使引进也要反复试验，判断能否适应当地的土壤和天候条件。出于这种限制，我国的农业技术绝大多数都是自主研发的。而且，即使首个采用新技术的企业可以获利，也会因为技术的普及而发展成"谷贱伤农"的情形。因此，农业技术的研发通常需要相当规模的政府投入来支撑。现代化大农业的资金渠道有银行、股市（针对上市企业）等。然而对于小农来说，合适的融资机构是地区性的中小银行。

同样，传统服务业的规模经济小，服务范围也有限，其技术创新一般是指现有技术和新技术在新服务场景的应用。随着互联网大数据的诞生，诸如美团、拼多多、滴滴等新型现代服务业平台也随之出现，这种创新主要是业态的创新、服务平台的创新。此类新业态服务业在创业初期可以寻求风险资本的帮助；在有了一定的经营成果后，可以在股票市场上市。不过对于大多数传统中小型服务业，最优解还是地区性中小银行。

银行改革迫在眉睫

如今的互联网生态利用大数据优势，能够满足一部分有在线交易数据、信息可查的中小型制造业、服务业的金融需求。但是依然有相当一部分中小企业，由于缺少网络交易痕迹，在现有技术条件下金融需求很难被满足。

未来的金融改革应该如何真正服务于实体经济高质量发展的需要呢？我国当下的实体经济构成仍以小型企业、农户为主，约50%的政府税收来自微型和中小型企业，约60%的GDP来自农户和微、小、中型企业。同时，80%以上的就业机会也是由这些企业创造的。

我国现有的金融制度安排可以说在可知、可行的范围内是应有尽有了。股市、风投、银行系统和公司债等构成了形式丰富的金融系统。这个系统以大银行和股票市场为核心，地区性中小银行的数量却是严重不足的。究其原因，这种安排其实是双轨制改革的历史产物。改革开放初期，约80%的实体经济都是国有企业，其中又以大型国企为主，它们大多缺乏比较优势，缺乏自生能力，需要政府补贴保驾护航。所以在20世纪80年代，我国设立了以大银行为主的金融体系，成立了工农中建四大银行，通过压低资金价格来满足大型国企的需要。到了20世纪90年代，国家逐渐开放股票市场，主要目的仍旧是为大型国企排忧解难、提供资金。至此，我国逐步确立了以大银行和股票市场为主的金融体系。

此后虽然有过几番改革，但都未撼动这个根本格局。这种框架已经无法适应我国日新月异的经济状况。在这种框架下，有些企业很容易从金融市场上获取廉价资金，从而得到政府的支持与补贴，这种因果链条很容易滋生腐败，而且资金拥有者（银行的存款者、股市的投资者）无法得到合理的回报，也会带来收入分配不平等的问题。另外，如前所述，农户和微型、中小型企业虽然为国家税收、就业做出了巨大的贡献，但却难以在当下的金融体系中获取匹配的金融服务，这是目前最大的问题。

因此，金融改革一方面可以从完善现有制度入手，强化监管也好，优化运行也好，都可以进一步提升其运作效率与水平。另一方面，想要深入改革，要重点着眼于银行。现有银行系统存在两大问题：第一是资金价格。对于战略型产业的补贴，要更多运用财政而不是银行的低价贷款。改革就是要使银行贷款价格回归一般市场水平。第二是利率。我国的银行存款利率长期被政府压低，存贷款利率差可能是全世界最大的。西方发达国家的存贷款利率差通常最多是一个百分点，而我国的存贷款利率差可以达到三个百分点甚至更多。贷款利率实现市场化了，但存款利率却没有，二者不对等、不平衡，如此一来就会出现银行业或者利润最高的几家大银行的利润占全部国企利润半数以上的局面。所以下一步，我们应该放开存款利率的限制，让资金所有者得到应有的回报。

除此之外，还要弥补小银行的短板。即使把那些由农村信用社转化而来的乡村银行都算在内，全国的小银行总数也不过在3000家左右。相比之下，美国今天有6000多家地区性的小银行。而我国有金融服务需求的农户以及微型、中小型企业远远超过美国。因此，弥补小银行短板迫在眉睫。这首先要求监管跟上。目前我们是按照针对大银行的《巴塞尔协议Ⅲ》来进行监管，而中小银行的发展需要全新的监管规则、机构与流程的创新。这与股市从审批制走向注册制是如出一辙的。

总的来讲，我国目前的金融体系并非缺乏某种特定的金融安排，而是现有的结构不能适应实体经济的结构。双轨制改革的历史遗产必须经过层层筛选与翻新才能契合当代经济高质量发展的需要。

金融如何助力新发展格局[①]

黄益平

（北京大学博雅特聘教授、国家发展研究院院长、数字金融研究中心主任）

过去几十年，我国经济发展取得了巨大成就，但当下又处在一个非常关键的转折点——从第一个百年奋斗目标"全面建成小康社会"向第二个百年奋斗目标"建成社会主义现代化强国"迈进。

与改革开放早期的40年相比，未来30年的中国经济还将有三大变化。

第一，成本优势不再。中国经济发展曾经长时间得益于低成本优势，但如今成本已明显上升。经济增长模式将不得不从过去的粗放式、要素投入型走向创新驱动型。

第二，人口红利消失。过去，中国得益于劳动力人口在总人口中的占比不断提高，但如今已是老龄化社会，劳动力人口开始下降，最终会影响经济增长格局。

第三，"逆全球化"趋势出现。全球化浪潮对中国过去的经济发展

[①] 本文根据黄益平2022年10月28日在《每日经济新闻》主办的2022中国金融发展论坛的演讲内容整理。

有明显的推动作用，中国得以参与全球劳动分工，出口大幅度增长，大量外国直接投资提升了国内经济的活跃度。如今全球化正遭遇波动，中国经济自身的体量也明显增加，增长动力不得不更多聚焦于国内。因此，中央提出以"双循环"构建新发展格局——以国内大循环为主体、国内国际双循环相互促进。

金融要给予实体经济更多支持

在新发展格局下，金融如何作为？

过去40年，金融对于经济增长功不可没，有效支持了年均GDP增速超过9%，金融体系也相对稳定。虽然很多学者认为改革可以再深入一些，体制中的扭曲可以再多消除一些，但总体而言，中国这套金融体系的确有效地支持了经济高速且相对稳定的发展。

最近几年，针对金融行业的抱怨增多，尤其是针对"金融支持实体经济的力度在不断减弱"。对此，最直观的反映是"边际资本产出率"下降。所谓边际资本产出率，指增加一单位产量时，需要增加的资本量。全球金融危机以前的2007年，我国边际资本产出率约为3.5，但目前几乎翻倍，说明我们的金融效率已经打折。如果金融效率持续下降，即便经济建设中投入的金融资源不断提升，带来的经济产出也不高，甚至出现下降，最终影响经济增长的可持续性。

中国过去的金融体系也相对稳定，但近几年有多个金融领域的风险开始冒头。我们维持金融稳定有两大"法宝"：一是通过持续高增长化解风险；二是政府兜底，以保证投资者、消费者等市场多方的信心。但这两大"法宝"的效力明显在下降，下一步必须花大力气构建金融安全网络，这一网络既要具备市场化监管框架，又要央行和财政部门共同参与建设。

金融要更有力地支持实体经济，可做的工作很多，尤其是基于"双循环"的新发展格局。金融应该努力推动国内大循环，在做法上可以从"供"与"求"两方面联动。

我国过去的经济增长受益于"两头在外"——原材料、技术、资本从国外引进，产品在国内生产加工，然后又卖到国外。但这一模式在未来日益困难。因为中国经济体量越来越大，正如一些市场人士所言，中国企业在国际市场上"买什么，什么贵；卖什么，什么便宜"。但体量大也有明显的好处，国内市场未来就有可能不断减轻"两头在外"的压力，供与求都在国内市场解决。所以关键问题是，金融如何把供与求联动起来支持经济创新增长。

供给侧：金融要有力支持经济创新

从供给侧来看，核心问题在于转变增长模式，让创新成为增长的主要动力，创新对于提升我国经济在国内国际市场的竞争力越来越重要。虽然未来要以国内市场为主，但我们对国际市场仍然要保持开放，产业必须具备国际竞争力才能实现可持续发展。

我们的金融体系过去有效地支持了粗放式、要素投入型经济增长。这种增长模式下的经济活动所面临的不确定性相对少，产品在国外可能已经有几十年甚至上百年的历史，我们在技术、市场、管理、营销渠道等诸多环节面临的不确定性都很低，金融服务做起来也相对容易，尤其是风险管理压力不大。

未来，金融要想有力地支持经济创新，管理风险的难度就会激增。因为创新必定会面临诸多不确定性，不确定性必定会增加对金融服务的要求。

经济增长模式要转变，金融发展模式也必然要跟着转变。金融要支持经济创新，有两方面工作要做，一是金融创新，二是市场化改革。

金融创新包括三个方面。

第一，发展资本市场，提高直接融资比重。中国金融体系的显著特征是银行主导。金融体系中最大的市场参与者是商业银行。商业银行之前为大规模的制造业扩张提供资金，有效地支持了经济快速增长。但一般而言，资本市场在支持创新时具有先天优势，比如在识别风险、耐心陪伴创业者成长等方面更擅长。因此，金融创新的首要任务是发展资本市场，提高直接融资比重。从国际经验来看，美国、英国等国领先的金融体系都以资本市场为主导。目前我们也已经在做此类工作，将来还需要持续加大力度。

第二，创新商业银行的业务模式。在可预见的未来，商业银行仍是我们最主要的金融渠道，因此需要创新商业银行的业务模式，以便承担支持经济创新的任务。银行主导的金融体系创新在国际上也不乏成功先例，德国、日本的金融体系都是银行主导，都有效地帮助企业掌握了国际前沿的经济技术。当前，中国的银行业务模式创新任重道远。

第三，发展数字金融。借力数字技术，金融可以更好地服务中小企业、民营企业，尤其是专精特新企业的融资需求。针对这些企业，传统金融机构通常缺乏有效的风控手段，但现在大数据可以帮助解决部分问题。目前做得比较成功的是一些新型互联网银行——微众银行、网商银行、新网银行等，这些机构做风控主要看数据，而非抵押品，能成功地把平均不良率控制在较低水平。如果把这套方法普及到传统银行，帮助它们对上市公司直接融资做风险分析，就意味着我们在这方面有可能探索出一条新路。实际上，我国利用大数据做信用风险管理已经处于国际前沿水平。

除了金融创新，金融支持经济创新还离不开市场化改革，其中之一就是要推动风险定价市场化。

中国政府已经花了很大力气降低中小企业的融资成本，但风险和成本终究要匹配方可持续。支持中小企业融资，帮助它们获得贷款很重要，但同时也要注重基于市场化的风险定价。唯有此，商业银行才能持续开展业务。

从供给侧来看，只有进行一系列的改革，金融才有可能更好地支持经济创新。

需求侧：金融要有力支持消费

从需求侧来看，所谓"三驾马车"——投资、出口和消费，我国的投资和出口一直很强劲，消费相对疲软。全球金融危机以后，消费有所回升，但目前仍在拖后腿，尤其是新冠疫情期间的经济复苏不力，关键消费起不来，对国内大循环构成严重制约。

在消费不振的情况下，即便投资很多也容易变成产能过剩。同时，消费萎靡也与第二个百年奋斗目标相违背。经济建设的根本目的在于不断满足人民群众对美好生活的需要，只有让老百姓的消费得以增长才能实现这一目的。

目前，我国消费占GDP的比重大概为55%，比世界平均水平大约低20个百分点，比英国、美国低25~30个百分点。

消费为什么不振或者不及预期？原因有三。

首先，我国居民收入占GDP的比重不高，老百姓过于依赖劳动收入，缺少资产性收入。

其次，社会收入分配不平等程度较高，高收入群体的消费倾向较低，该买的大多已买过；低收入群体的消费倾向虽较高，但没钱消费。因此，收入分配不平等对社会消费总需求构成制约。

最后，社会保障体系需进一步完善。如果缺少社会保障，居民对未来的信心不足，大家有钱也不敢多消费。

如果这些问题得以解决，中国未来的消费依然可期。中国目前的社会零售总额从全球来看非常可观，今后如果能进一步释放14亿人口的消费潜力，同时保持可持续的经济增长，中国就有望成为全世界最令人向往的消费大市场。

当前，消费方面有很多工作要做，我们不仅需要政府进行改善收入分配和完善社保体系等必要的改革，也需要在金融方面利用巨大的空间有所作为。比如，金融体系可以提高效率，进而提高社会总收入，让老百姓获得除劳动收入以外的资产性收入，从而有更多钱可用于消费；再比如，我们可以大力发展普惠金融，让处于弱势地位的中小微企业、低收入家庭和务农务工人员获得相应的金融服务，让整个社会的收入分配变得更加平等；此外，我们还可以发展金融业尤其是保险业，让社会保障体系更完善。

综上所述，无论从供给侧还是从需求侧，金融对于支持实体经济发展，对于支持创新型增长，对于支持消费升级和美好生活都大有可为。只要我们很好地把握金融发力的方向，提升金融体系的效率，并成功地控制风险，金融就能在"双循环"新发展格局下发挥更大的作用，从而助力我们第二个百年奋斗目标的顺利实现。

为金融支持民营经济高质量发展创造良好环境[①]

刘晓春

（上海新金融研究院副院长）

民营经济是中国经济发展的生力军。支持民营经济高质量发展是金融行业的应有之义。现实中，金融支持民营经济高质量发展还存在着一些难点、堵点。

金融支持民营经济高质量发展，不能就金融论金融。之所以存在难点、堵点，并不单纯是因为金融行业本身，需要通过加大改革力度，创造有利于引导金融行业更加积极地支持民营经济高质量发展的良好环境。

理顺产业政策、宏观调控、金融监管的关系

产业政策、宏观调控、金融监管都是国家宏观经济管理的职能，但职能不同，手段和工具不同，所要达到的目标也不同。虽然相互之间会

---

① 本文刊发于《中国银行业》2023年第10期。

产生影响和互动，但在具体实施过程中还应各司其职。

有时，三者相互拉扯、有所抵触，反而有利于宏观经济的健康稳定发展，更好达到各自目标。在一定阶段，硬要三者同向发力，有时反而适得其反，造成宏观经济的更大风险，三者各自的目标也难以实现。政策实施中的"一放就乱，一管就死"现象，大多就是这类宏观管理操作上的同频共振造成的。

对于金融机构而言，金融监管政策关系到经营的合规合法，是经营管理的硬约束。面对国家产业政策和宏观调控政策，金融机构需要依据自身禀赋，如资本、客户现状、经营能力等，调整自己的经营策略，包括业务策略、客户策略和风险策略等，以确保自身经营的安全与盈利。因此，对于微观金融机构来说，产业政策和宏观调控既是软约束，也是硬约束。

金融机构是在符合金融监管政策要求的前提下，遵循安全和盈利的商业行为中实现国家产业政策、宏观调控的目的。如果产业政策和宏观调控政策都像金融监管政策一样成为金融机构经营的硬约束，就会扭曲金融机构的经营行为，从而影响其他市场主体如民营经济的正常经营。产业政策和宏观调控应该只在其营造的市场环境层面成为金融机构的硬约束。

过去几十年，每当遇到经济波动，往往是产业政策、宏观调控和金融监管政策共同发力，所有政策都成为金融机构的指令性政策。当经济过热，需要压缩供给和需求时，产业政策就明确需要淘汰的产业或企业，金融监管被要求不得向这些产业或企业贷款。于是本来合规合法的业务突然就成了需要整顿的业务，甚至有关业务人员还要被追究责任。产业政策规定必须立即淘汰的产业或企业基本上都是民营企业，它们的存量融资即刻成为金融机构的不良资产。

当经济下行时，政府需要出台鼓励性的产业政策，这些政策也会转变成对金融机构的指令性要求，同时监管也相应放松许多风险监管要求，甚至鼓励金融机构突破现行监管政策。在这样的刺激下，宏观经济的一些领域很快积聚并暴露较大的风险，这时又需要对这些领域进行整顿，被整顿、出现大量不良资产的基本上还是民营企业。

一般来说，宏观调控是随宏观经济的变化而变化的，产业政策的变化频率次之，金融监管政策相对比较稳定。一旦三者边界不清，金融监管就会变得不可预期，那么无论是在经济上行期还是下行期，金融机构在服务民营经济时都会特别谨慎、有所选择。

以往的宏观经济管理，有时混淆了产业政策、宏观调控和金融监管的职能和关系，影响了金融对民营经济的有效支持。产业政策、宏观调控政策，应该是金融机构经营决策所面对的场景，而不是指令性要求。

更好发挥市场配置资源的决定性作用

市场配置资源，就是利用资金的逐利本性，通过价格机制引导资金等要素资源向效益最高的领域流动和集聚。市场配置资源最重要的渠道和手段就是金融。金融实现为市场配置资源的功能，是金融机构自身追求商业利益的自然结果。

改革开放40多年，中国民营经济有如此快的发展，达到目前举足轻重的地位，与金融机构的大力支持是分不开的。在相当长的时间内，每年新增贷款中，民营企业贷款占比达50%以上，超过国有、集体、外资等其他所有制企业的总和。

金融支持民营经济高质量发展，不是慈善施舍，是通过风险定价机制实现资源的有效配置，配置过程就是优胜劣汰的过程，因此，是无情的。同样，民营经济要实现高质量发展，必须经历优胜劣汰的过程，在温室中是不可能实现高质量发展的。

因此，必须进一步放开金融市场，尤其要实现彻底的利率市场化，让金融机构能真正按风险定价，让真正有效益、有竞争力的民营企业获得足够的资源。

民营经济是丰富多彩、充满变化的，不仅有规模大小的差别，更有不同的追求与经营风格，有的稳健、有的激进，需要不同风格的金融机构提供相应的服务。只有放开市场，让金融机构自主地根据自身禀赋，在确保自身经营安全和盈利的前提下，进行风险定价，不同金融机构才能制定差异化的客户策略、业务策略和风险策略，满足不同类型、不同状态民营企业高质量发展的需求。

改革地方政府职能，更好发挥政府作用

政府是人类社会的必需品，就经济管理方面而言，更好地发挥政府作用，是为了市场能更好地发挥资源配置的决定性作用。市场在运行过程中，难免会出现失衡与失序，需要政府进行管理与干预。

不过，政府管理与干预市场，是遵循市场规律与市场原则，利用法律、财政、行政等手段激发价格机制以引导市场回归健康的轨道。所以，发挥政府作用，目的还是要让市场发挥作用，而非打压市场甚至替代市场。政府也不应直接进入市场，与市场主体争夺资源，特别是金融资源。

当经济过热，市场上商品供过于求时，要恢复供求平衡，必然有相当一部分产能需要出清，有企业要被淘汰，这些企业的员工也将阶段性地失业。在竞争条件下，优胜劣汰过程淘汰的是低效企业。

过去几十年，在一些情况下，我们以整顿的方式来解决市场失衡，

如关停并转"小""散""差",包括小水电、小汽车、小煤窑、小水泥、小钢铁、小纺织、小煤电等企业。这些企业基本上是民营企业,它们不是被市场淘汰的,可以说是政策有选择地淘汰了这些企业,保住了大型国有企业。

这些突然被关停并转的企业,给银行造成了大量不良资产,使银行对于民营企业的风险评估需要特别关注政策风险。必须说明,在当时由计划经济向市场经济过渡的阶段,这样的处置方式有其合理性。但当我们已经进入中国特色社会主义市场经济新时期,这样的管理方式应该是非常情况下的备用政策工具,不应该是常态化的操作手段。

所谓支持民营经济,不应该是"扶持",而应该是在遵纪守法前提下,任由企业自主经营、自由发展。这些年一些"爆雷"的民营企业,许多都是著名的大型企业。发生"爆雷",固然有它们自身非理性、盲目扩张的原因,但不得不说,地方政府多年的"帮扶"也是很重要的因素。

这些企业最初都是靠市场打拼壮大的,大了以后就得到了地方政府的大力扶持,再靠政策寻租快速发展,成了地方上"大而不能倒"的企业。在最后"爆雷"前,大多都经历过多次危机,却在地方政府的"帮扶"下,一次次度过了危机。

地方政府一次次的"帮扶",当时好像保了一方的经济稳定,救了一家民营企业,实际上是违反了市场规律,最终这些企业错误地总结经验,变本加厉地非理性扩张,积累更大的风险。另一方面,这些企业也对其他许多民营企业产生了不良引导。

地方政府大量的显性和隐性负债,在特定阶段对推动经济发展和改善公共服务发挥了巨大作用,但从长远看,如不及时妥善处置,则是弊大于利,地方政府过多地挤占了资源。

以上这些现象，是地方政府职能改革尚未到位造成的。只有通过进一步的改革，才能更好发挥政府作用。

加强法治建设，公正、严格执法，同时注意尊重企业合法经营，尊重企业家的资产与对合法收入的合法支配

市场经济需要法治保障，民营经济高质量发展，也需要法治保障。

首先要尊重民营企业的自主经营权。只要合法合规，企业经营什么行业都是可以的，如何经营也都是可以的。不能因为企业经营的行业不是国家现阶段鼓励的，就加以限制、排挤；也不能因为国家的产业政策而要求企业投资其自身并不打算投资的行业。

其次要尊重企业家的合法财产权，包括企业资产和家庭财产。不仅要保护他们对合法财产的拥有权，而且要保护他们对合法财产的合法支配权。排除违法犯罪，企业家创业和经营企业是高风险的工作，需要尽快建立可操作的法治化、市场化的破产保护和破产清算机制。

再次要公正、严格执法，不能搞选择性、运动式执法。不能因为要支持民营经济，有关民营企业的案件就"可立案可不立案的就不立案，可判可不判的就不判"，这不符合法治精神，也严重打击金融支持民营经济的积极性。金融监管等政策的执行都应该坚持公正、严格的原则。

民营企业要赢得市场的信任

有了法律和国家政策的保障与支持，民营企业作为市场主体，必须在市场打拼，赢得市场的信任，只有这样才能真正获得成功。企业的产品、服务，只有被市场认可，才能在市场占有一席之地。同样地，企业

要获得融资，也要得到市场的认可。

实事求是认定风险责任，让金融机构与业务人员在理性风险管理中积累经验，提高支持民营经济高质量发展的能力

除了以上这些影响金融支持民营经济的障碍，金融机构出现不良资产后僵化的追责制度，也是影响金融机构支持民营经济的重要因素。

出于防范道德风险的考虑，金融机构对出现不良资产几乎零容忍。多年来，发生不良资产的基本上是民营企业，而对民营企业出现不良资产进行追责时往往会加重处罚。有些机构甚至对正常的民营企业业务，也要检查业务人员与民营企业是否有利益输送嫌疑。这严重影响了基层业务人员支持民营经济的积极性。

在国家鼓励商业银行支持小微企业和民营企业时，监管可以提高不良容忍度，甚至要求银行建立免责机制，但出现不良资产的后果依旧严重。受此影响，银行基层业务人员往往不会因为国家鼓励而真的大胆给小微企业发放贷款。

为了免责或减轻责任，民营企业贷款几乎都需要抵押担保或保证担保，不仅如此，也几乎都必须实控人个人甚至家庭提供无限责任担保。这类简单粗暴的方法，对经济的伤害是很大的。它将有限责任公司变成了无限责任公司，严重影响民间投资的积极性。

这种追责方式，对金融机构自身也造成了伤害。首先，简单化的风控方法，不利于员工和机构风险管理经验的积累和能力的提高，反而会弱化风险评估和管理能力。其次，不利于风险资产的重组和风险的缓释。一般来说，通过资产重组，出险企业可能会逐步恢复正常，也可能还是会破产倒闭。即使企业最终倒闭，通过适当的资产重组，银行还是能收

回部分贷款本息，减少可能的损失。但进行资产重组时，企业肯定是有问题企业，而给有问题企业发放贷款必须对决策人和经办人追责。一些基层机构就发生过这样的情况，机构为了不承担责任，只能任其损失而不做积极的资产重组。

要让银行对小微企业、民营企业愿意贷、敢于贷、善于贷。愿贷、敢贷，需要制度的支持；善贷，需要经验的积累。经验，包括一定的失败经历。而允许失败，也需要相应的制度保障。所以，需要改变目前僵化的追责制度，区分失误、失职和犯罪等。对于失误，应该在绩效考核中体现责任承担；对于失职，需要区分轻重给予相应处罚；至于犯罪，则要依法处置。

在相关部门改革追责制度的同时，银行要不断提高自身风险评估和管理能力，大量减少民营企业实控人及家属无限责任担保这种担保方式。企业的失败，有企业家经营管理的原因，也有市场和经济周期的原因，让企业家整个家庭倾家荡产来承担责任，情理上说不过去，同时也扼杀了企业家东山再起的机会。有限责任公司的制度安排，就是为了给企业家解除这个后顾之忧的。现实中确实有个别企业主恶意骗取银行贷款的现象，但这些人一般早就把家庭资产隐匿和转移了，连带无限责任担保根本影响不到其个人和家庭。

科学改革追责制度，再加上市场化的利率制度，也有利于银行根据自身的禀赋制定差异化的客户战略、业务战略和风险战略，一些银行可以专业地支持高风险的科创企业、初创企业和小微企业。当然，这方面也需要不良资产核销制度相配套。

做好科技金融大文章 推动经济高质量发展[1]

黄卓（北京大学国家发展研究院副院长、
经济学长聘副教授、数字金融研究中心常务副主任）
张晓冬（北京大学长沙计算与数字经济研究院助理研究员）

随着百年未有之大变局的加速演进，面对复杂严峻的国际环境和艰巨繁重的国内改革发展稳定任务，金融在推动高质量发展、稳定经济大盘、维护国家安全等方面的作用愈发凸显。2023年10月30日至31日，中央金融工作会议在北京举行。会议明确提出"做好科技金融、绿色金融、普惠金融、养老金融、数字金融五篇大文章"，并将"科技金融"置于首要地位。这一立足发展实际的重要部署，明确了金融发展方向，为金融服务实体经济提供了行动指南。

为什么要做好科技金融大文章

我国历来重视金融服务实体经济的功能，强调金融发展应与实体经

---

[1] 本文发表于2023年11月11日光明网理论频道。

济相辅相成。自1997年以来，中共中央、国务院先后召开五次全国金融工作会议。虽然每次会议的经济背景和政策重心有所不同，但加强党中央对金融工作的集中统一领导、落实金融服务实体经济需求、切实防范化解金融风险一直是我国金融改革发展的三大主线任务。近年来，在党中央的统一领导下，我国金融服务实体经济取得显著成效——信贷总量稳健增长，融资结构持续优化，融资成本有效降低，金融服务实体经济质效不断提升，有力支持了国民经济稳定健康发展。不过，当前我国金融服务实体经济也面临着"资金供给体系不完善""金融资源配置不均衡"等问题和挑战，金融与实体经济之间的关系还需进一步理顺。

金融工作会议时隔六年再度召开。此次会议延续我国金融改革发展的主线思路，以"稳中求进"为总基调，以金融服务实体经济为根本宗旨，系统部署了我国下一步金融改革和发展的重点工作，并指出"高质量发展是全面建设社会主义现代化国家的首要任务，金融要为经济社会发展提供高质量服务"。创新是引领发展的第一动力，要推动经济高质量发展，首要的是实现高水平科技自立自强。金融服务实体经济的核心亦在于科技创新，尤其是科技企业。不过，科技企业普遍具有强专业、轻资产、少抵押、高成长、高风险的特点，很难获得与其核心竞争力相匹配的资金支持。而科技金融是以大数据、区块链、人工智能等金融科技为基础，以创新金融产品、服务模式、业务流程为手段，以服务科技企业发展、推进科技创新进程为目标的金融活动，能够有效缓解科技企业融资难问题。因此，要实现高水平科技自立自强，必须大力发展科技金融。此次中央金融工作会议强调做好科技金融等五篇大文章，旨在加强对科技创新等重点领域和薄弱环节的金融服务，充分发挥科技金融对科技企业的支撑作用，进而推动经济高质量发展。

如何做好科技金融大文章

随着新一轮科技革命加速演进，科技金融近年来迅猛发展，在助力科技创新方面发挥了重要作用。截至 2023 年 9 月末，科技型中小企业贷款余额 2.42 万亿元，同比增长 22.6%，远高于一般贷款增速。同时，我国已形成包括主板、科创板、创业板、新三板、区域性股权交易市场在内的多层次资本市场，资本市场服务科技企业的功能明显增强。

然而，在科技金融助力科技创新的过程中，也出现了一些亟待解决的问题。首先，证券方面，直接融资不足。长期以来，我国金融市场都以间接融资模式为主导，直接融资渠道相对狭窄。虽然《证券法》的修订和多层次资本市场的完善，使我国科技企业的上市门槛逐渐降低，但是总体效果有待提升。一方面，科技企业估值难、股票定价难的问题尚未得到实质性解决；另一方面，大多数科技企业都难以负担上市前的高额中介机构费用。直接融资市场融资门槛和融资成本的双高，导致科技企业直接融资渠道不畅，直接融资比重不足。其次，银行方面，信贷产品创新不足。目前，我国科技金融商业模式尚不成熟，盈利空间有限，大多数金融机构缺乏创新动力，政策引导是其进行科技信贷产品开发的主要原因。因此，虽然金融机构努力创新科技信贷产品，但是大部分产品都集中在信贷流程优化、放款效率提高等方面，科技企业的信贷风险问题并未得到实质性解决。小部分产品如知识产权质押融资虽取得一定成效，但碍于产权价值评估难、变现流转难的现实问题，市场接受度并不高。最后，保险方面，科技保险服务不足。保险是应用范围最广、最有效的风险管理手段，对于助力科技创新有着不可替代的重要作用。虽然近年来我国科技保险发展迅猛，保障范围已基本覆盖科技创新全流程，但是其服务能力仍需加强。一方面，科技企业"高风险"的特点导致风控难，保险公司研发科技保险产品的意愿普遍不强，科技保险产品种类较少；另一方面，科技企业"强专业"的特点导致定价难，保险公司普遍采取稳妥定价策略，科技保险产品价格偏高。

如何做好科技金融大文章呢？此次中央金融工作会议为我们指明了方向。首先，针对直接融资比重不足的问题，会议提出"优化融资结构，更好发挥资本市场枢纽功能，推动股票发行注册制走深走实，发展多元化股权融资"。一方面，政府要扎实推进全面注册制改革平稳落地，增强基础制度的适应性和包容性，持续优化多层次资本市场板块架构和功能。通过制度创新畅通科技企业上市融资渠道，降低其交易成本，促进其生命周期融资链的无缝衔接。另一方面，政府可大力支持商业银行具有投资功能的子公司、保险机构、信托公司等出资设立创业投资基金和政府产业投资基金，为科技企业提供更多样的股权融资。

针对信贷产品创新不足的问题，会议提出"完善机构定位"，并强调"支持国有大型金融机构做优做强""严格中小金融机构准入标准和监管要求，立足当地开展特色化经营"。一方面，政府要充分发挥国有大型金融机构服务实体经济的排头兵作用，以创新激励为着力点，增强国有大型金融机构自主创新动力，加快突破科技企业的信贷风险问题。另一方面，政府要充分发挥中小金融机构服务实体经济的生力军作用，激发中小金融机构活力，鼓励中小金融机构立足当地特色和科技企业发展阶段特点，积极探索创新"人才贷""政信贷""科研基础设施优惠贷""企业创新积分贷"等产品，切实增加科技信贷产品供给。

针对科技保险服务不足的问题，会议提出"发挥保险业的经济减震器和社会稳定器功能"。一方面，政府应建立健全政府、企业、保险公司等多方参与的风险共担机制，解决保险公司发展科技保险的后顾之忧，丰富知识产权保险等科技保险产品品种，为科技企业提供更加多样的服务。另一方面，政府应加大对科技保险的政策支持力度，增加科技保险保费补贴，进而降低科技保险产品价格，增强科技企业投保意愿。

要做好科技金融大文章，应以中央金融工作会议精神为指引，以"科技赋能金融发展，金融助力科技创新"为原则，逐步完善金融市场体系，充分发挥银行、保险、证券等不同金融机构的优势，形成协同高效、分工明晰、分布合理、有序竞争的发展格局。

第六章

新质生产力的基础支撑

"全国统一大市场"有什么用？[1]

赵波（北京大学国家发展研究院经济学长聘副教授）
周安吉（北京大学国家发展研究院本研在读）

2022年4月10日，国务院提出《中共中央 国务院关于加快建设全国统一大市场的意见》（下称《意见》），引起全社会的关注。"全国统一大市场"首次出现于2021年12月17日中央全面深化改革委员会审议通过的《关于加快建设全国统一大市场的意见》的文件中，后又于2022年3月5日在第十三届全国人民代表大会第五次会议上的《政府工作报告》中被提及。本文是基于《意见》的一些解读。

如何进一步提高市场效率？

我国社会主义市场经济体制的基本特征就是市场在资源配置中起决定性作用。近年来中国的经济增速放缓，为了畅通大循环、构建新发展格局，根本上需要通过进一步提高市场效率促进经济增长。《意见》从

---

[1] 本文于2022年4月18日发表于网易研究局（同年7月更名为网易财经智库），选入本书时有更新。

七个方面提出了提高市场效率的措施。

第一，强化市场基础性制度：保护产权、平等准入、公平竞争、健全信用体系。

第二，建设高标准市场基础设施：加强物流基础设施数字化建设、统一产权交易信息发布、整合公共资源交易平台。

第三，统一资源和要素市场：加快建设统一的城乡土地和劳动力市场、资本市场、技术和数据市场、能源市场、生态环境市场。

第四，提升商品和服务质量标准：健全商品质量体系、完善标准和计量体系、提升消费服务质量。

第五，推进市场监管公平统一：健全监管规则、加强监管执法、提升市场监管能力。

第六，规范市场竞争和市场干预行为：反垄断、反不正当竞争、破除地方保护和区域壁垒、废除妨碍平等准入和退出的规定做法、清理招标和采购领域的不当规定和做法。

第七，提供组织保障：加强党的领导、完善激励约束机制、优先推进区域协作、建立部门协调机制。

市场和政府的职能如何分工？

《意见》指出，处理好政府和市场的关系，使市场在资源配置中起决定性作用，更好发挥政府作用，即"有效市场，有为政府"。政府通过"有为"来减少市场中不完善和扭曲的地方，从而实现市场的"有效"。

具体来说，提高效率的七个方面的措施中，前两条指出了政府可以从哪些方面完善市场经济制度的建设；而第三条则从要素市场的角度提出提高效率的手段；后四条提出了政府如何对于市场经济活动进行监管。上述七个方面覆盖了生产的各个环节，较为全面地概括了有为政府在市场经济中的作用。

基础制度对于市场的重要性

制度是市场经济高效运行的基础，是经济增长的重要动力之一。完善的制度有助于降低交易费用和执法成本，提高市场配置资源的效率。

首先以产权保护为例，2021年开始实施的《中华人民共和国民法典》明确物的归属和利用产生的民事关系，提出国家"保障一切市场主体的平等法律地位和发展权利"。但操作过程中，产权保护实践上仍然具有重公有、轻私有的现象，因此《意见》提出进一步完善依法平等保护各种所有制经济产权的制度体系。以近年来国内外高度关注的知识产权保护问题为例，我国着力解决执法标准统一性问题，实现知识产权案件跨区域管辖，解决利益纠纷，在北京、上海等地陆续设立知识产权法庭，体现了解决知识产权司法诉讼与仲裁问题的尝试。

再以市场基础设施建设为例，建设全国统一大市场，促进商品在全国各省的流动，从外生交易费用的角度来看，需要降低物资运输的"冰山成本"，如直接物流成本、运输时间成本、货物运输损失成本等。根据中国物流与采购联合会的数据，2021年，我国累计物流总费用达到16.7万亿元人民币，占我国全年GDP的14.6%，距离我国12%的目标还有一定距离。对此，《意见》指出"推动国家物流枢纽网络建设""促进全社会物流降本增效""完善国家综合立体交通网"，通过促进物流企业的供给端增效及国家交通系统等基础设施的完善，进一步降低商品流通成本，实现市场的高效衔接。而这一理念早在 2018 年两部门印发的《国家物流枢纽布局和建设规划》中便已有相关部署，可以说这一政策目标对于有关企业而言并不陌生。

统一资源和要素市场的重要性

市场经济体制下，要素价格反映了其稀缺性和对于生产的贡献，让市场作为配置资源的基础，利用"看不见的手"吸引生产要素配置在最需要的企业、行业和地区，例如资本退出低回报率部门前往高回报率部门，人口从低收入地区前往高收入地区。当要素在价格信号下重新配置之后，生产的效率也自然实现了提升。现实中，如果要素市场在流动过程中存在壁垒，要素价格被扭曲，阻碍了要素的自由流动，"看不见的手"就失灵了。要改变这一结果，就需着手破除要素流动的堵点，建设统一的资源和要素市场。其中重要的要素市场包括土地、劳动力、资本、技术、数据、能源、生态环境市场等。

以劳动要素市场为例，截至 2021 年，我国常住人口城镇化率已经达到 64.7%，但户籍人口城镇化率却只有 46.7%，仍有接近 18% 的常住人口和户籍城镇人口的缺口。全国有 2.5 亿农村外出务工人员及其随迁子女没能实现在工作地落户，农村劳动力的"自由流动"仍然存在着诸多壁垒，造成了农村外出务工人员无法享受工作地的社会保障，比如失业保险、医疗保险等。他们面临着较高的风险，但并无福利系统托底。其随迁子女因为落户难而较难在城市享受高质量教育，降低了教育回报率，导致教育投入不足。农村外出务工人员在城市生活还面临教育花费高、看病难、房租较高等问题。这些问题和压力给农村流动人口带来了不小障碍。经过测算，假如按发达国家90%的城镇化率，我国距离实现这一目标还有近3.6亿的城乡人口缺口，在长期，更多的农村人口需要被城市就业岗位吸纳。降低壁垒、让农村外出务工人员成为新市民是统一要素市场改革迫切需要解决的问题。

"统一大市场"与创新发展的关系

全国统一大市场的建立，意味着国家将发力破除地区间、行业间仍存在的市场扭曲现象，为所有企业提供公平竞争的市场环境。允许企业公平地进入、退出市场竞争，在企业竞争过程中确保不同地域、不同所有制性质的企业依法得到平等待遇。目标是让企业在市场中自由竞争，实现优胜劣汰，在这一过程中企业不断提升产品质量、生产效率，控制成本，提高技术水准，并最终实现资源向优质企业的配置。这既是提高我国本土产品技术竞争力、培育国际竞争优势的方式，也是优化消费端产品质量、促进和扩大消费的手段。

以市场准入为例，常见的设置准入壁垒的手段包括直接限制外地企业进入本地市场，阻碍外地企业参与招标，要求本地企事业单位购买本地企业生产的产品，在行政许可、物流、技术标准、收费等领域对外地企业施以不平等待遇，或强制要求企业在本地注册分公司等。以行政手段人为制造市场壁垒，进而保护本地企业、降低市场竞争，从长远来看，这不利于当地经济发展。由于缺乏激烈的市场竞争，低效率的生产、管理在不完全市场中持续存在，企业失去创新的能动性，进而使得本地企业的生产率逐步降低。长此以往，本地企业将失去竞争力。除此之外，由于创新具有相当强的外部性，优质的创新企业可以刺激同行及上下游企业共同加速创新。过高的市场壁垒很可能使当地的整体生产率进步陷入停滞，进而阻碍经济的高质量发展与增长。

开放竞争的市场总是有利于发展的。近年来，宁德时代等科技企业落地山东、福建、上海、四川等地，各地政府为了迎接高科技企业落地，发挥当地的能动性，在企业服务、营商环境、上下游行业建设、交通等方面体现了诸多诚意，不断疏通市场中存在的"堵点"。上述地区快速增长的外贸、工业、服务业增加值也体现了其意义。

因此，建立全国统一大市场，降低市场壁垒，以市场竞争促进企业创新，是提高产品水准、改进企业技术、提升产品竞争力，从而赋能经济腾飞，实现高质量发展的必要之举。

"统一大市场"与共同富裕目标的关系

中国的改革是渐进式的，政策的实施和新制度的建设往往先选取试点，再逐步推行，比如经济特区、自由贸易区等。发展目标在于让一部分人、一部分地区先富起来，先富带动后富，最终实现共同富裕。经过改革开放以来40多年的经济发展，区域之间、城乡之间、不同所有制形式之间、不同要素所有者之间的收入差距逐渐突出显现。建设统一的市场有助于统筹区域平衡发展，减少甚至消除造成上述差距的因素，从而更好地实现共同富裕的目标。

图6-1显示了我国各省和直辖市的经济增长有趋同的趋势，人均GDP落后省份的经济增速更快，这使得改革开放以来各省之间的收入差距在减小。但城乡收入差距持续存在，农村居民的可支配收入只有城镇居民可支配收入的一半左右（图6-2）。要减小区域之间、城乡区域之间、不同所有制形式之间以及不同要素所有者之间的收入分配差距，实现改革成果的共享，就应着手破解造成上述这些差异的因素。

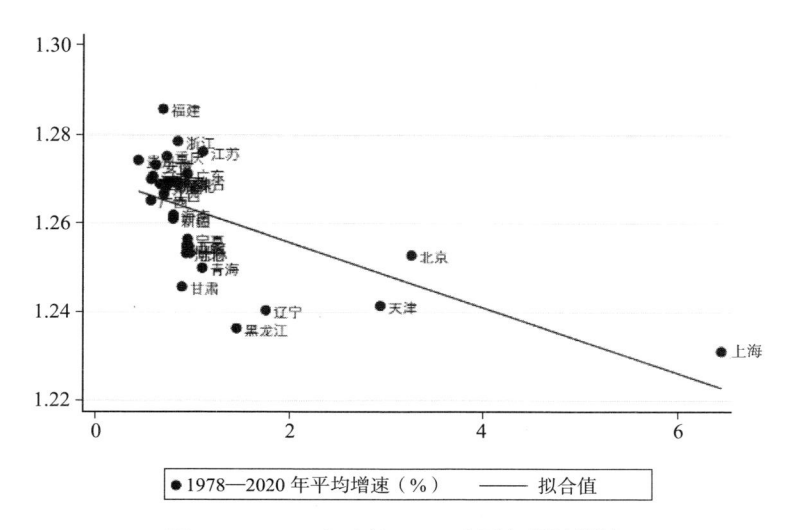

图 6-1　1978 年人均 GDP 水平与经济增速

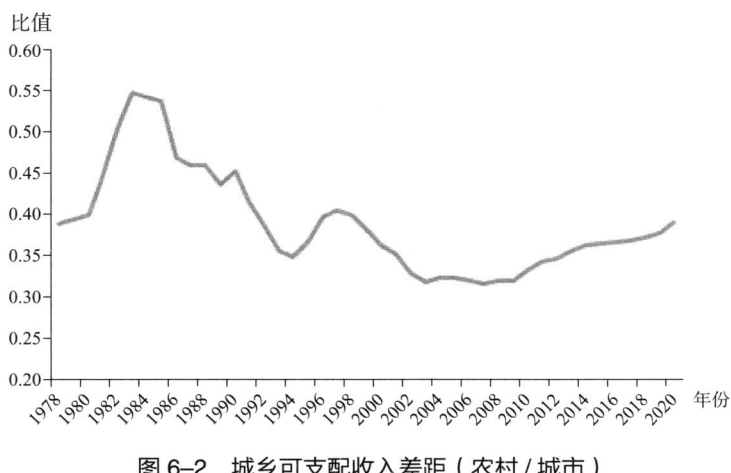

图 6-2　城乡可支配收入差距（农村/城市）

市场监管公平统一的难点

中国的中央和地方的权责划分一直是个难点问题，既要激励地方政府发展经济，允许地方政府对经济政策有更大的决定权，在统一大市场下，又不可避免地要削弱地方在一些领域制定政策的权力。

统一的市场准入制度

《意见》强调充分发挥市场在资源配置中的决定性作用，体现为在"应放、应松"的领域强化竞争的基础地位，让多种所有制经济和多市场主体在市场中竞逐。但同时，对于涉及国民经济命脉和国家安全的重要行业和关键领域，国家又要通过准入门槛的方式予以规制保护。不过在我国经济政策的实际贯彻过程中，某些行业是市场竞争和规制保护之间的"灰色领域"。尽管中央有关文件要求"非禁即入"，但地方政府在贯彻落实过程中，仍存在通过增加行政许可程序，变相收取费用抬高壁垒的行为。这提高了企业运营的难度，影响企业投资信心，同时也阻遏了资源的高效利用。

对此中央引入市场准入负面清单制度，通过"全国一张清单"，优化营商环境，提供市场稳定预期，实现市场主体间的更充分竞争，对地方政府的加码行为予以约束。2022年3月28日，国家发改委、商务部印发《市场准入负面清单（2022年版）》，要求地方政府切实履行政府监管责任，建立违背市场准入负面清单案例归集和通报制度，深入开展市场准入效能评估试点，扎实做好清单落地实施工作，实现市场准入的制度化、科学化、精准化，助力全国统一大市场的形成。《意见》对此的再度强调也体现了这一制度的重要性。

破除地方保护主义

地方保护主义的现象由来已久。我国的财税政策中"财税包干"和地方税设置使得地方财政情况经常与地方国有企业运营情况直接相关，地方企业和政府结成利益共同体。同时，部分地方国有企业改革滞后，缺乏市场竞争力和创新能力。为了扶持地方企业，帮助无自生能力的企业在市场中存活，进而改进本地区的财政状况，地方政府往往会有执行地方保护主义政策的动机。上述问题的根本原因在于地方保护主义问题的立法工作较为滞后，对地方政府的保护主义行为缺乏法律约束，且界定、惩处上述行为具有操作上的困难。因此地方保护主义政策仍是我国市场经济运作过程中存在的一大堵点。

以新能源汽车行业为例，随着"双碳目标"的提出，新能源汽车自然成了汽车市场的"桥头堡"。巨大的市场空间和潜在利润吸引国内外诸多汽车厂商竞逐。各地不同程度地出现设置"隐性条款"限制外地品牌的现象，通过定向高额补贴省内生产的新能源汽车，而对外地企业不进行补贴，扶持当地企业在地区内做大。某些地方实行的备案管理制，即对市内市场准入车辆进行备案审批的制度，虽然在一定程度上确实支持了地方企业发展，但也造成了效率损失，影响了企业间的合理竞争。

目前，工信部计划加速清理地方保护政策，今后，各个试点城市原则上不能有限制企业准入和产业准入的独立目录。全国要扎实建立统一市场、统一目录。除此之外，国家在扶持新能源汽车企业创业模式，加大新能源汽车在公交车等公务领域的推广，扶持新能源汽车的技术研发等方面也将会有新的政策出台，帮助新能源汽车在各地实现发展。

教育、人力资本与长期发展[①]

雷晓燕

(北京大学博雅特聘教授、国家发展研究院学术委员会主任、
健康老龄与发展研究中心主任,教育部长江学者特聘教授)

关于教育和经济的典型事实

首先要明确三组关系:教育与劳动力参与之间存在正相关关系,即受教育程度越高的人越有可能参与工作;教育与失业率存在负相关关系,即受教育程度越高的人失业的可能性越低;教育与收入之间也存在正相关关系,即受教育程度越高的人收入一般也越高。

根据对北大 CFPS(中国家庭追踪调查)2014—2020 年四期数据的观察,我们发现,受教育程度为大专及以上的人群相比于受教育程度为高中、初中和小学及以下的人群,收入水平明显较高。虽然随着时间的推移,不同受教育水平人群的收入都有所增加,但相互之间的收入差距非常明显,大专及以上受教育水平的人群与其他受教育水平的人群之间

---

① 本文根据作者 2023 年 10 月 14 日在"北大国发院 MBA 讲坛"上的主题演讲整理。

的收入差距最大。

从模型角度探讨教育的作用

在解释教育与收入之间的关系时，有一个经典的模型——"信号模型"。该模型认为，教育并没有直接提高生产力，而是起到筛选人才的作用。例如，考上大学的人本身就是能力更强的人。他们并不是通过读大学提高了自身能力，而是本身就具备较高的能力，高考只是把他们从人群中筛选出来。能够考上名牌大学的人可能具备更高的能力。

信号模型认为教育的效应可以被形象地描述为"羊皮效应"，这是因为最初学位证书是用羊皮制作的。"羊皮效应"指拥有学位证书可以向企业传递一个信息，即拥有该学位的人具备较高的能力。学位起到了筛选人才或提供资格认证的作用。"羊皮效应"的存在基于信息不对称：因为企业往往无法准确评估一个人的生产能力，所以需要靠第三方的资格证明来辅助判断。升学就成了重要的筛选方法。

如果教育只具有信号功能，那么投资教育并没有提高整体的社会效益（除非能够提高人与工作之间的匹配度以提高生产效率）。

人力资本模型则认为教育可以通过提升人力资本来提高劳动生产率。通过提高劳动生产率，个体能够创造更多的价值，从而获得更高的收入。人力资本模型有一些基本结论：受教育年限与收入之间存在正相关关系，即受教育年限越长，收入越高；然而，随着受教育年限的增加，收入的增长速度会下降；当劳动力的受教育程度较低时，增加一年的教育会显著提升工资水平，但当劳动力的受教育程度已经相对较高时，再增加一年的教育对工资提升的幅度就不再显著。

依据教育的人力资本模型，还可以进一步推出一些扩展结论。

第一，投资教育可以显著提高社会效益，因为教育能够提升劳动生产率。

第二，欠发达地区受教育程度较低和较高群体之间的收入差距大于发达地区。随着受教育程度的提升，不同群体之间的工资差距虽然存在，但会缩小。在贫穷地区，增加一单位的教育可以带来较大的工资提升，导致受教育程度较高和较低群体之间的收入差距较大。因此，在欠发达地区，教育回报相对更高。

第三，在欠发达地区增加对教育的投资，包括学校建设和培训等，投资回报率较高。在贫困地区或国家，投资教育是非常有效的扶贫手段。在贫困地区提供教育，可以大大改善当地的经济状况。当然，与进行再分配相比，直接为贫困地区的孩子提供教育也能更加精准地进行扶贫。

从美国的实践经验来看，在黑人生活区修建更多的学校，会明显地缩小黑人和白人之间的收入差距。

如何评估教育回报

教育回报的评估方法是一个被学术界广泛讨论的话题，2022年三位诺贝尔经济学奖得主的贡献主要在这些方面。2023年的诺贝尔经济学奖得主克劳迪娅·戈尔丁的研究涉及劳动经济学中的教育、历史和性别等领域。

受教育程度与收入之间的正相关关系并不能简单地归为因果关系。如前所述，受教育程度较高的人薪资较高可能仅仅是因为其本身就具备较高的能力。因此，我们不能仅仅根据相关性就认为教育对提高人力资本有益而大量投资教育。

在计量经济学中，有多种方法可以消除不可观测的能力水平对结果造成的偏误。其中一种方法是随机实验。类似于疫苗实验的思路，随机实验的研究对象被随机分为两组，一组接受教育，另一组不接受教育，然后观察他们之后的工作和收入差异。虽然教育对个人的影响是长期的，难以进行完全随机的实验，但可以在政府实施的教育扶贫项目中进行随机实验。例如，在两个地区选择能力水平相近的人进行实验，其中一个地区实施教育项目，另一个地区不实施，这样可以确保被选中的人群在能力水平上基本相似，是否接受教育就可以成为最重要的差异化变量。通过比较之后他们找工作和收入方面的差异，可以更准确地评估教育的回报率，并消除能力差异对结果的影响。这种方法可以提供更可靠的教育效应评估，从而为政策制定者提供更有针对性的参考。

但随机实验在规模上存在限制，耗时耗力，而且使用人为实验进行教育干预也存在争议。在大多数情况下，研究者倾向于用自然实验，即利用现有的自然数据进行实证分析。其中一种典型方法是将政策冲击作为工具。例如，在某地新建学校就是一种政策冲击，观察建校后该地区教育水平的提高是否伴随着收入的增长，通过与教育情况未发生变化的群体进行比较，可以判断教育是否对收入产生影响。在这种情况下，教育并非个体自主选择，而是政府强制性政策的结果。

中国的义务教育和大学扩招也是外生的政策冲击。如果在义务教育实施时你已经超过义务教育年龄，比如你已经十五六岁，那么政策对你就没有影响。但如果你当时只有 5 岁，那么受该政策的影响就会很大。通过比较这些不同群体的收入水平，也可以识别出教育对收入的影响。当然，研究不仅关注收入，还关注了其他方面。

断点回归也是研究教育回报的一种常用方法。比如比较高考分数相近的人中，刚刚上线和刚好落榜的人的收入差异。因为高考分数在一定程度上代表了人的学习能力，而学习能力又与其他能力相关联。在高考录取分数线上下的两部分人群，其能力几乎相当。然而，只有录取分数线之上的人才有机会上大学，而分数线之下的人则没有这个机会，这就形成了所谓的"断点"。这两个群体的收入差异，更主要的是教育带来的回报。因此，通过断点回归的方法，研究者能够更准确地评估教育对个体收入和其他方面的影响。

贾瑞雪和李宏斌就是用这种方法识别精英大学（如被列入"985工程""211工程"的大学）的教育回报情况，发现精英大学的教育回报相当可观。经济学家布雷默（Bleemer）和梅赫塔（Mehta）也是用这种方法来识别经济学教育的回报。他们以加州大学一所分校的学生为研究对象进行研究，该校大一学生需要先修经济学原理课程且达到一定分数才能被经济学专业录取，这个录取成绩就形成了识别的"断点"。研究发现，读了经济学专业的学生未来收入明显较高，说明经济学教育的回报不菲。

教育的其他非经济影响

教育的回报不仅限于收入，还包括其他非经济方面的回报。

美国的研究表明，受教育程度高的人具有更健康的生活方式，比如戒烟、减少饮酒量、避免药物滥用、积极锻炼等。特别是受过高等教育的人群，在健康行为改善方面表现最为显著和积极。这些行为改善最终给他们带来了更好的健康状况。

北大国发院赵耀辉老师主持收集的CHARLS（中国健康与养老追踪调查）数据显示了中老年人的预期寿命和身体健康状况与受教育程度之间的关系。项目组把研究对象按不同的教育程度（文盲、半文盲、小学、初中及以上）进行分组。65岁以下的人群被问及是否认为自己能活到 75 岁时，受教育程度较低的人表示自己活到 75 岁的可能性很低，而受教育程度较高的人大多认为自己能够活到 75 岁，同时，老年人的受教育程度与其健康指标也显示出正向关系，这显示出受教育程度与预期寿命呈正向关系。

受教育程度高的人也能够更好地影响自己的子女，影响机制包括自然因素和养育因素。自然因素指的是遗传因素，即聪明的父母往往会有聪明的孩子，这与基因有关。而养育因素则是指受教育程度高的父母能够更好地抚育和教育孩子。

除了遗传因素和养育因素，最近我们的一项研究还发现义务教育的实施通过提高女性受教育程度而促进了女性在生育方面做出更好的选择，从而达到优生优育的效果。这对下一代的影响也非常深远。

因此，教育对于个体的影响非常广泛且全面。

教育与技术的竞赛问题

戈尔丁的研究《教育和技术的竞赛》讨论了美国教育发展的情况。20 世纪初，美国的教育发展非常迅速，高中的入学率和毕业率大大提高。此外，大学教育也得到了提升，入学率和毕业率有显著提高。

这段时间的美国高等教育具有两个重要特点。首先，美国高校分为公立学校和私立学校，并且在这一时期内，公立学校与私立学校同步发展。其次，美国的教育系统非常开放，鼓励外来移民到美国接受教育，尤其是接受高等教育，包括获取博士学位。这对于美国人获得诺贝尔奖尤为重要。诺贝尔奖科学和医学领域的获奖者中，美国人所占的比例虽然在 1935 年之前较低，但在 20 世纪中期有了显著提升并保持稳定增长，这是因为美国引进了大量人才并鼓励他们留在美国，而这些人最终获得了诺贝尔奖。这说明美国的教育系统为那些有潜力获得诺贝尔奖的人才提供了充分支持。

美国人的受教育年限也迅速增长，到1980年已经高达14年，即大部分人的受教育程度都高于高中水平，也就是有很大比例的美国人获得了大学学历。

戈尔丁指出，在20世纪初期，美国教育发展的同时，经济也在发展，并且收入差距较小，而到了20世纪后期，虽然经济仍在发展，但收入差距变大。她对此提供了一个解释，美国后期收入差距扩大的原因是教育的发展没有跟上技术进步，即没有满足技术对人才的需求，从而导致收入差距扩大。技术进步需要更高水平的教育人才。如果教育投入不足，无法培养出足够数量的受过高等教育的人才，供不应求的情况就会推高受过高等教育的人才的工资水平，因此收入差距就会扩大。

研究者还比较了美国大学教育回报率和高中教育回报率的不同。从1950年开始，大学教育回报率高于高中教育回报率，并且这个差距在不断扩大。这说明教育发展没有跟上技术发展的趋势，从而可以解释为何美国的收入差距不断扩大。

中国教育与跨国比较

根据CFPS数据，我们还可以了解中国的教育回报情况。通过观察不同出生年代人群的教育完成率，我们发现，60后、70后人群的小学完成率可达80%，90后的这一数据接近100%。从70后开始，高中和大专的完成比例均上升，特别是90后，其完成高中学业的比例达60%。这一统计中包括了普通高中和职业高中的学生。从另一个角度看，这一数据也说明，大约有40%的人未完成高中及以上学业。至于大学，90

后中大约有 40% 的人拥有这一学历。

虽然我们的教育水平已经有很大改善，但由于历史积累，我们与其他国家仍存在差距，特别是与发达国家差距较大。经合组织（2021 年）将成年人群体的教育状况分为三类：高中以下、高中和高等教育（大学及以上）。相对于发达国家来说，中国高中以下学历人群的比例相对较高。

受过高等教育的劳动力比例跨国比较

再观察我国劳动力的受教育水平。劳动力人口是我国未来发展和创造生产力的主力军，因此他们的受教育水平非常重要。通过关注劳动力中受过高等教育的人的占比，我们发现中国劳动力中受过高等教育的人占比较低。这是因为目前我国的劳动力人口结构仍以年龄较大的群体为主导，年轻群体相对较少。因此，未来需要进一步加大教育投入的力度。

关于教育投入的情况，我们可以综合考虑多个指标。其中一个指标是公共财政教育支出占国内生产总值的比重，这个指标可以反映国家在教育方面的投入水平。根据 2017 年的数据，中国的这一比例为 4.14%。然而，我查询 2020 年的数据发现，这一比例已提高到 4.22%。2023 年，我们也在不断增加教育投入。尽管如此，与其他国家相比，我们的教育投入仍然存在差距，整体较低。

戈尔丁谈到教育和技术的竞赛，中国是否也存在这个问题？近年来，大家都在讨论收入差距扩大问题。虽然我们的发展速度很快，但收入差距也在不断扩大。其中一个原因可能也是教育投入没有跟上技术发展的步伐。

我并没有深入研究过这个问题，但之前画过一张图，关注数字技术和技术进步。这张图显示的是技术进步的一个衡量标准，即机器人的存量和新安装量，也就是机器人的使用情况。通常来说，机器人使用得越多，说明技术越先进。当然，技术进步还可以用很多其他指标来衡量，比如专利创新、人工智能等。

和其他技术发达的国家，如德国、美国、瑞典等相比，中国在2010年之前的机器人使用量相对较低。然而，随后我们机器人的存量和新安装量迅速增加，这表明我们的技术进步很快。

问题是我们的教育步伐是否赶上了技术进步？当我们转型并开始应用这些技术时，对劳动力素质、教育质量等方面的要求也会更高。如果我们的教育步伐没有跟上技术的步伐，就有可能出现戈尔丁所提到的美国的情况，即收入差距扩大。

教育与用工需求

有文章讨论劳动力供给和需求问题。如之前所说，随着技术进步，社会对高教育程度劳动力的需求会增加。招聘广告中对不同受教育程度的人所提供的薪酬，可以在一定程度上反映对劳动力的需求情况。智联招聘2021年的数据显示，招聘岗位提供的工资随着对受教育程度要求的提高而增加。

另外一个有意思的现象是，招聘岗位对初中及以下学历、中专学历、高中学历者提供的工资差距不明显，最大的跳跃出现在大专以上学历处，这说明市场对大学生的需求明显高于其他学历群体。这也是技术进步对高学历人才需求增加的真实反映。

教育选择与个人终生收入

教育选择模型假设个人是按照终生收入的现值来进行选择。要直接检验这个假设,就要观察一个工人的两种不同选择所对应的终生收入,但我们只能观察到现有的一种选择下的结果。

因此,用观察到的工资差异来判断个人是否选择了"最正确"的收入流没有实际意义。但从年龄与收入趋势的数据中,我们可以观察到一些特点:

第一,受教育程度较高的工人比受教育程度较低的工人挣得多;

第二,随着年龄增长,收入增长速度放缓,最后变得平稳;

第三,不同受教育程度的群体随着年龄的增长,收入差距扩大。

可能的原因有:受教育程度高的工人收入增长更快,他们可能在学校教育之外还有更多的教育投入,例如阅读更多的书籍、学习更多的知识、接受其他培训等。这些后期的教育投入可能与前期教育互补,从而加速收入的增长。

整体而言,未来加大教育投入非常重要。我国已经在初中和小学阶段做得很好,现在需要更大力度地提升高中及以上教育的供给。此外,还要重视对劳动力的再教育和培训,因为要加快实现转型发展,就必须让教育赶上技术进步的步伐。

"双碳"目标的基本逻辑与经济增长模式的必要转型[①]

徐晋涛

（北京大学博雅特聘教授、国家发展研究院经济学教授、环境与能源经济研究中心主任）

什么是环境经济学

环境经济学用经济学的理论方法研究环境问题的成因和最优政策工具。

环境经济学主要研究经济中的市场失灵问题，如空气和水污染问题。在经济发展的初级阶段，企业排放污染物但不需要对为此带来的社会成本买单，造成的污染排放超过社会最优水平，这就是一种市场失灵现象。环境经济学家研究市场失灵的原因、特点和程度，并提出相应的解决方案。

环境经济学家希望社会能接受使用经济政策解决市场失灵问题。而

[①] 本文根据作者 2023 年 4 月 15 日在北大国发院举办的 EMBA 论坛（第 77 期）的演讲整理。

在现实中，政府遇到问题往往首先采取行政措施，如发放许可证、关闭企业、限制用电等，这些措施带来过高的减排成本。经济学家一般不建议采取这种措施，而是建议通过调整价格、改变成本和营利性等方式，使企业和个人做出不同选择，以实现社会的期望目标。

当然，经济政策有很多不同的表现形式。

本文我们主要讨论的问题是：中国的双碳目标、经济政策和基于自然的解决方案。

关于双碳目标，我们将探讨中国实现双碳目标的可能性和意义，以及中国在实现双碳目标过程中面临的成就和挑战。

对于解决方案，我们先探讨中国实现双碳目标的政策选择和产业构想，主要集中在经济政策上。之后，我们还将讨论基于自然的解决方案。

中国面临的环境与气候压力

中国近年来的环保努力大体上分为控制污染和应对气候变化两大领域。

近十年来，中国社会逐渐意识到气候变化的重要性，各界都在关注和研究气候变化。在环境治理方面，中国政府过去40年一直在不断努力。前20年中，政府主要以理念上的倡导为主，后20年开始落实到实际行动，并取得了显著成就，尤其是疫情几年，蓝天数量明显增加。但2023年春天突如其来的沙尘暴天气和雾霾反复，提醒我们环保工作的成果还不稳健，还需要长期的努力。

2023年春天再度频发的沙尘暴，让我想起中国在2006年开始着手环保工作时的一段往事。那年举行全国环境大会，正值北京遭遇30年来最大的沙尘暴，北京城地面都被黄沙覆盖，温家宝总理出席会议时，不仅强调了环保的重要性，而且正式提出了节能减排目标，这也是中国第一次制定量化的环保目标。从此，我们的环保工作进入了"十一五"节能减排期，计划期末能源使用强度减少20%。

环保并非一蹴而就之事，沙尘暴的再次出现提醒我们对环境问题仍需持续关注。我们虽然在空气污染治理上取得了成就，但仍需加大投入，继续努力。生态恢复也需要持续投入，这样才能防止水土流失和沙尘暴再次发生。

气候问题是国际问题，解决不容易，需要充分考虑经济发展和气候行动之间的平衡。

在气候问题上，中国面临的国际压力有助于加快问题的解决。我们本身也愿意在环保行动上更加努力，这也是我们作为大国的应尽之责。我们从世界各国同行那里学到了很多关于气候变化的经验，尽管起初我们也曾抵制过其中的一些做法。

举一个例子来说明气候变化给中国带来的国际压力。在2015年巴黎气候变化大会后，国外一家气候网站发布了一张展示全球各国二氧化碳排放情况的图表。此图表显示，全球二氧化碳排放量在1990—2002年一直缓慢上升，但从2002年以后急剧增加，呈现超常规增长。到2010年，这种超常规增长带来的超额排放达到接近50亿吨。中国在2002年以前二氧化碳排放的增长趋势也比较缓慢，为2%~3%，但是2002年以后开始超常规增长，到2010年时超额排放达到40亿吨。两个图表放在一起，可知中国超常规排放的增加对世界二氧化碳排放的格局带来了很大影响。这也是为什么全球气候行动需要重视中国的态度。如果中国不参与气候行动，全球气候行动就没有意义。

作为当前的全球第一排放大国，中国必须在减排方面发挥领导作用。然而，中国仍然面临着经济发展的问题，人均收入并不高。如何解决碳排放问题，将是对中国全社会的重要考验。习近平主席提出了中国的2030年前碳达峰和2060年前碳中和目标，这既是响应国际社会的期望，同时也意味着中国未来的经济增长模式将发生巨大变化。

经济增长模式极为重要

20世纪90年代是全球经济快速增长的时期，特别是亚洲"四小龙"的出现引起了人们对于亚洲模式或亚洲奇迹的探讨。美国经济学家保罗·克鲁格曼等学者对此提出了比较不同的看法。

保罗·克鲁格曼将亚洲"四小龙"的增长与20世纪50年代到60年代苏联和东欧的增长进行了比较，并回顾了国际经济学界在20世纪50年代到60年代关于经济增长模式的争论。总体而言，他不认为亚洲模式特别是中国的增长模式有特殊的地方，因为他的分析结果表明，亚洲模式和苏联、东欧的模式非常相似，都是依靠高投入来实现增长，一开始是投入劳动力，后来是投入资本。然而，随着投入要素的增加，必然会面临报酬递减的问题，这也是后来苏联和一些东欧国家经济增长速度下降，甚至有些经济体最终崩溃的原因之一。

因此，我们是否有理由相信亚洲"四小龙"或中国能够避免这种不可持续的增长模式问题呢？高投入模式早晚会受到边际报酬递减规律的制约，低效率则是另一个难以解决的问题。

数据表明，中国几十年来的GDP增长速度很快，但全要素生产率的增长并不是特别高。相比之下，过去一个世纪，发达国家的全要素生产率的增长率一直保持在2%~3%，这表明全要素生产率的可持续增长才是经济持续增长的源泉，而不是GDP的数字。因此，我们需要注意高投入模式的不可持续性。

当然，国内经济学家对于中国全要素生产率的推算存在不同的意见。

2000年以后，特别是中国加入WTO以后，关于转换经济增长模式的讨论在"十一五"期间变得非常热烈。2008年全球金融危机后，突然出现的民工荒引起了经济学家们的重视。越来越多的数据让经济学家们意识到，中国劳动力的数量正在下降，这意味着中国二元经济的黄金时期——依靠廉价劳动力支撑经济增长的时期——可能已经过去了，人口红利正在消失。

人口红利消失后，经济增长的转型方向是什么呢？未来可能转向资本密集型技术，因此中国创造GDP的技术将从劳动密集型转向资本密集型。然而，2012年以后，我国出现了产能过剩，很多原本是支柱产业的行业，如钢铁行业，都出现了严重的产能过剩。

产业结构调整由此迅速发生。与此同时，环境污染问题也变得越来越严重。2013年以后，空气污染尤其严重，因此环保逐渐成为经济增长转型的重要内容。

环境与经济增长密不可分

我们的研究方向是环境政策，聚焦于从环境角度研究经济增长模式。

将环境变化与经济增长联系起来的一个重要契机是中国加入WTO。在此之前，中国的经济增长速度相对受限，许多产业未能得到发展。加入WTO给我们从环境角度理解中国的经济增长模式提供了机会。

随着贸易自由化，中国有机会发现自己的比较优势，从而在经济上取得更大的发展。自由贸易是所有参与贸易的国家能够发现自己的比较优势的重要途径。在加入WTO之前，人们普遍认为，如果贸易自由化，中国的纺织业将获得更大发展，然而事实并非如此。这表明，没有自由贸易时，我们对中国的比较优势存在很多不一定正确的猜测。而实现自由贸易后，我们才能真正知道哪些行业具有比较优势，并分析背后的原因。

将贸易、环境和经济增长联系起来的一个重要理论假说是"污染避难所"假说。这个假说是指，当两个经济体之间出现自由贸易时，可能会促使污染产业从环保政策从严的经济体转移到环保政策从宽的经济体。

虽然这一说法被广泛传播，但要证实假说是否真实存在，并不容易。美国经济学家阿里克·莱文森（Arik Levinson）是该领域的权威学者之一，他的研究主要基于美国的数据。美国的环保政策也存在变化，但由于其联邦制度的存在，各州的立法和执法体系不同，因此潜在的"污染避难所"现象可能存在。然而，基于美国各州的数据分析，目前还没有发现明显的污染避难所现象。

那么，有没有可能污染转移到了美国之外？美国很多跨国企业将制造车间建在国外，例如英特尔在中国就设有加工厂。这是不是因为美国的环保政策越来越严格，从而促使很多公司把污染环境的加工厂转向中国？他的分析是否定的。我们需要用中国的数据来进行验证。

加入WTO后，我们可以利用这个机会来检验中国是不是成了发达国家的"污染避难所"。在经济学领域，识别因果关系是很重要的。因此，我们需要使用正确的方法来验证"污染避难所"假说。

自2001年加入WTO以来，中国享受了自由贸易带来的红利，经济发展迅速，GDP增长率超过10%，财政收入大幅增加，这些红利为抵御金融危机冲击提供了数万亿元的资金支持。同时，中国对大学的投入也大幅增加。然而，中国的二氧化碳排放量也在这一时期呈现出急剧增加的趋势，超过了其他发达国家，中国成为全球二氧化碳排放量最大的国家之一。相比之下，欧洲从20世纪70年代开始二氧化碳排放量就逐渐下降；美国在2008年金融危机后开始下降，加上页岩气革命助力，二氧化碳排放量下降幅度超出预期。印度虽然也是一个二氧化碳排放量增加的国家，但是总量与中国相比完全不在一个数量级。因此，中国的二氧化碳排放量增加过快，引起全球关注。

检验"污染避难所"假说的主要途径，是寻找反事实的对照工具。例如，我们要想知道中国加入WTO是否导致了中国成为"污染避难所"，就需要找到一个"反事实"的情况，即如果中国没有加入WTO，二氧化碳排放又会是什么情况？然而，全球没有和中国发展情况相似的经济体，所以要找到"反事实"并进行统计分析非常困难。

因此，我们使用合成控制法，找到其他国家作为中国的潜在参照系，利用算法找出最优的权重，构建"反事实"的中国的情况。将中国加入WTO前后的真实二氧化碳排放轨迹与合成的中国的排放轨迹进行对比，就可以看出加入WTO对中国排放的影响有多大。

要分析"污染避难所"现象，还需要考虑中国加入WTO是否导致了美国等发达经济体二氧化碳排放量减少。以合成公式法为基础，我们找到了一个合成的美国的排放轨迹用于比较。结果发现，自中国加入WTO后，美国的二氧化碳排放量显著下降。因此，我们可以沿着这个差异推断出，中国加入WTO以后造成美国本土的二氧化碳排放明显减少。类似地，我们还可以分析德国、日本和韩国等国家。这些国家减少的二氧化碳排放量与中国加入WTO后增加的二氧化碳排放量相当。虽然这看起来像经济学的练习，但对于理解国家发展具有一定的帮助。

用碳足迹解开谜团

自加入 WTO 以来，中国的二氧化碳排放量明显增加，其中一个原因就是"污染避难所"现象。

"污染避难所"现象还导致另一个结果：我们原本以为中国在国际贸易中的优势在于劳动密集型产业，但数据表明，中国真正实现大规模出口增长的反而是电子机械和普通机械等典型的资本密集型产业。后者与碳排放的相关度明显更高。

这里就要用到一个新的概念或分析工具：碳足迹。碳足迹可以反映一种出口品所带来的二氧化碳排放情况。

比如，对于汽车的碳足迹分析表明，其二氧化碳排放的关键并不在组装厂，而是在钢铁厂、金属冶炼厂等上游链条。因此，通过计算碳足迹可以比较准确地反映二氧化碳的排放情况。这个碳足迹排除了进口原材料的碳足迹，基本上是中国境内的碳足迹。

不同出口行业的碳足迹也不同，其中电子机械和普通机械两种行业的排放量最高。将它们归到一类可以发现在 2002 年前后，中国资本密集型行业的碳足迹远远高于劳动密集型行业的碳足迹。

因此，中国成了发达国家的"污染避难所"这一现象已经被证实。更多的数据也表明，加入 WTO 真正给中国带来的是中等资本密集型行业的高增长，而非劳动密集型行业的高增长。而资本密集型行业都是高碳行业。

因此，中国加入 WTO 之后成了"世界工厂"，也成了最令人担忧的二氧化碳排放大国之一。

最后，我说一下增长核算的结果。通常情况下，GDP 增长可以分为劳动力带来的增长、资本带来的增长和全要素生产率，但过去没有考虑环境要素。如今，环境要素变得非常重要，因此我们需要将其考虑在内。

之前，不考虑环境要素的增长核算框架表明，资本和劳动力对出口行业增长的贡献都是正的。一旦考虑环境要素，根据不同公式和调整年份，资本和劳动力的贡献基本上归零或不显著。贡献最大的是全要素生产率和碳足迹。

综上所述，从环境经济学的角度来看，我们可以对中国经济增长模式进行推测和分析。在中国，环境要素的成本最低，因此在没有环保措施的情况下，经济增长往往以牺牲环境为代价。

转变增长模式势在必行

我们的分析表明，除了牺牲环境，全要素生产率对经济增长的贡献也非常大，全要素生产率增长在4%左右。这是因为在国际市场上，如果没有管理改善、体制改革或者生产效率提高，就无法拥有竞争力。

因此，对于中国经济增长而言，环境要素的贡献非常重要，同时全要素生产率也有很大贡献。

关于增长模式转变，北大国发院的黄益平老师有一个很出色的阐述，他说中国经济增长模式将从"奇迹式增长"向"常规式增长"转变，也就是我们所说的新常态。

奇迹式增长的源泉是二元定价体系，即最终产品基本上由市场定价，而投入要素却保留了相当程度的政府定价，或被人为压低价格。这就给制造业创造了超额利润的空间，带来了所谓的奇迹式增长。金融要素的政府管制使某些行业、企业长期享受较低的资本要素投入成本，就是一个例子。

另一个例子就是环境要素，如果没有环保政策，环境要素对制造业来说几乎是免费的，这些扭曲的要素价格都会给制造业带来额外的利润。

常规增长指的是投入要素的价格也将逐步由市场定价，这样一来过去的多余利润就难以持续存在，因此经济增长率显然不会像过去那么高。现在的常规增长率大概为5%，未来还会进一步下降。这种下降不仅仅是经济增长率的下降，还包括增长模式的转型。

环境要素往往不存在一个可交易的市场，因此政府运用价格手段纠正其价格缺位很重要。这就催生了环境要素定价的政策体系，如总量控制和排放权交易、污染税和碳税。

当然，经济增长模式转型还需要依靠效率和全要素市场。过去，我们在这方面已经做得不错，但这也是因为我们相信市场。为了保持较高的效率和技术进步，将来我们仍然需要相信市场，不断消除阻碍市场发挥作用的障碍因素。

实现双碳目标的路径

在实现双碳目标的路上，能源结构的调整十分关键，未来的终端能源将全部电气化，而电力将主要来自可再生能源，到2060年可能完全放弃使用化石能源。

同时，我们还需要采用碳去除技术来减少二氧化碳排放。

政策推动是实现能源结构变化的重要手段，农村的"煤改气"已普遍转向"煤改电"。终端能源大部分是电能，并且氢能也是可靠的能源来源。向可再生能源转型是不可避免的，技术突破也可能带来意想不到的变化。

经济政策是促使能源结构变化的关键。

过去，中国在解决环境问题时，采用的主要是行政手段，如限行、限号、"零点行动"、拉闸限电等。这些手段虽然能够快速见效，但反弹也很快，社会成本高，对经济发展的影响也很大。为了解决这个问题，需要实施长效机制，降低社会成本。

长效机制的实现需要地方政府加强对破坏环境的执法强度，并采取经济政策来实现目标。相比行政手段，经济政策的成本更低、更友好、更公平，能够更好地促进市场竞争。

在过去的节能减排中，淘汰落后产能的措施主要针对民营企业和小微企业，但是这些企业很多都是遵纪守法的，并且在环保方面做了很多投资。因此，在实施长效机制时，需要更加公正地对待不同类型的企业。

经济政策主要有两种，一种是价格手段，一种是数量手段。数量手段中最重要的是碳交易，目前我国已经在电力行业实施碳交易，将来这一手段还要推广到更多的高排放行业。

价格手段中最重要的有环境税和碳税。我一直强调环境税和碳税，因为我认为我国环境污染控制不好的一个重要原因是环境执法力度不够。然而，环境执法的权力主要在地方政府手中，如果地方政府没有积极性，环境执法的效率就会受到影响。

最近，碳交易中出现了很多造假现象，过去也有地方环保局长跑到检测站去修改数据的造假情况。地方政府在环保和减碳方面与企业合谋，就是因为地方政府没有减污降碳的积极性。

另外一个值得关注的问题是欧盟出台了边境调节机制，并且会分阶段，越来越严格。根据该机制，所有出口行业的碳足迹都将成为征收碳关税的依据。如果根据边境调节机制需要征收90欧元的碳关税，而出口企业能够证明其在国内已缴纳了90欧元的碳税，则无须再次缴纳。

没有一个国家愿意主动向欧盟缴纳这笔税款，因此这一机制可能会促使各国建立自己的碳税制度。

如果美国和欧盟都推出边境调节机制，那么中国出口行业征收碳税的可能性将大大增加。

最后，我想指出，碳中和不仅涉及二氧化碳的排放，还需要考虑如何吸收二氧化碳。丁仲礼院士称，即便到2060年，中国每年还有二三十亿吨的二氧化碳不得不排放。

为解决这一问题，我们需要采用一些碳去除技术，如目前最成熟且成本最低的森林碳汇等，以吸收或去除这些排放物。

在2022年的世界经济论坛上，时任中国气候变化事务特使解振华主任曾提到中国的气候行动有三个主要方面：政策制定、能源转型和森林碳汇。解主任还表示，中国力争10年内种植700亿棵树。这个数字很大，相当于国土上增加5%的造林面积，约为5000万公顷。

然而，以上措施仍不足以达到目标。目前中国森林覆被率已经达到24%，而森林碳汇却仅有7.8亿吨。与二三十亿吨的碳汇需求相比，差距较大。中国虽然森林面积增长很快，但是质量改善很慢。森林单位面积蓄积量远低于世界平均水平。世界平均水平为每公顷137亿立方米，而中国仅为每公顷80亿立方米。如果我们不向世界平均水平看齐，就无法达到目标。我国的森林单位面积蓄积量如果达到世界平均水平，则森林总碳汇量将达到11亿~15亿吨。

此外，木材的使用可以替代一部分钢筋水泥，起码可以替代三分之一的建筑材料。我们还需扩大木结构房屋的建造，提高建筑立面、门窗、地板对木头的使用率。用木材代替三分之一建筑材料，合计可以减碳10亿吨左右。

因此，新增的碳汇加上产品替代，对碳汇总量的总和贡献有望超过

20亿吨，几乎可以完全达到碳中和的要求。前景是美好的。

目前，森林质量不高的原因在于政策的限制。过度保护的大环境也不利于提高林业生产力，提升森林质量。如果国家限制生产者的生产决策，并且全社会都认为砍伐木材会破坏环境，动不动就禁止砍伐，会严重降低森林的经济价值，最终没有人积极投资于森林改善和管理，从而导致森林质量一直处于低水平。

因此，我们需要认识到科学经营森林不仅可以提高农民收入，还可以对改善环境（增加碳汇）起到重要作用，这对中国实现碳中和目标至关重要。

第七章

新质生产力的目标引领：
中国式现代化

中国式现代化的实现路径和高水平对外开放[①]

林毅夫

（北京大学博雅讲席教授、国家发展研究院名誉院长、
新结构经济学研究院院长、南南合作与发展学院院长）

习近平总书记在党的二十大报告提出："从现在起，中国共产党的中心任务就是团结带领全国各族人民全面建成社会主义现代化强国、实现第二个百年奋斗目标，以中国式现代化全面推进中华民族伟大复兴。"[②] 我想这不仅是全党的中心任务，也是全中国人民的中心任务。

什么是中国式现代化

中国式现代化是现代化的一种新形式，虽然是新的形式，但跟旧

[①] 本文根据作者2023年5月25日在香港中文大学（深圳）前海国际事务研究院主办的百川论坛——"第二届中国政治经济学理论与实践：中国式现代化与高水平对外开放2023研讨会"上的主旨演讲内容整理。

[②] 习近平：高举中国特色社会主义伟大旗帜 为全面建设社会主义现代化国家而团结奋斗——在中国共产党第二十次全国代表大会上的报告。参见：https://www.gov.cn/xinwen/2022-10/25/content_5721685.htm。

的形式有共性,因为都是现代化。当然,其中也会有中国式现代化的特殊性。

现代化潮流的共性

从共性来讲,现代化是相对于前现代社会的一种社会经济形态。前现代社会是15—17世纪以前人类社会的一种形态。当时,全世界的人都生活在农业经济社会,以农为生,在城市里的人非常少。那时候的生产力水平非常低,人们长期处于生存线的边缘,遇到天灾就会发生饥荒,如果和平时间长了,人口增加了,就会进入"马尔萨斯陷阱",就会发生战争、饥荒,直到人们的生存资源又恢复到生存线之上。

西方社会在15世纪开始了地理大发现,哥伦布等航海家发现了美洲大陆,然后开始向世界各地殖民、掠夺,把大量的财富带回欧洲的老殖民帝国,包括葡萄牙、西班牙等。到了18世纪中叶以后,英国开始了工业革命,也就出现了我们小学课本上讲的"科学技术日新月异,经济发展一日千里"。研究经济史的学者发现,在18世纪之前,人类社会的经济发展非常缓慢,人均GDP每年的增长只有0.05%,需要1400年才能翻一番。但进入工业革命以后,从农业社会走向工业社会,经济发展的速度突然增加了20倍,每年的增长速度从0.05%增加到1%。人均GDP翻一番所需要的时间从1400年缩短为70年,社会在这个过程中就摆脱了"马尔萨斯陷阱"。到了19世纪中叶以后,现代化西欧国家和北美国家的人均GDP增长率又翻了一番,从1%增加到2%,人均GDP翻一番所需要的时间缩短为35年。当时的人均寿命有五六十岁,一个人在他的有生之年就可以看到他所拥有的物质量增加一倍。如果他运气好一点,能活到70岁,就可以看到物质量翻两番。

现代化、工业化是从西欧这些国家开始的。由于他们的生产力水平迅速提升，而其他地方没有跟上，因此这些实现了工业化、现代化的国家就成了19—20世纪初世界上的列强，并且把世界上其他国家、地区，包括非洲、美洲、南亚等的发展中国家，变成了他们的殖民地，或者是他们势力范围之内的半殖民地。在一战的时候，民族主义风起云涌；到了二战以后，原来的殖民地、半殖民地国家纷纷摆脱了殖民统治和半殖民地的地位，政治上取得了独立。这些国家在其社会精英的领导下开始向西方的现代化学习，希望通过自身的努力实现工业化、现代化，从而实现从农业社会转向工业化社会，人民收入水平能够不断提高，国家赶上发达国家并与其平起平坐。当时的看法是，要现代化就必须跟西方国家学习——政治上推行宪政民主，经济上实行资本主义市场经济制度。当然，社会主义国家推行社会主义计划经济制度。

但是，二战结束，从1945年到现在，近80年过去了，我们发现虽然二战以后所有的国家都在追求现代化，但很多发展中国家并未能依照西方的现代化范式取得现代化的成功。

在2000年的时候，美国、英国、法国、德国、意大利、俄罗斯、日本，这七个国家的经济总量占到全世界的47%。经济是基础，经济足够强，所以它们能够主导国际事务，再加上加拿大，形成八国集团。近100年中，一些发展中国家摆脱了殖民地、半殖民地地位，开始追求工业化、现代化，但是在经济总量上，这八个国家的总占比基本没有什么变化，只下降了3.4个百分点。而且发达国家人口增长速度慢，发展中国家人口增长速度快，所以如果从人均量来看，即使大多数发展中国家经过百年的努力，它们的人均GDP跟发达国家的差距还是不断在扩大的。也就是说，在西方式的现代化下，发展中国家普遍不成功。可见，发展中国家按照宪政民主主义和资本主义市场经济推动的西方式现代化，并未能赶上发达国家，反而两者的差距普遍在扩大。

中国式现代化的特性

中国式现代化当然有现代化的共性，希望实现工业化，希望收入水平不断提高并赶上发达国家。但是中国的现代化是在政治上由中国共产党领导，而不是实行西方的共和宪政；经济上是社会主义市场经济，而不是资本主义的市场经济。从成果上来讲，这样的中国式现代化在新中国成立以后帮助中国快速建立起一套完整的现代化工业体系——尤其是1978年改革开放以后，我们的经济快速发展。从1978年到2022年，我们连续44年平均每年的经济增长率达到9%，人均GDP的增长率为平均每年8个百分点，发达国家长期以来是2个百分点，我们是其4倍。在这样的强劲经济增长之下，我们从1978年时的世界上最贫穷的国家之一，到2022年人均GDP 1.3万美元左右，距离高收入国家的门槛仅一步之遥（2022年，高收入国家的标准门槛是人均GDP 1.32万美元）。可以说，中国已经变成世界第一大贸易国和按照市场利率计算的第二大经济体。如果按照购买力平价计算，中国已经是世界第一大经济体。

除了这个总量的成就，与传统的现代化相比，中国式现代化还有几大特征。

第一，我们的现代化是人口规模巨大的现代化。不像一些已经实现现代化的国家，跟中国比较起来，它们的人口规模小很多。人口规模大，要实现现代化遭遇的困难就很多，如果克服了，取得的效果就显著，比如从工业革命到现在，在西方式现代化的道路上进入高收入国家行列的国家所涉及人口只有12亿，占世界总人口的比重约为15.8%。而中国有14亿人，距离高收入国家的门槛只有一步之遥。我相信在2025年完成"十四五"规划之前，我们可以跨过这个门槛，变成一个高收入国家。我们的人口有14亿，占全世界人口的比重约为18%。也就是说中国变成高收入国家以后，全世界生活在高收入国家的人口可以翻一番还多，从 15.8% 变成 33.8%。

第二，我们要实现的现代化是全体人民共同富裕的现代化。西方国家在它们的现代化道路上物质水平确实不断提高，这让它们摆脱了"马尔萨斯陷阱"，而且它们的人均 GDP 从约 1.3 万美元一直增长到 8 万~9 万美元，它们的物质确实在不断地丰富。但是在西方式现代化的影响下，这些发达国家出现了贫富分化。正如前几年非常有影响的、由法国经济学家皮凯蒂写的《21 世纪资本论》所论述的那样，这些发达国家的两极分化情形不断恶化，富的人非常富，穷的人非常穷。

第三，我们的现代化是物质文明和精神文明相协调的现代化。西方的现代化过程中，物质确实是丰富的，但是人的精神越来越空虚，物质和精神是分裂的，这就会导致个人内心的冲突以及社会的冲突。

第四，我们要追求的现代化是人与自然和谐共生的现代化。工业革命之后，西方的现代化是以环境破坏和污染为代价的。现在大家非常关心全球气候变暖。工业革命以后，工业生产过程中排放的大量二氧化碳积聚在大气中，形成了温室效应，使地球的温度上升，导致的结果就是极端气候不断出现，威胁人类自身的生存，这是西方式现代化的结果。而中国式现代化是生态文明下的现代化，是人与自然和谐共生的现代化。

第五，我们的现代化是走和平发展道路的现代化，而不是像西方那样靠殖民、掠夺、战争来实现的现代化。以美国为例，自 1776 年建国以来，在 240 多年的历史中，它只有 16 年的时间没有参与战争，其他时间都在打仗。我们的现代化是走和平发展道路的现代化，我们在海外没有殖民地，而且尊重各个国家的主权，我们的发展是自己要发展，同时还要帮助其他国家发展，是和平的发展。

如何实现中国式现代化

怎样才能实现中国式现代化的目标？一方面，要提高我们的收入水平，跨过高收入国家的门槛；另一方面，要继续追赶前面的这些发达国家，同时要符合中国式现代化的五个特征。人口规模巨大的国家想要实现现代化，会面临很多挑战；我们不仅要克服这些挑战，还要实现共同富裕、物质文明和精神文明相协调、人与自然和谐共生，而且不靠殖民掠夺而是和平地发展。

这些年我以马克思的辩证唯物主义和历史唯物主义为指导，总结中国和其他发展中国家的成败经验，总结出了新结构经济学。新结构经济学以具有物质第一性特征的生产要素的结构为分析基础，来研究现代化的生产结构、社会结构变化的一个新的现代经济学理论体系。

根据新结构经济学理论框架，要实现中国式现代化，就要在有效市场跟有为政府的共同作用下，以一个地区在某一个给定时点、随时间可变的要素禀赋和结构为切入点，依照每个地区的物质基础及其所决定的比较优势，帮助企业家在市场当中把具有比较优势的产业做大做强，使之形成竞争优势。如果能做到，各个地方不管在何种状况下，都一定有比较优势，把其比较优势做大做强，使其在市场上有竞争力，它就能够发展起来。

如果能按照比较优势来发展，每个地区乃至其所在的整个国家，都能够实现共同富裕。因为在按照比较优势发展的时候，它可以在一次分配的时候实现公平和效率的统一。按照比较优势形成了竞争优势，它在市场上就有竞争力，那当然就是有效率的。重要的是，跟发达国家或地区比，收入水平越低的地方资本越短缺，劳动力则相对越丰富。如果按照比较优势发展，就是要在这个地方发展能多用劳动力的产业，并在这个产业中多用使用劳动力的技术。这样的发展方式能够最大程度地创造就业机会。

富人跟穷人的最大差异是什么？穷人靠劳动就业来获取收入，富人靠资本雇佣劳动力来获取收入。如果发展的方式能够最多地创造就业机会，它就可以让那些以劳动收入为主要收入来源的群体分享发展的果实。这在发展经济学里面叫作"有利于穷人的发展方式"。如果按照比较优势发展，经济可以发展得很快。经济发展快，资本积累得就很快，资本积累快了以后，劳动力就会从相对丰富变成相对短缺，当劳动力变成相对短缺的时候，工资水平会上涨得非常快。

深圳在20世纪八九十年代发展起劳动密集型的产业，那时的工资每月也就几百块钱。80年代的时候家里雇保姆无非就每个月付二三十块的工资，进入90年代涨到了一两百块。现在家里雇保姆已经要到每个月付七八千或上万了，工资上涨得非常快。资本回报主要以利率衡量，利率在快速发展的过程中逐渐下降，尤其相比于快速上涨的工资。工资相对于资本的比例越来越高，穷人所具有比较优势的劳动力要素越来越值钱，反过来讲，富人具有比较优势的资本越来越贬值。在这种状况下，收入差距就越来越小，这是新结构经济学提出来的一个理论——新结构收入分配理论。

对这个理论，我在2007年到英国剑桥大学做马歇尔讲座的时候，曾经用跨国的数据来检验，发现越按照比较优势来发展的经济体，它的基尼系数越小，越是违反比较优势发展的经济体，国民收入差距越大。不仅跨国的数据是这样，在国内跨省的数据也是这样。越按照比较优势发展的省区，收入分配越平均，越违反比较优势发展的地方，收入分配的基尼系数就越大。要实现共同富裕，如果按照比较优势，在一次分配的时候可以实现公平和效率的统一，而如果按照比较优势发展，经济发展会很快，政府的财政、税收就会增加得非常多。按照比较优势发展，企业有自生能力，不需要靠政府的保护、补贴来生存；在这种状况下，政府就有更多的钱可以用来缩小地区差距、城乡差距，用来投资教育、提高劳动者的就业能力，照顾鳏寡孤独等弱势群体……这样在二次分配上就可以进一步缩小由先天能力差距所造成的收入分配不平等，也就能实现共同富裕。

中国有句话"仓廪实而知礼节，衣食足而知荣辱"，也就是大家的物质水平都提高了，就会更注重精神层面的文明礼节、荣辱，物质和精神是协调发展的。同时也可以实现人与自然和谐共生，当大家收入水平提高了，人们就会不断地提高对美好生活的期望，其中自然包括更好的生活环境和生态环境。政府是以人民为中心的，人民有这方面的期望，政府就会使环境政策更加完善。

"按照比较优势发展"是什么含义？如果一个产业有比较优势，发展好了，它不仅在国内市场上有竞争力，而且在国际市场上也有竞争力，这是比较优势的含义。这就要充分利用国内、国际两个市场。反过来讲，不具有比较优势的产业就要善用国际的资源、国际的技术等，也要充分利用国际国内两个市场、两种资源，这就要求开放——这个开放过程是和平、互利、双赢的。中国的发展不仅提高中国人的收入水平，也会扩大中国的市场，会给其他国家具有比较优势的产业提供一个越来越大的市场，这也有利于这些国家的发展，这样的发展当然是和平的发展。

从新结构经济学的角度来看，要实现具备这五个特征的中国式现代化，关键是按照各个地区的比较优势发展。

中国式现代化如何提高对外开放的水平？

"按照比较优势发展"是一种经济学家的语言。企业怎样才会自发地选择按照比较优势发展？新结构经济学提出，这就必须有有效的市场和有为的政府。因为比较优势是由要素结构的相对稀缺性决定的：劳动力多、资本短缺的时候，劳动力相对便宜、资本相对昂贵；当资本变得相对丰富、劳动力相对短缺的时候，资本就相对便宜、劳动力相对昂贵。如果有这样的价格信号，企业家为了自己的利润，就会在劳动力便宜的时候多用劳动力要素，进入更多使用劳动力的产业，发展劳动密集型产业。相反，在资本相对便宜、劳动力相对贵的时候，企业家为了自己的利润，就会投入多用廉价资本的产业，那就是资本密集型产业，并且多用资本来替代劳动（用机器代替人），这就是资本密集型技术。必须有这样的价格信号，市场才能按照比较优势来发展。这样的价格信号到现在为止只有一种办法才能获得，那就是一个充分竞争的市场。当然，随着经济发展、资本不断积累，比较优势会不断变化，因此要不断地进行产业升级和结构变迁，也要有政府来应对在结构变迁中出现的市场失灵状况（包括对现行者的补偿，此外还有基础设施、制度安排等），这是比较优势发展所必需的条件。

改革开放之前，我们在社会主义计划经济制度之下，优先发展资本密集型的重工业。在重工业方面我们是没有比较优势的，因为当时资本比较短缺。由于违反比较优势，企业是没有自生能力的，就只能靠政府的保护、补贴才能生存。当时我们的经济是封闭经济。为什么是封闭经济？因为不得不这样。发展的重工业违反比较优势，企业没有自生能力，而且重工业、资本密集型的产业是当时资本主义发达国家的比较优势，一旦开放，很容易就全垮了。所以只能是封闭经济，用计划的方式来配置资源，把那些不具有比较优势的产业发展起来。

1978年开始改革开放，当时市场基本不存在，是政府用计划代替市场来配置资源，那我们是怎样走向现代改革的呢？当时我们没有遵循"华盛顿共识"所讲的,一次性地把政府的干预全部取消,推行市场化、自由化。我们运用的是一种渐进双轨的方式——"老人老办法,新人新办法"。对于原来那些资本密集型的重工业、国有企业,继续给予转型期的保护补贴。对于那些符合比较优势的、劳动密集型的加工业、制造业,实行开放的政策。不仅开放,中国政府还积极地因势利导、招商引资,设立工业区、加工出口区、工业园,以及像深圳这样的经济特区。政府也集中力量来完善基础设施,改善营商环境。这种"老人老办法、新人新办法"的好处是:一方面,维持了稳定,因为违反比较优势的产业能继续得到保护补贴,所以企业还能活,不像苏联、东欧,它们把保护、补贴取消之后国有企业就全垮了;另一方面,让符合比较优势的产业形成竞争优势,从而快速发展起来。这是我们改革开放以后能够稳定快速发展的道理。

改革是以渐进双轨的方式进行的,开放其实也是。当时国家对符合比较优势的产业,比如劳动密集型的,实行低关税,而且积极招商引资,关税降得非常低。比如说在加入WTO之前,我们很多产业的关税已经降到5%甚至更低,而且政府还积极招商引资,给予其各种优惠。但是,对不符合比较优势的资本密集型产业,当时在贸易上是有很多限制的,有些根本就不允许进口;有些允许进口,但有数量上的限制或者加高关税。比如汽车,当时是可以进口的,但是在20世纪80年代的时候,其进口关税税率是200%。因为汽车产业是资本密集型的产业,违反我们的比较优势,所以在贸易上就实行这样的限制。在投资方面,对于符合比较优势的,积极欢迎,还给予政策优惠;不符合比较优势的,基本都限制投资。如果允许投资,就是以市场换资本、换技术的方式进行。汽车产业也是可以投资的,但是必须和中国的企业合资。当时,我们的开放也是双轨制的,这个双轨制取得了很大的成效,也让中国经济得以稳定和快速地发展起来。

经过 40 多年的改革开放，我们的资本积累得非常迅速，人均 GDP 已经达到 1.3 万美元左右，中国即将进入高收入国家行列。所以，我们的要素禀赋结构发生了很大变化，从资本极端短缺到现在资本越来越丰富，比较优势也发生了变化。现在除了少数关系国防和军事安全的产业，其他国有企业所在的行业基本上都符合比较优势，比如钢铁产业、造船业，这些中国的传统重工业在世界上有非常大的竞争力，既然符合比较优势，就不需要保护补贴，就可以把渐进双轨的"老人老办法"——为了保护国有企业所采取的各种干预措施——取消，可以让市场发挥决定性作用。对少数关系到国防安全，或者在百年未有之大变局下可能被"卡脖子"的技术则采取不同做法。这些产业数量不多，既然不多，就应该用财政直接补贴的方式，而不是像计划经济时代用扭曲市场或干预市场的方式来进行"暗补"，应该从"暗补"变成"明补"。这也是十八届三中全会提出的全面深化改革目标——让市场在资源配置上起决定性作用，更好地发挥政府作用。现在还要探索有效市场和有为政府相结合的、从双轨制走向市场单轨的改革，这样我们才会有完善的市场，在完善市场中发挥政府的有为作用。

在开放上同样要由双轨制变成单轨制。在改革开放的进程中，原来对违反比较优势的产业，在商品的贸易上有很多数量限制，或者是高关税保护。现在既然已经符合比较优势，数量限制就要取消，关税就要降低，这也是在十八大以后开始探索自由贸易区，从上海开始设立自由贸易区试点的原因。现在自由贸易区的政策要推广到全国，我们已经加入了 RCEP，和 RCEP 的国家是自由贸易的，并且我们也在积极申请加入 CPTPP，在这个伙伴关系里面，商品是自由贸易的。在资金流动上，除了短期流动的热钱需要管制，对于长期的资金流动，像外国直接投资，也要使投资者享受中国的国民待遇，允许资金自由进出。这也是自由贸易区试点的重要意义。另外，要素流动里面的人才流动应该是来去自由，欢迎外国人到中国工作，发挥其才能贡献于中国，中国也要给他们提供一个更大的发挥能力的平台。

总的来讲，现代化是人类社会的共同追求。发展中国家过去在西方式现代化的道路上普遍不成功，是因为其违背了马克思主义的"经济基础决定上层建筑"，它们把西方的宪政民主、资本主义的生产方式这种上层建筑作为追求目标，但没有发达国家的经济基础，所以普遍失败。当然，我们在社会主义计划经济时期也不是很成功，原因是我们要建立的产业违反了我们的要素禀赋的物质基础。

我们现在推动的中国式现代化，是在中国共产党领导下，以社会主义市场经济来发展的现代化。而这个市场经济体制要完善，就要根据市场经济的原则来组织。我们的发展除了少数涉及国防安全的和可能被"卡脖子"的产业，都要把市场作为配置资源的决定性方式。现在的资本主义市场经济国家也是如此，除涉及国防和经济安全的产业政府要直接补贴之外，其他产业都按照市场经济的原则来组织，既要有效市场，也要有为政府，这样的发展带来的必然是高水平、高质量的对外开放。更重要的是，这也给其他在现代化过程中遭遇挫折的发展中国家提供了一个新的现代化道路。当然，每个国家的历史、文化不太一样，所以二十大报告提出，要推动马克思主义和中国的实际相结合、马克思主义和中国的传统优势文化相结合。其他发展中国家在追求现代化的过程中，也必须有这个结合。现代经济学也必须马克思主义化，新结构经济学就是马克思主义化的现代经济学。我相信它既可以解释中国的发展，也会给其他国家的现代化提供一个理论上的参考。

中国式现代化与中国经济新征程[①]

姚洋

(北京大学博雅特聘教授、国家发展研究院经济学教授、
国家发展研究院前院长、中国经济研究中心主任)

为什么叫中国式现代化

要理解中国式现代化,首先要理解为什么是中国式现代化,而不是中国特色现代化。

可以对比的是 20 世纪 80 年代初,我们提出了中国特色社会主义。这一提法的背景是当时存在一个苏联式的社会主义。我们要搞农村改革、城市改革,与苏联模式不同,所以称之为中国特色社会主义。到 1987 年,我们定位于社会主义初级阶段,以便推进改革。

但这次不太一样,我们没有称之为中国特色现代化,而是称之为中国式现代化。这意味着现代化没有可以清晰对比的模式,中国的现代化道路本身就是一个模式,说明我们的道路自信和理论自信又往前走一步。

中国式现代化不仅仅是一条历史道路,而且是一种新理论,当然,

[①] 本文根据作者 2022 年 11 月 17 日在北京大学国家发展研究院第 73 期 EMBA 论坛上的演讲整理。

这个理论是不是完备还可以再讨论，也许还有不少值得完善之处，但这个提法本身已经是一个很好的引子，值得我们进一步讨论和研究。

中国现代化的源起与早期进程

既然称之为中国式现代化，我们就要回溯中国现代化的发展历程。

第一阶段我定义为 1860—1978 年。这 100 多年在历史上称为"西风东渐"，甚至还可以再往前推一点。有不少人把 1840 年当作中国现代化的起点，也就是第一次鸦片战争。尽管第一次鸦片战争割让了香港岛，但国民并没有警醒。直到第二次鸦片战争火烧圆明园，精英阶层才猛醒，开启了 100 多年的西风东渐历程。

第二阶段是 1978—2017 年，是思想解放、改革开放的 40 年。

从 2017 年开始，我们又进入新时代。

回顾历史是有好处的，我们会追问一个问题：为什么叫西风东渐？这背后是文明的冲突与融合。

关于文明的冲突与融合，我们可以把时间再往前拉到过去的 2000 年，基本上以北宋为节点。北宋于公元 960 年建立，刚好在中间。北宋之前的 1000 年，中国国力不断上升，在全世界领跑。北宋以来的这 1000 年，中国出现停滞甚至倒退。

外来文化冲击在北宋之前就已经存在，主要是佛教的引入。中华文明花了将近 1000 年的时间，直到南宋朱熹时，才把佛教相对和谐地吸纳进来。最后能留在中国本土的佛教主要是禅宗，禅宗与中华文明中的老庄哲学很像，这很有意思。到了今天，我们几乎已经忘记了佛教是外来之物，它与我们的传统文化已经融为一体。

我们今天还处在西方文化冲击的过程之中，中国文化还未能把西方文化完全吸收掉。

第二次鸦片战争之后,知识精英才真正觉醒。但他们的认知是中国文化没有太大问题,制度也没有太大问题,只不过是技术不如人家。因为第一次鸦片战争时,英国只派了一支舰队就把我们打得落花流水。到第二次鸦片战争,英法联军竟然打进北京,而且火烧圆明园。

当时,精英和朝廷共同的选择是师夷长技以制夷,从此开始了长达30年的洋务运动。到甲午海战之前,洋务运动的成就很大,清朝建立起了亚洲最大规模的海军,但在日本人面前这支海军不堪一击。事实上,清朝海军舰队比日本舰队强大,清廷在朝鲜的驻军比日本侵略军要强大很多。但1895年,北洋海军在山东威海刘公岛全军覆没,宣告了清廷洋务运动师夷长技以自强愿望的破产。

精英们开始研究日本为什么能突然强大起来,原因是明治维新——制度的革新。于是精英们也想改变制度,就有了1898年的戊戌变法。但戊戌变法只有103天就宣告失败,诸多变法之中唯一保留的就是京师大学堂,也就是今天北京大学的前身。

旧的制度反对变法,我们就要推翻这种制度。于是仁人志士们不断成立政党,联合军事力量闹革命。最终在1911年,孙中山领导的辛亥革命成功,推翻了清政府,建立了亚洲第一个共和国。

从理论上说,中国应该由此进入稳定、繁荣的时代,但事实上并没有。中国接下来不仅出现了袁世凯的复辟,还有接连不断的军阀混战。这让大家意识到中国仅仅改变制度还不够,还需要改变底层的文化和思想,同时还要探索一条更稳定的新发展道路。

在这个时间段发生了第一次世界大战,整个欧洲的意志非常消沉,欧洲的知识分子认为西方文明已经走到尽头;中国一些人也感觉自己的文化走到尽头,要深挖文化的根子,于是掀起了新文化运动和五四运动。

新文化运动的核心就是否定封建旧文化，甚至还提出了"打倒孔家店"的口号。

在探索新出路的过程中，俄国在西方资本主义文明的边缘地带爆发了一场革命，好像一下子就把一个落后的国家变得欣欣向荣。俄国十月革命让西方知识分子和中国的知识分子都看到了希望，好像西方文化有救了，东方的中国也看到了一条新路。

中国比较活跃的学者代表李大钊、陈独秀等都认为十月革命和马克思主义为中国带来了一条新路，中国可以借助这一思想进行彻底改造。

1921年中国共产党诞生。中国共产党的诞生是中国革命发展的客观需要，是马克思主义同中国工人运动相结合的产物。中国共产党最后之所以大获成功，我认为一个非常重要的原因是它不仅适应了当时中国的状况，也就是百年未有之大变局，而且不断地自我革新。

中国共产党从创立之日起就自觉地成为推动中国进步的政党，带领中国一步步继续向现代化的方向前进。

因为距离充满革命的20世纪太近，所以很多人不容易以历史的时空观来评估此事。但欧洲社会几乎没有一个国家没有发生过大革命，英国革命、法国革命、俄国革命、西班牙革命，都是长时间的革命。英国革命持续至少半个世纪，法国和俄国大革命前后动荡时间更长。

因为要从古代社会跨入现代社会的难度很大，中国古代社会历史很长，而且相对稳定，古代社会同现代社会之间的生活方式反差又太大，所以要打破旧的结构和思维方式很难，旧势力不会乖乖举手投降，一定会抵抗，最后只能借助一场接一场的运动甚至革命。

1949年，中国共产党全面执掌政权之后要践行自己的革命思想。因此，我们理解社会主义革命也一定要把它放在中国现代化的历程里。

新中国第一阶段的现代化进程

革命不是请客吃饭,而是要把旧势力请出历史舞台,书写新的历史。

新中国成立以后,中国出现了很多革命性变化,我个人的观察是主要表现为如下几点。

第一,打破旧有的等级社会结构。历史学家黄仁宇原来当过国民党的军官,后来才成为历史学家。他知道国民党想干什么。他的描述是国民党总想着"自上而下",但中国共产党的想法和做法都是"自下而上",从底层把整个社会翻个底朝天,推动土改,拉平整个社会,不再存在资本家、官员,变成人人平等。比如女性的解放就很典型。国发院的张丹丹老师做过很有意思的研究,她把1958年在北京出生的妇女和在台北出生的妇女做比较,再比较1976年出生的北京女性和同年出生的台北女性,同时也找同一时期的男性进行对比。结果她发现1958年出生的北京女性竞争意识最强,超过男性。这是那个时代提倡妇女解放造成的,妇女能顶半边天的理念尽人皆知。

第二,推进国民认同。我们很多人喜欢说中华文化是一个集体主义的文化。有一个来自日本的留学生在北大学习社会学,他觉得中国人不那么集体主义,反而特别个人主义。我们对他的观点很吃惊。他说日本人踢足球,大家都互相传球,中国人踢足球都喜欢带球,直到射门,不怎么传球。一百多年前孙中山就曾说过,中国人有点像一盘散沙。怎么建立国家认同?中国共产党从政治层面入手,以一种强力来推进,深入社会的每一个角落,把我们拉入了一个基于普遍国家认同的现代社会。

第三,举全国之力推进工业化。这一点非常重要,我自己深有体会。我在西安工作过两年,单位是我父母和岳父母工作一辈子的工厂,建于1956年,是苏联援助的156个项目之一。这个工厂就是一个小而全的社会,生老病死都管,接生我的医生后来还接生了我的儿子。今天这家公司仍在,只是总部搬到了上海,已经成为输变电设备领域非常重要的战略性国企。中国今天的工业化成就离不开我们在改革开放之前奠定的基础,包括技术人员、工人队伍等,非常重要。

第四,提高人类发展水平。阿马蒂亚·森是印度裔的著名经济学家,如今在哈佛大学教书,曾获得诺贝尔经济学奖。他提倡的人类发展指数由三个指标构成:人均收入、预期寿命、教育水平。中国的医疗和教育在新中国成立以后的初期做得比很多发展中国家都好。阿马蒂亚·森说,中国改革开放以后比印度发展好得多,其中一个原因就是中国准备得好。比如,在1978年,中国人均GDP比印度还要低,中国人均GDP超过印度是在1992年。如今,中国的人均GDP已经是印度的5倍。1978年,中国虽然比印度穷,但中国的成人识字率是65%左右,印度只有40%左右。中国的预期寿命当时也已经达到67岁,印度不到60岁。婴儿死亡率中国降到54‰,印度这一数字是中国的两倍。印度也曾优先发展重工业,但没有成功。直到现在,印度工业产值在GDP中的占比仅20%多,中国曾经超过40%,现在下降是因为已经进入后工业化阶段,是发展阶段升级造成的自然下降。

新中国第一阶段的30年也曾引进西方的东西。1977—1979年,中国搞过一段"洋跃进",引进发达国家的机器设备。现在我们知道的燕山石化、齐鲁石化、宝钢都是这一阶段引进的。

有人说中国在1979年之后才改革开放,这没有错,但这是全面的、根本性的生产力解放。在1978年之前,中国已经推进了思想解放,这是生产力解放的前提和铺垫。

新中国第二阶段的现代化进程

1978年的十一届三中全会是中国改革开放的标志性事件，也是新一阶段现代化的起点。在我个人看来，1978—2017年这一段时间可以总结为邓小平"带领中国共产党回归中国"。

邓小平曾经表示，他是中国人民的儿子。[①]这话颇有深意。邓小平喜欢用常识思考，这一点非常重要。常识告诉他，贫穷不是社会主义。

我觉得未来的历史学家如果写邓小平，其中一个丰功伟绩就是让中国共产党在更高的层次上回归了中国。

在我看来，邓小平带领中国共产党和整个中国做了下面这些重要转变。

第一，放弃激进主义路线，放弃阶级斗争。因为党的目标已经不再是通过革命再建立一个新中国，而是带领全国人民实现中华民族的伟大复兴。中华民族伟大复兴这一提法始于20世纪80年代初。这一提法告诉所有人，中国的重点不再是阶级斗争，而是全国人民团结一致走向现代化的繁荣富强。

第二，回归中国的务实主义。中国人特别务实，活在当下，具体有几个表现。首先是中国人不喜欢讲永恒的真理，而是认为实践出真知，这已经是中国人的谚语。实践是检验真理的唯一标准，意味着你得不断去实践，不断去发现真理，然后证伪真理，再发现新的真理。其次是结果导向。中国人注重结果，比如在硅谷，中国人比较高的职务是总工程师，印度人更多的是经理人。工程就是看得见摸得着的工作，是务实主义的体现。在务实主义的原则下，我们很多改革才能推进，一点点突破

---

① 出自邓小平于1981年2月为英国培格曼出版公司的《邓小平文集》英文版所写序言。

和变化，否则面对形而上的制度，很难突破看不见的各种约束。

第三，回归贤能主义。中国人在骨子里特别相信贤与能，评价一个人是好是坏，能不能干非常重要。比如共同富裕就是要提高老百姓获得收入的能力，而不是直接发钱。中国政府非常排斥给老百姓发钱，觉得这样容易养懒人。贤能主义最突出的体现是党的干部选拔制度。我和一起做研究的同事搜集了1994—2017年所有官员的数据，谁跟随谁工作过，后来怎么调动、升迁。我们研究梳理后发现，某位官员任期内所在城市的经济表现好，升迁的概率就大。

第四，回归市场经济。中国人习惯于认为市场经济是西方独有的东西。但邓小平早就提出，市场经济不是资本主义的特权，社会主义也可以搞市场经济。我还想加上一句，市场经济根本就不是西方创造的，而是中国人创造的。读一下北宋的历史就会发现，现在我们没有一家饭店能赶上北宋的水准。我们在宋朝时还发明了纸币，是世界上第一个发明纸币的国家，而且运转得很好。我们还发明了有价证券，可以买卖，就是金融创造。

新时代的现代化要点

在进入新时代的现代化分析之前，我先介绍一本书，是两位美国学者威廉·斯特劳斯（William Strauss）和尼尔·豪（Neil Howe）在20世纪90年代中期写的。这是一本奇书，名字是《第四次转折——世纪末的美国预言》。这本书上说美国有一个80年的大周期，从18世纪70年代的独立战争到19世纪60年代的南北战争，再到20世纪30—40年代的第二次世界大战，再到如今。美国基本上80年一个轮回。在这80年里，每20年又是一个小周期。

从二战到肯尼迪遇刺，是美国最近80年大周期的第一个小周期。美国欣欣向荣，每个人信奉的理念都差不多。美国从20世纪60年代开始进入思想解放的20年。里根之后20年是展开时代，也就是威廉和尼尔这本书的写作年代。他们预期到2005年，美国要进入最后一个20年，即危机时代，几乎预言了2008年金融危机。书中还推测说，美国从2005年到2025年的这个小周期将以什么方式结束？要么是内战，要么是跟外敌打一仗，然后再创造一个新历史。

这本书把我关于历史线性进步，尤其是直线式进步的观念彻底打破。历史会循环，包括大周期和小周期。后来我想，这一理论用到中国也适合。

中国也可以分为"高潮期"、"觉醒期"、"展开（繁荣）期"和"再生期"。1949—1976年是"高潮期"，1977—1997年是"觉醒期"，1998—2017年是"展开期"，中国经济在全球上升到第二位，而且遥遥领先。从2017年开始，中国进入大周期的最后一个小周期：再生期，即新时代。

新时代要干什么？如果按照美国这两位学者的理论，新时代对应的是两件大事。

第一，纠偏。中国在上一个发展阶段中思想解放、改革开放的成就很大，不可否认。但也产生很多问题，比如腐败问题。腐败在某些地方几乎成为一种文化。十八大以来的反腐十分深入，但十九大之后仍然有人敢腐，这很奇怪，所以要以一种政治斗争的形式来反腐，让他们不敢腐，建立一种新文化。

第二，强化党组织的生命力。党组织的生命力一旦衰退甚至涣散，容易导致政治和经济结成不该有的联盟，对经济的长期可持续发展尤其是高质量发展不利。因为政商合流容易导致公权力的商业化，甚至导致利益集团绑架政府，形成不该有的市场壁垒，影响公平竞争和市场活力，最终使中国的国际竞争力下降。我在研究发展经济学的过程中实地调研过很多发展中国家，也读了很多发展中国家的历史。我发现那些不发达的发展中国家最大的问题就在于知识精英、商业精英和政治之间形成了牢不可破的利益联盟，无法让整个社会形成良性的竞争。

还有一个要解决的问题是不平等。我们国发院有一个调研团队每两年做一次全国性调查，发现中国的基尼系数最高峰是 0.52，什么概念？这是撒哈拉以南的非洲国家和南美国家的水平。众所周知，那些地方贫富差距巨大。我们最穷的 10% 的人口只拥有全国总收入的 0.5%，资产为负，靠借钱生活，最富的 10% 的人口拥有全国总资产的 70%、总收入的 40%，这就是巨大的贫富差距。所以，要纠偏。

经过多年的纠偏，反腐已经接近尾声，党组织的生命力也得到了提升。不平等问题还没有完全解决，需要进一步努力。

面向未来，要实现中国式现代化，还有几个重要的内容需要进一步建构。

第一，要重建党的权威，包括党的组织权威、党的理论权威、党在群众心中的权威。这需要很长一段时间。

第二，重建理论。我们不能再搞阶级斗争，但正统的政治经济学仍然基于劳动价值论，认为只有劳动创造价值。劳动创造价值意味着只有工人创造价值，资本不创造价值。在现实中，工人往往只拿一部分收入，工人工资之外的收入都被归为剩余价值，也就是剥削。有剥削就有阶级对立和阶级斗争。基于此理论，中国共产党仍然是一个工人阶级政党，只能是工人阶级的先锋队，就不容易代表全国人民。如果工人阶级先锋队这一点不更新，下一步的问题就是中国共产党领导的国家还是不是存在阶级属性？因此，这一关键理论需要重建。为此，我们要认真重读《资本论》。我们以前把《资本论》当作一本实证的著作来读，但它开篇和定调的劳动价值论本质上是一种假设，不是事实观察。所以《资本论》是一部典型的哲学著作，而不是典型的政治经济学著作。有了这个认识，我们就可以在观察的基础上建设新理论。马克思主义和《资本论》的底层就是从劳动价值论出发，认为存在阶级和剥削，从而很好地论证了无产阶级革命的正当性和必要性。但如果劳动价值论只是一个假设，尤其是如果这个假设不牢靠甚至有错，怎么办？所以我们一定要重建理论。对于今天有很多讨论的共同富裕，关键点一定是投资老百姓的收入能力，而不是既有财富的重新分配，否则共同富裕的内涵就与老百姓内在的价值观不同，就意味着有些人可以不劳而获。因此，二十大报告里有一句话："把马克思主义思想精髓同中华优秀传统文化精华贯通起来、同人民群众日用而不觉的共同价值观念融通起来，不断赋予科学理论鲜明的中国特色。"把富人的钱直接分给穷人和老百姓日用而不觉的价值观当然不符。

第三，要建构中国自己的创新体系，也就是新型举国体制。为什么要这么做？首先是外部环境变化所致，这是非常重要的方面。其次是面向未来，世界格局充满了不确定性，台海局势也存在变数。万一出现极端情况，中国被全面封锁，没有自己的创新体系，产业链不能实现自我循环，就容易陷入被动。

中国式现代化已经走过了从"站起来"到"强起来"的路程。如今，我们要向第二个百年奋斗目标发起冲击，过程中难免遇到新的变数和挑战，因此全面理解中国现代化的历程，尤其是正确理解中国式现代化的内涵十分重要。

准确把握推进中国式现代化这个最大的政治[1]

郑永年

[香港中文大学（深圳）校长讲座教授、前海国际事务研究院院长]

2023年末，习近平总书记在中央经济工作会议上指出："必须把推进中国式现代化作为最大的政治，在党的统一领导下，团结最广大人民，聚焦经济建设这一中心工作和高质量发展这一首要任务，把中国式现代化宏伟蓝图一步步变成美好现实。"[2]

推进中国式现代化是最大的政治

党的二十大报告指出，中国式现代化是人口规模巨大的现代化、全体人民共同富裕的现代化、物质文明和精神文明相协调的现代化、人与

---

[1] 本文根据作者刊发于《中国经济时报》2024年1月22日刊A01要闻版文章整理。
[2] 把推进中国式现代化作为最大的政治。参见：http://cpc.people.com.cn/n1/2023/1228/c64387-40148182.html。

自然和谐共生的现代化、走和平发展道路的现代化。这无疑是一个全方位、复合型的现代化，也是迄今最高标准的现代化。拥有14亿多人口的中国如果实现了现代化，那么无疑具有多重伟大意义。

第一，形成人类文明新形态，完成中华文明复兴的目标。文明复兴并非复旧，而是再造，是一种文明新形态，而文明新形态需要通过现代化来获得。

第二，为世界现代化提供强大推动力。中国加入WTO之后，对世界经济增长的贡献率曾达到50%。近年来，尽管世界经济形势总体不好，中国经济也从高速增长阶段转向中高速增长阶段，但是中国对世界经济增长的贡献率依然维持在30%左右。现代化就是要让人类脱离贫穷，在这方面，中国的贡献更为巨大。中国式现代化无疑在为世界现代化注入强劲动能。

第三，中国是最大的发展中国家，中国式现代化为那些追求现代化的全球南方国家提供了信心。中国式现代化给世界上那些既希望加快发展又希望保持自身独立性的国家和民族提供了全新选择。同时，中国式现代化向这些国家传递了至少两方面的信息：首先，只有符合本国文明、文化和国情的现代化才会成功；其次，表明中国不会像过去一些西方国家那样向外推行自己的现代化模式，把自己的现代化模式强加给其他国家。

正因为实现中国式现代化具有如此重要的意义，中央经济工作会议才强调"必须把推进中国式现代化作为最大的政治"。

把推进中国式现代化作为最大的政治，是由中国共产党的使命性质决定的。作为世界上最大的政党，中国共产党通过实现自身使命来执政，实现中国式现代化是新时代最大的使命。

推进中国式现代化面临多重挑战

伟大的使命和崇高的目标已经确立，也必须追求，但是必须意识到追求这一使命所面临的困难和挑战。只有认清影响中国式现代化的诸多困难和挑战，才能认识到所需要的改革和开放。

从外部环境来看，中国深度融入世界体系，外部环境的任何变化都会对中国产生深刻影响，比如剧烈的地缘政治变化、经济民族主义和贸易保护主义盛行等。从国内环境来看，中国也面临诸多需要应对的挑战和需要克服的困难。

面对外部大环境和内部小环境的变化，推进中国式现代化需要新一轮全面深化改革。新一轮全面深化改革必然涉及政治体制改革。需要强调的是，中国的政治体制改革不是西方所定义的概念范畴，而是中国自己界定的符合中国文明、文化和国情的政治体制改革，并且诸多政治体制改革体现在经济体制、行政体制、社会体制和文化体制改革上。

推进中国式现代化须深化十大改革

围绕推进中国式现代化，我们需要怎样的对内改革和对外开放？从对内改革来看，至少可以考虑如下十个方面的改革内容或者举措。

第一，坚持高质量发展是新时代的硬道理。只有高质量发展才能实现中国式现代化。围绕高质量发展来达成广泛共识，高质量组织资源，团结一致向前看。实际上，社会共识是改革最大的推动力。

第二，推进决策过程的民主化和科学化。一方面，实现政策研究、政策制定和政策执行过程的相对分离。另一方面，可以整合高端智库系统的研究力量，融合政府和社会两股研究力量，实现体制内外的相对一致性。

第三，强化中央政府的政策协调功能。中国式现代化必须置于强有力的党的领导之下。各部门改革要服从总体国家利益，围绕"高质量发展是新时代的硬道理"这一原则，一切为了实现中国式现代化。这就要求中央政府强化协调功能，把各部门利益导入整体国家利益。经济部门和非经济部门需要互相评估自己出台的政策给对方带来的影响，做好预判和对应方案，避免"合成谬误"。

第四，推动区域经济一体化与全国统一大市场建设。通过区域经济一体化来建设全国统一大市场，长三角地区在这方面积累了宝贵经验。同时，要推动新一轮行政体制改革。行政体制改革是政治改革的核心之一，也是推进国家治理体系和治理能力现代化的重要方面。新一轮行政体制改革应以建设全国统一大市场为目标和抓手。

第五，增强中央的统筹功能。从现代国家建设的角度来看，随着现代化进程的推进，中央政府需要强化其统筹功能，尤其是在"软基建"上。改革开放以来，我们的"硬基建"做得很不错，全国性的公路、高铁、港口设施、信息网络等基础设施建设都是世界一流水平，大大推进了中国经济发展。现在要推动"软基建"，就是要积极解决社会保障、医疗、教育、公共住房、公共服务等问题。软基建做好了，生产要素就可以在不同区域自由流动。同时，软基建可以"保底"，保障基本社会公平和公正，这也是中产阶层的制度保障。

第六，充分发挥民营企业和地方政府两个发展力量。要进一步动员民营企业和地方政府这两个发展力量，进行"清单式"的梳理，搞清楚民营企业发展的堵点、难点在哪里，以及地方政府和地方官员发挥作用的堵点、难点又是什么。只有清楚地识别并解决这些问题，才能把中央宏观经济政策的调整转化为地方经济红利。

第七，通过松绑赋能经济主体和社会主体的发展作用。经济活力唯有通过市场微观主体才能真正发挥作用。政府只是规则、规制和法治等营商环境的提供者和维护者，微观层面一定要松绑。

第八，推进乡村全面振兴和土地制度改革。推进中国式现代化，离不开农业、农村、农民的现代化。要逐步取消户口制度：城乡只是居住概念，而不应是身份概念。城市不仅是城市居民的居住地，也可以成为农民的新家园。同样，农村也可以是城市居民居住的地方。要鼓励城乡双向流动，深化土地制度改革。

第九，把握好改革的方法论。一是要"先立后破"。应当为"旧动能"留一定空间，构建"新动能"对"旧动能"的倒逼机制、替代机制。二是围绕新质生产力，构建新的"三驾马车"。要通过新的"三驾马车"，即基础科研、应用技术转化、金融服务，实现技术进步之上的产业升级，推进高质量发展。三是要重视资本在推动变革过程中的独特作用。中央已经明确提出，要加快建设金融强国。因此，在金融领域要处理好发展与监管的平衡，要发挥金融服务经济的作用。

第十，发挥香港国际金融中心的独特作用。建设世界一流经济强国，就必须发展世界性的金融中心。要重塑香港的国际金融地位，通过与粤港澳大湾区的融合，尤其是与深圳、广州等城市的协同，把香港塑造成为上海之后的"第二个金融中心"。

高水平对外开放应从五个方面着力

从高水平对外开放来看，至少可考虑如下五个方面的举措。

第一，在经贸方面，斗争但不脱钩；在维护核心国家利益方面，斗争但不冲突。中国式现代化的第五个特征就是走和平发展道路，这是中国大国责任的重要体现。

第二，推进规则、规制、管理、标准等制度型开放，实现高水平对外开放。继续与国际规则对接，在对接的基础上参与规则制定，在参与的基础上争取规则制定权。

第三，推进精准的单边开放。可以系统地分析 BIT、CPTPP、DEPA 等，从而确定我国可以根据自身需求优先实施哪些内容。这不是无原则的改革开放，而是根据我国的需要推动的开放，可以把它称为"精准单边开放"。

第四，加快落实 RCEP，推进中国-东盟共同市场建设。要加快落实 RCEP，以充分利用其潜在的经济红利，进而在 RCEP 的基础上构建基于更高水平开放和更高水平区域产业布局的中国-东盟共同市场。

第五，建设开放的企业系统，构建中国的跨国公司。要连通国内国际两个大市场，把内循环和外循环结合起来。尤其是在企业层面，要通过建设开放的企业系统，推动构建中国的跨国公司，实现生产要素更大范围的自由流动和优化配置。通过国内国际双循环，把建设全国统一大市场和嵌入国际大市场结合起来。

总之，推进中国式现代化需要通过高质量发展来实现，而高质量发展需要通过新一轮全面深化改革来实现。改革开放使中国取得了很大成就。进入新时代，面临国际国内大变革，我国需要新的"三大法宝"，那就是改革、开放、创新，这既是我们认同的时代价值，也是我们通往美好未来的有效途径。